우리나라의 빈곤 함정

김성태 · 김승래 · 김진영 · 임병인 · 전영준

도서출판 해남

우리나라의 빈곤 함정

초판1쇄 인쇄 2013년 6월 24일
초판1쇄 발행 2013년 6월 28일

저　자 김성태 · 김승래 · 김진영 · 임병인 · 전영준
발행인 노현철
발행처 도서출판 해남

출판등록 1995. 5. 10 제 1-1885호
주소 서울특별시 서대문구 충정로 3가 227-1 우리타워 6F
전화 739-4822　**팩스** 720-4823
이메일 haenamin30@naver.com
홈페이지 www.hpub.co.kr

ISBN　978-89-6238-067-5　93320

본서는 2011년 정부(교육과학기술부)의 재원으로
한국연구재단의 지원을 받아 수행된 연구(NRF-2011-330-B00062)입니다.

서문

우리나라는 1960년대 초반 1인당 국민소득이 단 80달러에 불과한 전 세계 국가 중 극빈국 중의 하나였다. 이후 정부가 7차에 걸친 경제개발5개년계획을 성공적으로 주도하며 선진국들이 200년에 걸쳐 이룩하였던 경제성장을 불과 40여 년에 걸쳐 이룩한 소위 '한강의 기적'을 일구어냈다. 한국 경제의 괄목할 만한 성과는 고도성장과 압축성장으로 요약된다. 그 동안 우리나라는 요소투입형의 성장전략을 토대로 수출을 중심으로 한 대외지향형의 성장전략과 정부주도형의 성장전략을 조화롭게 추진하며 성공적으로 성장가도를 달릴 수 있었다.

그러나 자본 및 노동과 같은 생산요소의 한계생산물이 체감하면서 물량 위주의 성장전략이 한계에 부딪치게 되고, 고속 · 압축 성장에 따른 성장 피로도가 축적되어 소득계층 간 양극화와 함께 대기업과 중소기업 간 양극화, 수출기업과 내수기업의 양극화와 같은 문제들이 경제의 전 부문에서 드러나며, 활력을 잃어가고 있다. 이와 함께 분배 문제가 경제성장의 발목을 잡게 되면서 잠재성장률이 점차 떨어져 현재 3%대를 겨우 유지하며, 머지않은 미래에 저성장의 함정에 빠지게 될 것을 우려하는 처지에 놓이게 되었다. 따라서 지금은 한국 경제가 저성장의 함정에 빠지지 않고 다시 한 번 일어나 도약하기 위해서는 무엇인가 돌파구를 찾아야 할 시점이다.

현재 1인당 국민소득이 2만 달러를 넘어선 한국은 더 이상 빈곤 국가는 아니다. 그러나 우리나라의 빈곤 문제는 점차 심각해지고 있다. 빈곤 문제를 논의할 때 크게 두 가지 접근방법이 있다. 하나는 거시적 차원에서 전 세계 국가 중 빈곤의 굴레에서 벗어나지 못 하고 있는 국가들의 문제를 논하는 것이고, 다른 하나는 특정 국가의 빈곤 문제를 논하는 것이다. 본서는 당연히 우리나라의 빈곤 문제에 대하여 분석하고자 한다.

지금까지 우리나라의 빈곤 문제에 대해서는 학계에서 꾸준히 연구가 이루어져 왔다. 우리가 우리나라의 빈곤에 대해 다시 연구한 결과를 내놓게 된 것은, 빈곤 문제가 교육기회의 상실로부터 시작하여 근로기회가 박탈되어 발생하는 근로빈곤 문제로 이어지고, 다음 단계에서는 소득빈곤 문제로 이어지며, 소득이 없거나 낮아 지출을 제대로 할 수 없는 지출빈곤 문제가 발생되어, 단계별로 순차적으로 발생하게 된다는 인식하에 이에 대한 연구가 필요한 것으로 파악하였기 때문이다. 지출빈곤에는 의료비 지출을 제대로 하지 못하게 되는 의료빈곤 문제, 에너지 지출을 제대로 하지 못하게 되는 에너지 빈곤 문제와 우리 사회에서 가장 민감한 교육빈곤 문제가 발생하게 된다. 따라서 우리는 이러한 빈곤 문제를 해결하기 위해서는 가장 근본적으로 모든 국민에게 교육기회가 부여되는 문제부터 해결하고, 다음 단계에서 근로를 할 수 있고 근로에 대한 대가가 제대로 되돌아올 수 있도록 만들어 근로빈곤과 소득빈곤 문제를 해결하도록 하고, 최종 단계에서 모든 국민이 최소한의 생활을 영위할 수 있도록 하기 위한 지출빈곤 문제를 해결할 수 있도록 순차적으로 빈곤 타파 정책을 정립하여야 된다는 것을 제시하고 있다.

한편, 한국 경제가 돌파구를 찾기 위해서는 무엇보다 우리의 장점인 경제의 역동성을 되찾아야 할 것이다. 역동적인 한국 경제(Dynamic Korea)

는 아이를 낳아도 걱정이 없어 출산율이 상승하여 인구구조가 피라미드 구조인 사회, 적정 인구증가율이 유지되어 생산인구와 경제활동인구가 지속적으로 증가하는 사회, 소득의 양극화가 해소되어 중산층이 강화되는 사회, 세대 간 가난의 고착화와 대물림에서 탈피하여 소득계층 간 이동이 활발한 사회로 정의된다. 21세기 한국경제의 돌파구는 경제의 역동성을 되찾아야 하고, 이를 위해서는 우선 빈곤 문제를 해결하여야 된다는 인식하에 우리 연구팀(Dynamic Korea)이 결성되었다.

우리 Dynamic Korea 연구팀이 모두 본서의 집필에 참여하였다. 김진영 교수는 지금까지 우리나라 교육 문제를 경제학적 접근방법을 이용하여 다양하고 의미 있는 연구성과를 내놓은 중견학자로서 본서에서는 교육 관련 문제의 집필에 참가하였다. 김승래 교수는 에너지 문제와 조세재정 분야의 중견학자로서 본서에서는 지출빈곤 문제를 중심으로 집필에 참가하였다. 임병인 교수는 소득분배 문제와 국민연금을 포함한 사회보험과 관련된 연구들을 수행하여 온 중견학자로서 본서에서는 소득빈곤과 자산빈곤 및 빈곤 타파를 위한 사회보장 정책 관련 분야의 집필에 참가하였다. 전영준 교수는 조세재정 분야에서 Computable General Equilibrium 모형을 이용하여 중요한 연구성과를 내놓은 중견학자로서 본서에서는 근로빈곤 문제와 근로빈곤 타파를 위한 정책 분야의 집필에 참가하였다.

이제 모든 국민이 성장의 과실을 공유하는 동반 성장을 함께하지 않으면, 더 이상 성장하는 것이 어려워져 빈곤층이 빈곤 함정으로부터 탈출하는 데 도움이 되는 빈곤 타파 정책은 더 중요해지고 있다. 본서의 연구결과가 다소나마 우리 사회의 빈곤 문제를 해결하는 데 일조하였으면 하는 바람이다. 본서의 출간을 할 수 있도록 도와준 한국연구재단의 SSK

사업단에 감사드리며, 또한 어려운 여건 속에서도 출판을 맡아 좋은 책을 만드신 도서출판 해남의 노현철 사장에게도 감사의 말씀을 드린다.

저자들을 대표하며
김성태 씀

차례

PART 01

서론

Chapter 1

서론

1.1 연구배경
1.2 연구목적
1.3 연구범위 및 연구내용

1.1 연구배경

21세기에 진입하며 세계 경제 · 사회 환경의 변화는 급변하고 있다. 대외적으로는 세계화와 정보화가 급속하게 진전되고 대내적으로는 고령화와 함께 저출산이 고착화되어 인구구조가 변화하고 생산가능인구가 감소하여 전반적으로 사회의 활력이 감퇴되어 가고 있는 실정이다.

우리나라 인구는 2030년경에 정점에 도달한 후 점차 감소될 것으로 전망되며, 고령인구가 증가하고 청년인구가 감소하여 노년부양 비율은 증가하고 경제활동인구가 감소하여 경제의 잠재성장 능력을 저하시킬 것으로 전망되고 있다.

특히, 현재 합계 출산율이 전 세계에서 가장 낮은 수준에 머무르고 있어 향후 저출산 현상이 지속되는 경우 생산가능인구와 경제활동인구가 모두 감소하게 될 것이다. 한편, 저출산 추세는 여성의 경제활동 참가와 직접적으로 연관이 있다. 즉, 여성 근로자들이 자신의 경력단절이 두려워 출산을 미루거나 아예 회피한다는 것이다.

이와 같은 세계 경제 · 사회 환경의 변화와 함께 우리 사회는 압축성장과 물량 위주의 경제성장 전략에 따라 소득계층의 양극화(polarization)[1)]

1) 이에 대해서는 남상호 · 임병인(2008)을 참조할 수 있다. 동 연구에서는 소득의 양극화를 측정하는 지수와 소득양극

뿐만 아니라 산업, 기업, 지역에서도 양극화가 심화되어 계층 · 세대 · 구성원 간 단절과 그에 따른 갈등구조의 심화 등 구조적 문제가 표출되기 시작하였다. 이를 그대로 방치하는 경우 세계 속의 한국 경제의 위상은 점차 실추될 것으로 전망된다. 양극화는 경제의 전 부문에서 심화되어 왔는데 그 중 하나가 산업 내 혹은 기업 간 양극화이다. 우리나라의 대기업 중심의 경제성장 전략이 양극화를 심화시켰다. 1960년대 초반부터 시작된 정부주도의 대외지향형 경제성장 전략은 1990년대까지는 성공적이었다. 즉, 국민경제 전체의 후생이나 GDP를 의미하는 파이의 크기를 확대하는 데 성공적이었으며, 파이를 어떻게 분배할 것인가라는 문제가 대두되지는 않았다. 그러나 1990년을 전환점으로 제조업의 고용창출 효과가 약해지고, 또한 수출이 내수로 연계되지 않기 시작하였다. 이에 따라 수출기업과 내수기업 간 양극화와 대기업과 중소기업 간 양극화가 심화되기 시작하여 21세기를 넘어서며 이제는 양극화 문제는 한국 경제가 가장 우선적으로 해결해야 할 문제로 대두되었다.

이에 우리나라가 급변하는 국내외 경제 · 사회의 변화에 적절히 대응하고 내부적으로 표출된 구조적 문제점을 근본적으로 해결하여 '세계 속의 한국 경제'로 거듭나기 위해서는 전반적인 경제 · 사회 발전전략을 재정립하고 한국 사회에 활력을 창출할 수 있는 새로운 경제 · 사회 시스템의 구축이 필요하게 되었다. 이는 곧 한국 경제의 패러다임이 전환되어야 하는 것을 의미한다. 즉, 경제 · 사회의 발전전략이 물량 중심의 성장에서 질적 성장으로 전환되어야 한다는 것이다. 또한 양극화 문제를 해결하기 위해서는 사회 통합(social cohesion)과 동반성장 전략이 필요

화에 관한 국내외 연구동향, 그리고 추정결과를 상세히 설명하고 있다.

하다.

과거 한국의 경제성장 전략은 효율성을 토대로 한 거점 중심의 '불균형성장 전략'이었는데 이제는 경제의 모든 부문이 균형 있게 성장하는 '균형성장 전략'으로 전환되어야 할 것이다. 지금까지 우리나라의 경제성장은 물적 자본 중심으로 이루어져 왔으나 자본의 한계생산력이 체감함에 따라 물적 자본보다는 인적 자본과 지적 자본 중심의 성장으로 전환되어야 할 것이다. 그와 함께 요소투입형 성장 패러다임에서 기술혁신 주도형 성장 패러다임으로 전환하는 것이 필요하다.

또한 전술한 발전전략의 전환과 함께 한국 경제 · 사회의 역동성을 제고하고 활력을 창출하여 모든 구성원이 함께 잘 살아갈 수 있는 '역동적 한국(Dynamic Korea: DK)'을 만들 수 있는 시스템 구축이 요구된다. 역동적 한국(DK) 시스템은 다양하게 정의될 수 있지만, 본서에서는 다음과 같은 목표를 가진 시스템으로 정의한다. 첫째, 인구구조가 피라미드 구조로 전환되는 것을 목표로 한다. 이를 위해서는 현재 1.1명인 합계출산율을 2명으로 제고시켜 인구의 지속적인 성장을 달성하도록 만들어야 할 것이다. 즉, 역동적 한국 시스템에서는 적정 인구증가율이 유지되어 생산가능인구가 증가하고 경제활동인구가 지속적으로 증가하게 될 것이다.

둘째, 여성의 경제활동 참가율을 제고시켜 한국 사회에서 여성의 역량을 충분히 발휘할 수 있는 여건을 마련하는 것이 목표이다.

셋째, 가난의 대물림과 같은 계층 간 고착화 현상을 타파하고 계층 간 이동이 원활해질 수 있는 사회적 여건을 조성함으로써 경제적 기회가 더 많이 주어져, 개인의 잠재 능력과 창의력이 최대한 발휘될 수 있는 제도를 구축하고자 한다.

넷째, 한국 경제의 모든 부문과 구성원들이 함께 발전하고 성장할 수 있는 동반성장 달성이 목표이다. 이를 위해서는 한국 경제의 부문 간, 계층 간 사회 통합이 이루어져야 할 것이다.

다섯째, 교육기회의 확대와 그에 따른 적절한 보상이 보장되는 사회가 목표이다. 지속적인 경제성장과 소득의 공평한 분배가 선순환의 연결고리를 찾기 위해서 필요한 것은 사후적인 소득재분배 정책보다는 사전적인 경제적 기회의 재분배인데, 이는 교육기회의 확대에 의해 가능하다. 따라서 역동적 한국 시스템을 구축하기 위해서 교육기회의 확대가 중요한 선결요건이 된다.

문제는 어떻게 한국 경제 · 사회의 역동성을 제고하여 '활력에 찬 한국'을 구축할 것인가가 될 것인데, 이는 경제 · 사회 시스템의 개혁에서 모색해야 될 것이다.

이상에서 지금 우리나라 경제 · 사회에 만연하고 있는 양극화 현상을 완화하고 사회 전반의 활력을 되찾기 위하여 무엇보다 필요한 것은 우리 사회의 역동성(dynamism)을 제고시키는 것임을 알 수 있다. 본서에서는 우리 사회의 역동성 제고를 위한 선결조건이 저소득층의 소득이동성을 제고시켜 빈곤을 타파하는 것이라는 전제하에서 관련 내용들을 논의한다.

1.2 연구목적

Sen(1973)은 발전이란 사람들이 가치가 있다고 생각하는 자유를 확장하는 절차라고 정의하였다. 자유의 범위는 인간발전지표로 잘 알려져 있지만, 가장 많이 이용되는 소득과 수명 및 교육을 넘어 더 많은 것들이 인간발전지표에 포함되어야 한다는 주장도 있다(Alkire, 2007).

본 연구는 우리나라 빈곤 문제를 다차원적인 측면에서 다루는 것이 중요하다는 인식하에 빈곤의 발생원인부터 결과에 이르는 과정에서 빈곤을 근로빈곤, 소득빈곤, 지출빈곤으로 구분하여 분석하고 있다.

근로빈곤이란 사람들의 취업기회가 아예 없거나 있더라도 충분하지 않아 근로활동으로부터 발생하는 소득이 적어서 발생하는 빈곤이다. 소득빈곤이란 인간의 기초 욕구를 충족시키기 위한 최소한의 소득수준에 미달하는 빈곤을 의미한다. 근로빈곤은 자연스럽게 소득빈곤으로 이어진다. 지출빈곤이란 사람들(또는 가구)이 인간의 기초 욕구를 충족시키기 위하여 필요한 재화나 서비스에 대한 최소한의 소비지출 수준에 미달하여 발생하는 빈곤을 의미한다.

세 가지 유형의 빈곤은 근로빈곤이 먼저 발생하고, 다음으로 소득빈곤이 발생하며, 마지막으로 지출빈곤이 발생한다. 따라서 빈곤 문제를 정책적으로 해결하기 위해서는 근로빈곤 문제부터 해결해야 할 것이다. 만약 근로빈곤 문제가 만족스럽게 해결되지 못하면, 소득빈곤 문제를 해결해야 될 것이며, 그것도 여의치 않으면 최종 단계에서 지출빈곤 문제를 해결해야 될 것이다. 이렇게 해야 모든 국민이 최소한 기본 욕구를 충족시킬 수 있을 것이다.

이상에서 우리나라 빈곤 문제를 근로빈곤, 소득빈곤 및 지출빈곤으로 구분하여 분석하고 서로 다른 유형의 빈곤 간 관계에 대하여 분석하여 빈곤 타파를 위한 정책 과제를 제시하는 것을 연구목적으로 한다.

1.3 연구범위 및 연구내용

본서에서는 우리나라의 빈곤 문제를 입체적으로 다룬다. 본 연구의 공간적 범위는 우리나라에 국한되고, 시간적 범위는 빈곤에 관한 자료가 가용한 시기가 될 것이다.

본서의 연구내용을 개괄해 보면 다음과 같다.

I편 서론에서는 1장의 연구배경과 연구목적을 제시한 다음, 2장에서는 빈곤의 개념들을 정의하고, 빈곤에 대한 주요 이론을 정리하여 소개한다. 또한 빈곤선, 빈곤율과 같은 기본적인 빈곤지표로부터 최근 제기되고 있는 빈곤의 다차원적인 속성을 반영한 지표를 소개한다. 빈곤 함정에 대한 이론은 자산기반 이론과 수렴 이론 및 거시적 빈곤 함정 이론을 소개한다.

II편 3장에서는 우리나라의 빈곤 실태에 대하여 분석한다. 현재까지 이루어진 우리나라 빈곤에 대한 다양한 연구결과를 정리, 소개하고 빈곤층 진입요인을 분석한다.

4장에서는 우리나라 빈곤과 외국의 빈곤 문제를 국가 차원에서 분석한다. 전 세계의 소득분포 자료를 이용하여 하루 2달러 미만으로 살아가는 절대빈곤의 세계적 분포를 분석하고, 우리나라가 포함된 OECD 국가를 분석 대상으로 하여 국가 간 상대적 빈곤율을 비교, 분석한다. 또한 정부가 세금과 이전지출로써 소득재분배 정책을 시행하기 전과 후의 빈곤 상태를 비교할 것이다. 우리나라 빈곤 문제를 국가 간 비교를 통하여 수행함으로써 정부가 향후 추진하게 될 빈곤 타파 정책에 대한 시사점을 도출하게 될 것이다.

III편에서는 우리나라의 빈곤 문제를 다차원적으로 분석한다. 특히,

빈곤의 발생원인에서부터 빈곤의 결과로 이어지는 과정을 근로빈곤과 소득빈곤 및 지출빈곤으로 구분하여 분석한다.

5장에서는 근로빈곤의 개념을 정의하고, 우리나라 근로빈곤의 실태를 분석한다. 특히, 취업빈곤율이 전체 빈곤율에서 차지하는 비중을 살펴보고, 종사자의 근로유형에 따른 고용의 안정성이 취업빈곤율에 미치는 영향을 분석한다. 최근 성장은 하되 일자리가 증가하지 않는 '고용 없는 성장'(jobless growth)으로 인해 일자리 증가속도가 둔화되고, 탈산업화에 따른 저임금 · 고용불안의 확산으로 말미암아 근로빈곤이 심화된 사실에 대해 논의한다. 또한 우리나라의 근로빈곤 문제의 해결을 위한 정책 대안에 대하여 계산 가능 일반균형모형(computable general equilibrium model)을 이용하여 기초생활보장제도와 근로장려세제(EITC) 제도 등의 정책효과를 분석한 모의실험 결과에 대해 논의한다.

6장에서는 소득빈곤과 자산빈곤의 관계를 분석한다. 자산빈곤이 중요한 이유는 경제적 후생을 소득이나 소비와 같은 유량으로 측정하는 경우 미래의 빈곤에 대한 전망이 쉽지 않기 때문이다. 그보다는 자산과 같은 저량으로 경제적 후생을 측정하는 경우, 미래의 빈곤에 대한 전망을 더 잘 할 수 있고 전망 자체가 더 의미 있다. 그 이유는 자산은 미래의 소득충격을 완화시키는 역할을 하며, 그 자체로 미래의 소비재원으로 전환이 가능하고, 미래에 소득을 창출할 수 있는 기반이 되기 때문이다. 따라서 6장에서 소득유형별 소득빈곤율과 자산빈곤율을 추정하고 소득빈곤 및 자산빈곤의 요인을 실증분석을 통하여 파악한다.

7장에서는 교육빈곤, 의료빈곤 및 에너지빈곤 등과 같은 지출빈곤을 다룬다. Sen의 지적처럼 인간이 보다 많은 분야에서 자유를 추구할 수 있도록 하기 위해서는 각 분야에서 빈곤 문제를 해결해야 될 것이다. 이를 위해서는 다양한 항목의 지출 문제를 다루어야 한다. 최근 급속히 진행되고 있는 저출산의 중요한 원인으로 제기되고 있는 것이 교육비 부담이다. 문제는 교육비, 특히 사교육비의 과중한 부담이 지출빈곤의 원인으로 이어지고 있다는 것이다. 이에 교육빈곤의 개념을 제시하고 교육빈곤에 대한 실태를 파악한다.

한편, 고령화 시대에 인간은 장수하는 것만이 중요한 것이 아니라 어떻게 하면 건강하게 살 수 있는가라는 것이 중요한데, 이를 위해서는 의료빈곤 문제를 해결해야 될 것이다.

또한 1970년대 발생한 두 차례의 유가파동(oil shock) 이후 간헐적으로 발생하는 에너지 위기는 빈곤층 가구에 심각한 타격을 주고 있다. 따라서 7장에서 에너지빈곤의 개념을 정의하고 실태를 분석한 다음, 에너지빈곤의 결정요인을 분석한다.

Ⅳ편에서는 우리나라 빈곤을 타파하기 위한 정책 과제를 제시한다. 앞서 설명하였듯이 빈곤 문제를 해결하기 위해서는 빈곤의 발생단계로부터 순차적으로 빈곤 해소와 빈곤 타파를 위한 정책을 추진해야 될 것이다.

이에 따라 8장에서는 근로빈곤을 타파하기 위한 노동정책에 대하여 분석한다. 특히, 실업급여제도와 근로장려세제(earned income tax credit: EITC) 제도에 초점을 맞추어 분석한다. 실업급여제도는 1997년부터 고용보험제도의 일환으로 시행되어 오고 있으며 적용대상자도 점차 확대되어 왔다. 우리나라 실업급여의 임금대체율과 수급기간은 OECD 회원국 중 가장 낮은 편에 속하고 있다. 문제는 실업급여와 임금대체율 수준의 적정성 여부인데 이를 파악하기 위해서는 두 가지 측면을 함께 고려해야 된다. 즉, 임금대체율이 높을수록, 그리고 실업급여 수급기간이 길수록 실업기간과 취업기간 사이의 가처분소득의 차이가 줄어들어 두 기간 동안의 소비수준 차이를 좁혀줌으로써 근로자의 후생감소를 완화시켜 주는 역할을 한다. 한편, 임금대체율 수준이 높고 실업급여 수급기간이 길어질수록 실업자들의 구직을 위한 노력은 감소된다. 따라서 본 연구에서는 이와 같은 실업급여제도의 양면성을 고려하여 실업급여제도를 최적제도로 개선하기 위한 방안을 일반균형모형을 이용한 모의실험 결과에 근거하여 제안한다.

8장에서는 근로장려세제(EITC)에 대해서 심도 있는 분석을 하게 될 것이다. 근로장려세제는 근로빈곤가구에 대하여 근로소득에 따라 산정된 근로장려금을 지급함으로써 근로유인을 제고하고 실질소득을 지원하기 위하여 2008년 도입된 근로연계형 소득지원제도이다. 우리나라의 경우 근로장려세제 제도가 실제로 도입된 기간이 짧아 많은 자료가 축적되지 않아 신빙성 있는 실증분석은 어려운 것 같다. 그럼에도 불구하고 근로장려세제 제도의 효과에 대한 해외 실증분석 결과를 토대로 수행한 우리나라의 모의실험 결과를 보면, 근로장려세제 제도가 노동참여를 증가시키고, 점증구간에서 소득이 증가할수록 노동시간이 증가하는 것으로 나타났다. 이에 따라 근로장려세제 제도는 확대 적용을 기본 방향으로 제시하고, 제도적 보완점도 논의한다.

9장에서는 빈곤의 굴레에서 벗어나는 가장 유력한 수단이 교육이라는 인식하에 빈곤 타파를 위한 교육정책에 대하여 분석한다. 부모의 소득이 낮은 빈곤층의 자녀라도 좋은 교육을 받음으로써 인적 자본을 축적하여 일정 수준의 소득을 벌 수 있다면, 적어도 빈곤의 대물림 현상을 방지할 수 있기 때문이다. 반면에 소득에 따라 교육기회가 차별화될 경우 교육은 오히려 빈곤을 고착화시키는 수단이 될 수도 있다. 따라서 미래 세대의 빈곤을 줄이기 위한 정책 중에서 교육은 상당히 중요하다.

빈곤 타파를 위한 교육정책은 넓게 보아 교육격차 감소정책이라고 볼 수 있다. 교육격차 감소는 학생들에게 사회 · 경제적 환경에 관계없이 질 높은 교육이 제공되는 경우에 이루어질 수 있다. 9장에서는 우리나라의 전반적인 교육실태에 대하여 살펴보고, 빈곤 타파를 위하여 대학 구조조정과 전문계 고등학교 교육강화를 중심으로 한 교육정책을 제안한다.

10장에서는 빈곤 타파를 위한 사회보장제도를 각종 연금제도를 중심으로 살펴본다.

11장에서는 본서의 결론을 제시한다.

Chapter 2

빈곤 함정의 이론적 배경

2.1 빈곤의 개념

2.2 빈곤의 함정: 이론적 배경

2.1 빈곤의 개념

2.1.1 빈곤의 개념 정의

빈곤은 사전적으로 생존을 위해 필요한 최소한의 기본적 욕구가 충족되지 않은 상태를 의미한다.[1] 빈곤은 절대빈곤, 상대빈곤 및 주관적 빈곤으로 구분하여 개념을 달리 정의할 수 있다. 절대빈곤은 일찍이 Rowntree(1901)가 총수입이 육체적 효율성의 유지에 필요한 최저수준을 획득하기에도 불충분한 가구를 1차적 빈곤으로 규정한 데서 유래한다. 이에 따라 인간의 기본 욕구를 충족시키기 위한 필수재를 구입하는데 필요한 일정 소득수준 이하를 절대빈곤으로 간주한다.

상대빈곤은 Townsend(1979)가 생존에 필요한 사회적 기본 욕구가 합의되기는 어렵다고 비판하면서 전체 국민의 소득수준과 비교하여 상대적인 저소득으로 정의하였다. 상대빈곤은 사회의 일반적인 생활수준보다 현저하게 낮은 생활수준을 영위하고 있는 상태를 나타내므로 특정 사회의 상대빈곤은 그 사회의 생활수준에 의해 결정된다.

1) 빈곤에 대한 개념 정의는 김주환(2007)과 우석진(2011)을 참조로 정리하였다.

한편, 주관적 빈곤은 자신의 빈곤 여부를 가장 잘 평가할 수 있는 사람은 바로 자신이라는 전제하에 사람들의 주관적 평가에 기초하여 빈곤 여부를 판정한다. 따라서 개인의 주관적 판단에 의해 최소한의 생활수준, 즉 빈곤선이 결정된다고 볼 수 있다.

빈곤은 다양한 속성에 의해 발생되므로 빈곤의 개념에 대한 정의 역시 빈곤을 연구하는 연구자들에 의하여 다양하게 정의되고 있다. Sen(1992)은 빈곤을 우리 모두가 최소한으로 받아들일 수 있는 일정 수준에 도달하기 위한 기본적 능력이 결여된 상태로 정의하였다. 기본적 능력에는 신체적 능력뿐만 아니라 사회적 성취 능력 등이 포함된다. Beveridge(1942)는 노령인구의 사람이 소득중단 시기 동안 생존을 위해 필요한 최소소득에 못 미치는 상태를 빈곤으로 정의하였다. Mack and Lansley(1985)는 빈곤을 사회적으로 인식되는 필수품이 강제로 결핍된 상태로 정의하였다.

2.1.2 빈곤선

2.1.2.1 절대빈곤선: 정책 빈곤선, 최저생계비

인도의 경제학자 Sen(1976)은 빈곤의 측정 문제를 두 단계로 구분하여 설명하고 있다. 첫 번째 단계에서는 빈곤을 식별하는 것이고, 두 번째 단계에서는 가난한 사람들의 공통적인 특징을 종합하여 빈곤의 정도를 나타내는 양적인 지표를 만드는 것이다.

일반적으로 빈곤의 식별은 특정 소득수준을 빈곤선(poverty line)으로 정해 놓고, 그 소득수준에 미치지 못할 경우 빈곤으로 간주하는 것으로 이루어진다. 따라서 빈곤선의 설정이 중요하다.

흔히 빈곤선을 최저생계비로 정한 것을 절대빈곤이라 하고, 이때 최저생계비를 정책빈곤선이라고도 한다. 최저생계비는 최소한의 생활(minimum living conditions)을 충족하기 위해 필요한 재화와 서비스의 구입 비용으로 정의된다. 우리나라에서는 최저생계비를 보건복지부에서 공식 발표하고 있는데, 이때의 최저생계비는 "국민의 건강하고 문화적인 생활을 유지하기 위하여 소요되는 최소한의 비용"을 말한다.[2)]

최저생계비 계측 방식에는 전물량 방식(market basket)과 반물량 방식이 있다. 전물량 방식은 인간생활에 필수적인 모든 품목에 대한 최저한의 수준을 설정하고 화폐가치로 환산하여 총합하는 방식으로서 Rowntree 방식이라고도 한다. 전물량 방식의 장점은 사치품과 고가품을 배제하고 필수품만을 포함한다는 점이다. 단점은 필수품 선정이 연구자의 주관적인 판단에 의해 이루어지므로 자의성이 개입된다는 점이다. 우리나라는 전물량 방식을 따른다.

반물량 방식은 최저식료품비를 구한 다음 거기에 엥겔계수(=식료품비/총소득)의 역수를 곱한 금액을 최저생계비로 보는 방식이다. 반물량 방식의 장점은 전물량 방식의 문제점인 연구자의 자의성이 배제되고, 계측이 비교적 간단하다는 점이다. 반물량 방식의 단점은 특정 계층의 엥겔계수 적용에 따라 최저생계비 수준이 다르게 정해진다는 것이다(김미곤 외, 2010). 참고로 미국은 반물량 방식을 따르고 있다.

우리나라의 경우 중앙생활보장위원회에서 국민의 소득, 지출수준과 수급권자의 가구유형 등 생활 실태와 물가상승률 등을 고려하여, 3년마다 전물량 방식에 의한 계측조사를 하여 최저생계비를 결정하여 보건복

2) 그러나 최저생계비의 문제점은 최소한의 생활을 위한 기본적 필요(basic needs)가 구체적으로 무엇을 의미하는지 불분명하다는 것이다.

지부 장관이 매년 9월 1일 고시한다.

2.1.2.2 상대빈곤선

상대빈곤은 특정 사회의 상대적인 빈곤 정도를 나타내므로 그 사회의 평균적 생활수준과 관련하여 설정된다. 보통 중위소득의 일정 비율을 상대빈곤선으로 정하는데, OECD에서는 중위소득의 50%를 상대빈곤선으로 정하고 있다.[3)]

최근 빈곤 연구에서는 절대빈곤선보다는 상대빈곤선이 선호되는데, 그 이유는 측정 연도에 나타나는 정책빈곤선의 급격한 변화로 인해 발생하는 빈곤 측정상의 문제를 피할 수 있기 때문이다. 또한 상대빈곤선은 국제 비교가 용이한 장점이 있다(이현주 외, 2008).

2.1.2.3 주관적 빈곤선

주관적 빈곤선은 제3자에 의한 주관적 평가와 자신에 의한 주관적인 평가에 기초한 최저생계비로 추정될 수 있다. 제3자에 의한 평가는 "이곳에서 사는 평균적인 4인 가족이 근근이 살아가는데 필요한 최소한의 돈은 얼마입니까?"와 같은 질문에 대한 응답으로 측정된다. 본인 평가에 기초한 질문의 예로는 "당신의 가구에서는 얼마의 소득(혹은 지출)이 있다면 근근이 살아갈 수 있겠습니까?"와 같은 것을 들 수 있다(김미곤 외, 2010).

주관적 빈곤선의 측정 방식은 라이덴(Leyden) 방식, 델릭(Deleeck) 방식, 갤럽(Gallup) 방식 등으로 구분된다. 라이덴 방식은 본인 평가를 위한

3) 이 밖에도 중위소득의 30%와 40%를 기준으로 정하기도 한다.

질문의 응답으로 나온 소득과 실제 그 사람의 소득이 일치하는 점을 회귀분석을 통해 찾아내어 최저생계비로 간주하는 방식이다.

델릭 방식은 본인 평가에 기초하여 각자가 응답한 최저생계비와 자신의 실제소득이 같은 가구들을 골라 해당 가구소득들의 평균 소득을 최저생계비로 간주한다.

갤럽 방식은 제3자적 관점에서 최저생계비를 계측하는 방식이다. 생존에 필요한 최소비용이 얼마인지를 묻는 질문에 대해 응답한 금액의 평균을 빈곤선으로 설정한다. 이 방식은 Rainwater(1974)가 1946~1969년 기간 동안 갤럽 여론조사를 분석하여 일반화한 계측 방식으로, 질문에 대한 응답이 그 해 평균 소득의 46~58% 범위 안에 들어가 대중이 생각하는 생계비 수준이 전문가에 의해 계측된 수준과 상당히 근접한 것으로 나타났다.

주관적 빈곤선에 의한 빈곤을 측정할 때의 장점은 전문가의 판단에 의존하는 대신 사회의 지배적인 의견을 빈곤선 설정에 사용한다는 점에 있다(김주환, 2007). 반면에 약점은 질문지 문항의 단어를 약간만 바꾸어도 주관적 빈곤선의 추정치가 변동한다는 것과 빈곤선에 대한 질문을 응답자들이 어떻게 해석했는지 알 수가 없다는 것이다. 예로서 소득이 세전소득인지 세후소득인지 또는 사회보장제도 급부금과 같은 이전소득을 포함한 소득인지 여부 등을 알 수 없다는 것이다. 또한 일반적으로 표본 수가 적어 추정치의 표준오차가 크다는 단점이 있다.

주관적 빈곤선에 대한 연구는 유럽 지역에서 활발하게 이루어지고 있으며, 우리나라(김미곤 외, 2010)와 미국의 연구(Vaughan, 1993; de Vos and Garner, 1991)결과, 대체로 주관적 생계비는 공식 빈곤선보다 높게 추정되고 있다.[4)]

2.1.3 빈곤지수

2.1.3.1 빈곤율

빈곤 정도를 나타내는 지표가 빈곤지수이다. 빈곤지수에는 전통적으로 빈곤율(poverty ratio)과 빈곤 격차가 가장 많이 쓰인다.

명확한 개념 설정을 위해서 예로서 n 가구로 구성되는 집단(S)이 있다고 하고, 다음과 같은 가구소득의 분포를 갖고 있다고 하자.

$$y_1 \leqq y_2 \leqq \cdots \leqq y_m \leqq y_{m+1} \leqq y_{m+2} \leqq \cdots \leqq y_n$$

여기서 y_m은 외생적으로 주어진 빈곤선을 나타낸다. $S(x)$를 소득 x보다 높지 않은 소득을 갖는 가구의 집합을 표기한다고 하자. 이 경우 $S(y_m)$은 빈곤선 이하 가구들의 집합(m가구), 곧 빈곤층을 나타낸다. 당연히 $S(y_n)$은 그룹 전체의 구성원을 나타낸다.

빈곤율은 전체 가구(인구) 중에서 빈곤가구(인구)의 비중으로 정의되므로 전통적 빈곤지수인 빈곤율(headcount ratio: H)은 다음과 같은 식으로 표현된다.

$$H = \frac{m}{n} \qquad (2\text{-}1)$$

즉, 빈곤율은 절대빈곤율과 상대빈곤율로 구분된다. 절대빈곤율은 전체

4) 김미곤 외(2010)에서 2010년 국민생활실태조사 자료를 이용하여 주관적 최저생계비를 추정한 결과, 4인 기준 '건강하고 문화적인', '그럭저럭', 또는 '근근이' 살아가는데 각각 4,094,610원, 2,505,777원, 1,550,534원이 필요한 것으로 나타났다. 중요한 것은 2010년 우리나라 공식 빈곤선(1,363,091원)이 이러한 주관적 빈곤선보다 훨씬 낮은 수준이라는 점이다.

인구(가구) 대비 빈곤선(최저생계비) 이하 소득의 인구(가구) 비율로 정의된다.

상대빈곤율은 해당 연도 중위소득의 50% 이하의 가구 비율을 의미한다. 상대빈곤율은 절대 빈곤의 정도가 낮은 선진국에서 많이 사용되며, 소득불평등도가 커지면 상대빈곤율도 커지는 경향이 있다.

우리나라의 경우 한국보건사회연구원에서 2006년부터 매년 『빈곤통계연보』를 발표하여 가구기준의 빈곤율인 빈곤가구율과 개인기준의 빈곤율을 각각 계측하여 발표하고 있다. 분석 대상 소득은 총소득, 경상소득 및 가처분소득으로 소득의 범위를 다양하게 적용하여 빈곤율을 추정하고 있다.

2.1.3.2 빈곤 격차

빈곤 격차(poverty gap)는 빈곤율 다음으로 많이 쓰이는 지표이다. 특정 그룹이나 사회에서 빈곤 격차는 빈곤선(y_m)보다 소득이 낮은 가구의 소득과 빈곤선 사이의 격차로서 측정된다. 빈곤선보다 소득이 높은 가구의 빈곤 격차는 0이 된다. 소득이 y_i인 가구의 빈곤 격차(g_i)는 식 (2-2)와 같이 정의된다.

$$g_i = y_m - y_i \tag{2-2}$$

빈곤층의 평균 빈곤 격차 비율(Q)은 빈곤층에 속한 가구들의 빈곤 격차의 평균으로 측정되는데 식 (2-3)과 같이 표현된다. Q는 빈곤층에 속한 가구가 빈곤선에 도달하기 위해 평균 어느 정도의 소득이 추가적으로 필요한가를 나타낸다.

$$Q=\sum_{i\in S(y_m)}\frac{g_i}{(my_m)} \quad (2\text{-}3)$$

Sen(1976)은 공리적 접근방법을 이용하여 빈곤지표를 제시하였다. Sen 빈곤지수(P_s)는 다음과 같이 정의된다.

$$P_s=H[Q+(1-Q)G] \quad (2\text{-}4)$$

여기서 H는 빈곤율, Q는 빈곤층의 평균 빈곤 격차 비율, G는 빈곤층의 지니계수를 나타낸다.

Sen이 제시한 세 가지 공리는 다음과 같다.

첫 번째 공리는 상대적 형평성(relative equity) 공리로서, 만약 빈곤층에 속한 개인 j의 후생수준이 개인 i의 후생수준보다 높으면 사회 전체의 빈곤 격차를 고려할 때, 상대적으로 더 가난한 개인 i의 가중치가 더 높아야 한다는 것이다.

두 번째 공리는 서수적 순위 가중치(ordinal rank weights)의 공리로서, 사회 전체의 빈곤 격차를 고려하는 경우 빈곤층에 속한 개인 i의 가중치는 빈곤층에서의 후생 순위를 그대로 반영하여야 된다는 것이다.

세 번째 공리는 단조적인 후생(monotonic welfare)의 공리로서, 빈곤층에 속한 개인 j의 소득수준이 개인 i의 소득수준보다 높으면 당연히 빈곤층에 속한 개인 j의 후생수준이 개인 i의 후생수준보다 높아야 된다는 것이다.

한편, 소득에 기초한 빈곤 개념에 대해서는 몇 가지 문제점이 제기되어 왔다. 첫째, 서로 다른 개인의 선호에 따라 효용수준 역시 다른데,

소득이라는 동일한 척도를 기초로 빈곤을 측정하고 비교한다는 것은 문제가 있다는 것이다. 둘째, 사람의 빈곤에 대한 욕구는 소득 외에도 다양한 측면에서 분석해야 한다는 것이다(남상호, 2013). 즉, 후생수준의 결여를 의미하는 빈곤은 다차원적 성격을 가지고 있으므로 소득만을 중심으로 빈곤을 다루는 것은 문제가 있다는 것이다.

2.2 빈곤의 함정: 이론적 배경

ㅁ 단일 균형 빈곤의 함정(single equilibrium poverty trap) 모형

빈곤 함정의 일부는 경제 내 모든 가구들이 동태적으로 유일하게 존재하는 안정적인 균형하에서 낮은 수준의 후생수준으로 수렴하는 것으로 나타낼 수 있다. 이와 같은 균형은 Acemoglu, Johnson and Robinson (2001)이 지적하였듯이 거시적인 규모의 빈곤 함정으로 제도적 현상에 기인하거나, 물리적 · 지리적 여건이 불리한 것에 기인하기도 한다(Jalan and Ravallion, 2003). 단일 균형 빈곤은, 첫째 주어진 지리적 위치, 기후 또는 여타 고정적인 부존자원에 의하여 생산적인 생산물을 생산하기에는 충분하지 않은 생산기술(광범위하게는 제도와 생산 및 배분 시스템을 포함)에 기인한다.

둘째, 특정 개인이나 그룹의 정신적 · 물리적 장애, 차별대우 및 사회적 소외 등에 의하여 그들이 일정 수준의 후생수준을 달성하지 못하게 만드는 것에 기인한다. 중요한 것은 특정 개인들의 어쩔 수 없는 속성들이 그들로 하여금 빈곤 그룹에 속하게 만든다는 것이다.

2.2.1 자산기반 빈곤 함정(asset based poverty trap) 모형

2.2.1.1 자산빈곤선과 소득빈곤선

최근 20년간 빈곤 측정에 있어서 두 가지 새로운 접근방법이 주목을 끌고 있는데, 첫째는 자산을 기반으로 빈곤을 측정하는 방법이고, 둘째는 인적 개발 능력을 기반으로 빈곤을 측정하는 방법이다.

자산기반(asset based: AB) 모형은 Carter and Barrett(2006)가 소개한 모형으로 과거 소득과 소비와 같은 유량(flow)을 중심으로 빈곤을 측정하는 것보다는 자산과 같은 저량(stock)을 중심으로 빈곤을 측정하자는 것이다. 즉, 특정 가구의 자산이 일정 수준에 못 미치는 경우 빈곤의 함정에 빠져 있다고 하는데, 일정 수준이라는 그 기준이 바로 빈곤선이 된다.

근본적인 문제는 경제적 후생을 소득과 소비로 측정하는 것이 좋은지 아니면 자산으로 측정하는 것이 좋은지에 있다. 물론 소득과 소비로 경제적 후생을 측정하는 경우 측정이 비교적 용이하고, 소비가 개인 후생에 직접 영향을 미치므로 과거부터 현재 시점에 이르는 기간에 대해서는 소비와 소득으로 경제적 후생을 측정하는 것이 적절할 것이다.

반면에 미래의 경제적 후생에 더 민감한 영향을 미치는 것은 자산이 될 것이다. 왜냐하면 자산은 미래에 소득을 창출할 수 있고, 경우에 따라서 자산이 직접 소비로 전환될 수 있기 때문이다.

〈그림 2-1〉은 빈곤 또는 빈곤의 측정에 대한 시각의 변화를 시대별로 보여주고 있다(Carter and Barrett, 2006). 제1세대의 빈곤은 특정 시점에서 횡단면 가계 자료의 소득이나 지출 자료를 이용하여 측정된다. 일단 화폐가치로 측정된 빈곤선이 정의되면 전체 인구는 빈곤층과 비빈곤층으로 구분된다. 보통 빈곤율은 경제의 빈곤 정도를 가늠하기 위하여 측정

그림 2-1 **빈곤 측정 수단의 발전**

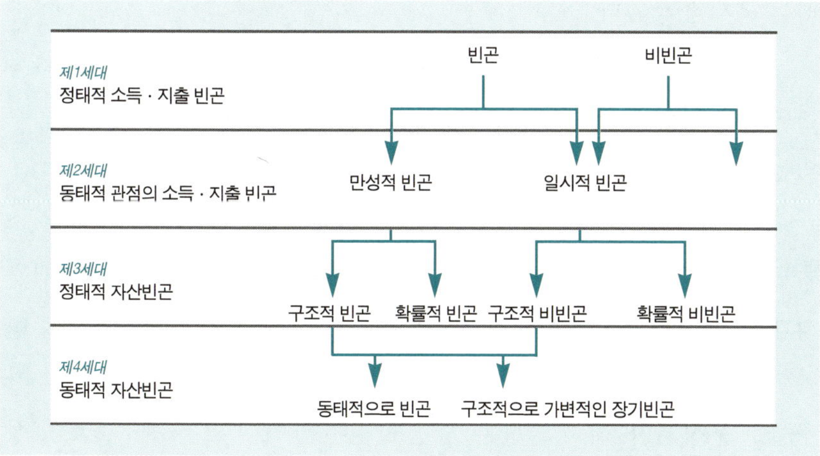

자료: Carter and Barrett(2006).

된다. 제1세대 빈곤 분석방법은 횡단면 설문조사를 통하여 사회구성원 후생의 변화에 대한 이해를 돕는다.

그러나 많은 학자들이 지적하듯이 횡단면 자료에 근거한 빈곤의 측정은 두 가지 상이한 유형의 빈곤을 구분하지 못하는 약점이 있다. 예를 들어, 빈곤율 33.3%는 동일한 사람들이 지속적으로 빈곤한 것을 나타내기도 한다. 이 경우 빈곤은 소수의 구성원만이 경험하나, 그 소수는 매우 불운하게도 강도가 세고 무한한 빈곤에 직면하게 된다. 반대로 동일한 빈곤율 33.3%가 매년 반복되지만 전체 인구의 1/3이 확률적으로 무작위로 혹은 기타 인구통계학적 요인에 의해 빈곤을 경험할 수 있을 것이다. 이 경우 빈곤은 일시적인 현상이 된다. 시간이 지남에 따라 모든 가구는 일정 기간 중 1/3 기간 동안 빈곤을 경험하게 된다. 이는 〈그림 2-1〉에서 제2세대의 빈곤으로 그려져 있다. 제1세대의 빈곤 측정은 제2세대의 빈곤과 같이 완전히 상이한 사회의 빈곤에 대하여 그 차이점을 밝히지 못하는 문제점이 있다.

제1세대와 제2세대의 빈곤에 대한 접근방법의 차이는 연구자들로 하여금 동일한 가구들에 대하여 시간에 따라 반복하여 자료를 얻을 수 있는 패널 자료(panel data)에 대한 관심을 돌리게 만들었다.

Grootaert and Kanbur(1995)는 패널 자료를 이용하여 지출빈곤 혹은 소득빈곤 분석을 시도하였다. 패널 자료를 이용하면 우리는 가구의 빈곤 상태를 세 가지로 구분할 수 있다. 첫째 그룹은 항상 혹은 지속적으로 빈곤한 가구들로 구성되며, 둘째 그룹은 가끔 혹은 일시적으로 빈곤한 가구들로 구성되며, 셋째 그룹은 한 번도 빈곤한 적이 없는 가구들로 구성된다.

Baulch and Hoddinott(2000)는 10개국에 대한 패널 자료를 이용하여 빈곤의 동학(poverty dynamics)에 대해 분석하였으며, Hoddinott(2003)는 아프리카 국가들로 구성된 패널 자료를 이용하여 분석하였다. 이들의 분석 결과, 전체 빈곤의 상당 부분이 일시적인 빈곤으로 나타났다. 소득빈곤에 근거한 일시적 빈곤의 상당 부분은 후생의 유량 측정에 기초하여 내재적인 무작위성을 강조한다. 즉, 사람들은 수익성이 좋은 자산증가와 같은 근본적인 상황 개선이 없는 가운데 친지로부터의 송금, 선물이나 복권당첨과 같은 일시적인 수입의 증가로 특정 기간에 다른 기간에 비해 소득이 조금 많아져 생활이 나아질 수 있다는 것이다. 단, 제2세대 빈곤 측정의 약점은 일시적인 빈곤이지만 근본적으로 완전히 다른 유형의 일시적 빈곤을 겉으로는 가려내지 못한다는 점에 있다. 즉, 비빈곤층인 가구들 중에는 불운에 의해 빈곤하였다가 다시 비빈곤층으로 회귀하는 가구들이 있는데, 이 경우 이들은 일시적인 비빈곤층으로 볼 수 있다. 반면에 체계적인 자산의 축적에 의하여 구조적으로 비빈곤층으로 전환되는 가구들은 구조적인 비빈곤층으로 볼 수 있을 것이다.

유사하게 일시적으로 빈곤한 가구들 중에는 운이 나빠 빈곤층에 머무르게 된 가구들과 구조적으로 빈곤층에 잔류하게 된 가구들이 있다. 이들을 나타낸 것이 〈그림 2-1〉의 제3세대 빈곤이다. 즉, 제3세대 빈곤 개념은 빈곤층이 일시적인 빈곤층과 구조적인 빈곤층으로 구분되고, 비빈곤층(부유층) 역시 일시적인 부유층과 구조적인 부유층으로 구분된다.

제4세대 빈곤 개념은 빈곤의 동태적인 특성으로 빈곤을 구분한다. 즉, 장기적으로 정상 상태(steady state)에서 빈곤한 가구와 외부 환경의 충격에 의해 일시적으로 빈곤을 경험하는 가구가 구분된다. 전자를 동태적으로 빈곤한 가구라 하고, 후자를 동태적으로 유동적인 빈곤층이라 한다. 동태적 빈곤층과 유동적 빈곤층을 구분하는 것이 중요한 이유는 정부가 빈곤 타파 정책을 시행할 때 유동적인 빈곤층에 대해서는 별도의 정책을 시행하지 않더라도 경기가 호전되는 경우 빈곤에서 탈출할 수 있기 때문이다.

빈곤의 전환과정을 분해하기 위해서는 소득빈곤선과 함께 자산빈곤선(asset poverty line)의 개념이 필요하다. 빈곤의 구조적 전환과정과 확률적 전환과정을 구분하기 위해 자산과 기대효용에 대한 정보가 필요하다. Carter and May(2001)가 제시한 〈그림 2-2〉에서 수직축은 소득이나 지출수준으로 측정된 기대후생 또는 기대효용 수준을 나타낸다. 따라서 화폐가치로 측정된 빈곤선은 그림에서 $\underline{u}$가 된다. 수평축은 가계의 효용을 창출하는 자산을 나타낸다. 물론 이들 자산은 보통 여러 개가 존재하나 하나의 자산으로 합산하여 측정 가능하다고 가정한다.

자산 수익률에 대한 정보는 자산과 그에 대응하는 기대효용 사이의

그림 2-2 **소득빈곤선과 자산빈곤선**

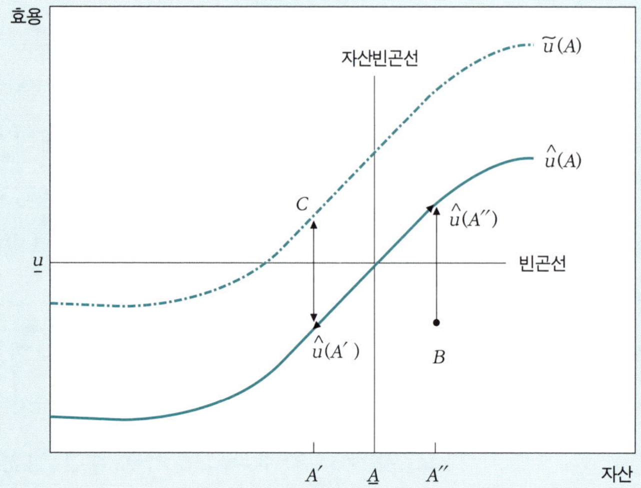

자료: Carter and May(2001).

관계를 그린 곡선을 〈그림 2-2〉와 같이 나타낼 수 있다. 이 곡선은 생계함수(livelihood function) 또는 생산함수라 부른다(Carter and Barrett, 2006). 그림에서 자산빈곤선은 효용빈곤선 혹은 소득빈곤선 $\underline{u}$에 대응하는 선 $\underline{A}$와 같다. 생계함수는 시간과 관계없이 일정하다고 가정할 때, 만약 가구가 $\underline{A}$보다 크거나 같은 규모의 자산을 보유하나 실현된 소득이 $\underline{u}$보다 작으면, 그 가구는 확률적으로 빈곤하다고 할 수 있을 것이다. 반대로 만약 가구의 보유자산이 $\underline{A}$보다 작고 실현된 소득 역시 $\underline{u}$보다 작으면, 그 가구는 구조적으로 빈곤하다고 할 수 있다. 물론 이때 현재의 실현소득 수준에 관계없이 장기전망의 관점에서 확률적으로 빈곤한 가구가 구조적으로 빈곤한 가구보다는 더 나을 것이다. 빈곤 감소 정책이 효과를 보기 위해서는 목표가 장기의 기대효용 수준에 설정되어야지 현재나 과거의 실현소득에 설정되어서는 안 될 것이다. 그러므로 자산빈곤선을 토대로 확률적 · 구조적 빈곤의 구분이 중요해진다.

패널 자료를 이용하여 구한 자산빈곤선에 대한 지식은 제3세대 빈곤 개념인 구조적 빈곤과 확률적 빈곤(또는 비빈곤)의 구분을 가능하게 한다. 예를 들어, 시간이 지남에 따라 소득빈곤선 위의 한 점에서 소득빈곤선 아래의 한 점으로 이동하는 경우, 만약 가구의 자산이 자산빈곤선보다 작은 규모의 자산을 소유하여 원래 소득빈곤선 아래의 후생수준을 기대하였던 경우라면, 일시적으로 소득이 소득빈곤선보다 크다가 다시 원래 수준으로 회귀하는 것이므로 이는 확률적인 변동(stochastic transition)으로 볼 수 있다. 이러한 상황은 〈그림 2-2〉에서 최초 $\hat{u}(A')$점에 있다가 일시적으로 점 C로 이동한 다음, 다시 점 C로부터 $\hat{u}(A')$점으로 돌아가는 것과 같다.

반면, 자산의 손실에 의해 자산이 자산빈곤선보다 큰 수준에서 자산빈곤선보다 작은 수준으로 이동하여 발생하는 빈곤은 구조적 빈곤(structural poverty)이라고 한다. 이는 〈그림 2-2〉에서 최초 자산이 자산빈곤선보다 큰 수준인 A''이다가 자산빈곤선보다 작은 수준인 A'으로 감소되어 후생수준이 $\hat{u}(A'')$에서 $\hat{u}(A')$점으로 감소한다. 유사하게 구조적 변동에 의해 소득이 소득빈곤선 위로 이동하는 경우도 있다. 이는 자산이 축적되어 자산빈곤선보다 작은 수준인 A'으로부터 자산빈곤선보다 큰 수준인 A''으로 증가하는 경우 발생한다. 또는 동일한 자산에 대한 수익이 증가하여 생산함수 자체가 $\hat{u}(A)$로부터 상향 이동하여 $\tilde{u}(A)$로 이동하는 경우에도 구조적 변동이 발생할 수 있다.

끝으로 〈그림 2-2〉에서 최초 $\hat{u}(A'')$점에 있다가 일시적으로 소득이 소득빈곤선보다 작은 수준인 B점으로 떨어졌다가, B점으로부터 다시 $\hat{u}(A'')$점으로 이동하는 경우 역시 확률적인 변동의 하나로서 빈곤을 탈출하는 것으로 볼 수 있다.

자산기반 빈곤 모형은 빈곤 타파 정책과 관련된 핵심 문제들을 해결하는 데 있어 큰 도움을 준다. 빈곤 타파 정책은 빈곤 가구 스스로 자산을 축적하게 만들든지 아니면 좀 더 생산성 있는 생산활동에 참가하여 자산의 수익률을 높이는 것이 된다. 이러한 아이디어를 현실적으로 유용하게 만들기 위해서는 자산수준(〈그림 2-2〉의 X축)과 그에 상응하는 소득 또는 지출수준(〈그림 2-2〉의 Y축) 사이의 관계를 나타내는 생계함수를 파악하는 것이 필요하다.

2.2.1.2 빈곤의 함정과 동태적 자산빈곤의 문턱

동태적 빈곤선을 중심으로 한 자산기반모형을 간단히 소개하면 다음과 같다. 가구는 두 가지 유형의 생산활동을 수행한다. 첫째, 생산활동(L_1)은 생계유지를 위한 가사노동과 같은 것이고, 둘째 생산활동(L_2)은 공식적인 생산활동으로서 노동이 된다. L_2는 L_1보다 높은 수준의 고정비용을 수반하나 더 높은 수준의 후생을 창출한다. 〈그림 2-3〉에서 X축은 자산 규모를 나타내며, Y축은 후생수준을 나타낸다. 당연히 두 생산곡선이 교차하는 점의 자산 규모 A_s를 기준으로 자산이 A_s보다 작은 경우 가구는 생산활동 L_1에 종사하게 되고, A_s보다 큰 경우 생산활동 L_2에 종사하게 된다. 따라서 A_s점은 가구는 L_1으로부터 L_2로 전환하는 문턱이 될 것이다. 여기서 A_s점 부근에서 생산 수익률은 수확 체증(increasing returns)을 보인다. 이와 같이 자산이 증가함에 따라 가구가 생산활동을 전환하는 예는 현실세계에서 많이 존재한다. 첫째, 부유한 가구는 상대적으로 기

그림 2-3 **다중 생계수단하의 자산과 소득 관계**

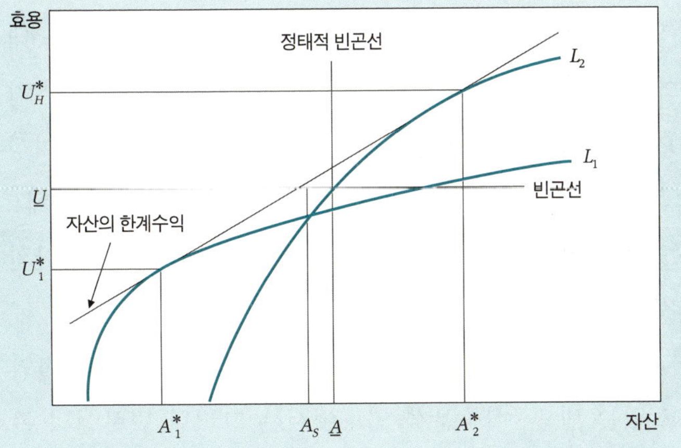

술력을 갖추지 못한 근로자들을 채용하는 빈곤한 가구에 비해 기술력을 갖춘 근로자들을 채용한다. 둘째, 낮은 수준의 자산을 갖춘 가계가 소나 가금류를 사육하다가 자산이 많아지면 전문적인 낙농업에 진출하는 것도 자산수준이 많아짐에 따라 생산활동을 바꾸는 예가 될 것이다.

참고로 〈그림 2-3〉에서 정태적 자산빈곤선은 소득빈곤선의 소득을 창출하는 자산 규모를 가리킨다. 그렇다면 최초 A_s보다 낮은 수준의 자산을 가진 가구가 부유한 가구를 따라잡을 수 있는 능력을 제한하는 것은 어떤 요인인가를 파악하는 것이 중요한 문제가 된다. 빈곤한 가구가 부유한 가구를 따라잡을 수 없는 가장 중요한 요인은 금융권에서 일반적으로 대출이나 저축 또는 보험 등에 있어서 기회가 불공평하게 제한되기 때문이다. 가구는 빈곤할수록 유동성 제약 때문에 저축이나 대출 기회가 제한되므로 더 높은 수준의 수익을 보장하는 생산활동으로 전환하는 데 소요되는 고정비용을 조달할 수 없게 된다. 혹은 빈곤한 가구가 위험에 대처하기 위한 보험에 들 수 있는 기회가 제한되므로 부유한 가구가 선택할 수 있는 생산활동(L_2)보다 낮은 수준의 수익률을 내는 생산활동(L_1)에 종사할 수밖에 없게 된다. 사회적 장벽 역시 빈곤한 가구가 보다 보상이 높은 생산활동에 접근하는 것을 제약할 수 있다. 여성이나 특정 인종 그룹이 특정 직업에서 활동을 제한한다거나 사회적 네트워크에 참여하는 것을 제한함으로써 빈곤한 가구가 보상이 높은 생산활동에 접근하는 것을 제한할 수 있는 예가 된다.

이론 문헌에서 빈곤선이 존재하는 배경에 대하여 직관적인 설명을 제공하고 있는 반면, 실증분석 연구에서는 그러한 빈곤선의 존재를 검증할 수 있는 방법에 대하여 초점을 맞추고 있다. 〈그림 2-4〉에서 A^*를 동태적 빈곤선이라 하고, 더 나아가 $A^* < A_S$라고 가정하자. 이 경우 자산이 A^*보다 큰 가구는 당연히 저축과 자산의 축적을 통하여 자산 규모가 A_S에 이르고, 생산활동을 L_2로 전환하고 궁극적으로는 A_2^*에 도달할 때까지 자산을 증가시킬 것이다. 한편, 자산 규모가 A^*보다 작은 가구는 정의에 의해 A_1^*를 선택하여 생산활동을 할 것이다.

〈그림 2-4〉는 이러한 상황을 잘 나타내고 있다. 윗부분은 〈그림 2-3〉의 생산활동을 그린 것이고 아랫부분은 자산의 시간에 따른 보유 규모의 동태적 변화를 그리고 있다.

〈그림 2-4〉에서 정상 상태에서 가계가 선택하는 자산은 각각 A_1^*와 A_2^*가 될 것이다. 자산 규모가 A^*보다 작은 경우 가계는 생산활동 L_1을 선택하고 정상 상태에서 A_1^*를 선택하게 될 것이다. 이 경우 효용수준은 소득빈곤선에 상응하는 효용수준($\underline{u}$)보다 상당히 낮은 U_1^*가 될 것이다.

한편, 최초 자산 규모가 A^*보다 큰 경우 가계는 A_S에 도달할 때까지

그림 2-4 **동태적 빈곤선**

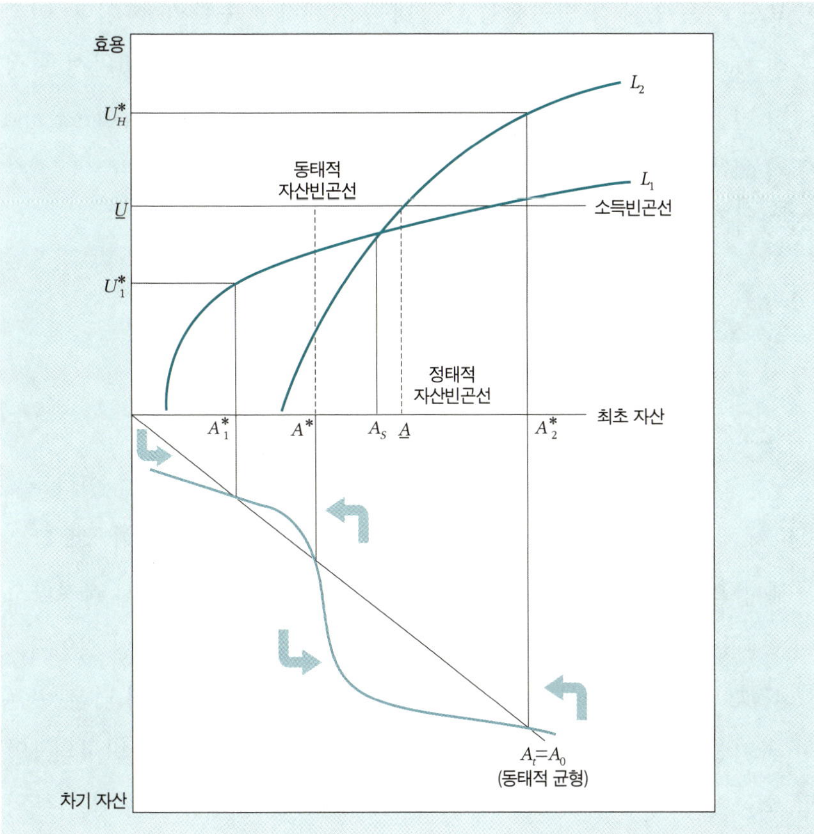

자산 축적을 계속하고, 자산 규모가 A_S에서 생산활동을 L_1에서 L_2로 전환하고 장기적으로는 A_2^*가 정상 상태의 자산 규모가 되고 이때 효용수준은 U_2^*가 될 것이다. 당연히 U_2^* 효용수준은 소득빈곤선에 상응하는 효용수준($\underline{u}$)보다 높은 수준이다.

따라서 장기적으로 정상 상태에서는 복수의 균형인 A_1^*와 A_2^*가 존재한다. 그 중 A_1^*는 빈곤의 함정을 나타낸다. 동태 자산모형에서 가장 중요한 것은 동태적 빈곤선을 나타내는 임계자산 수준인 A^*이다. 이를 흔히 Micawber 문턱이라고 부른다. 〈그림 2-4〉에서 동태적 빈곤선은 정태적 빈곤선보다 낮은 수준에 있는 것으로 그려졌지만 Adato, Carter, and May(2006)와 같이 동태적 빈곤선이 정태적 빈곤선보다 높은 수준이 될 수도 있다.

2.2.2 거시적 차원의 빈곤 문제

2.2.2.1 수렴 이론

거시적인 차원에서 빈곤의 함정 문제에 대하여 접근할 수 있다. 즉, "전 세계에서 부유한 국가와 가난한 국가들은 왜 존재하는가?"와 같은 문제나 혹은 "어떠한 상황에서 가난한 국가는 빈곤의 함정에서 빠져나오지 못하는가?"와 같은 문제들은 거시적 관점에서 다루어져야 할 것이다.

경제성장 이론에서 수렴(convergence) 이론은 1인당 소득이 낮은 빈곤한 국가들이 부국보다 성장속도가 빨라 결국 장기균형에서 빈국의 1인당 소득이 부국의 1인당 소득에 수렴하게 된다는 이론이다. 수렴 이론의 배경에는 규모에 대한 수확 체감법칙이나 생산요소의 한계생산물 체감의 법칙이 자리잡고 있다. 즉, 선진국의 경우 생산량이 증가할수록 생산요소, 특히 자본의 한계생산이 개발도상국보다 낮은 수준으로 감소한다. 또한 개도국은 선진국의 기술과 제도를 모방함으로써 추격하게 된다는 것이다. 따라서 수렴 이론을 추격효과(catch-up effect)라고도 부른다.

성장론에서 수렴은 두 가지 유형으로 구분된다. 첫째는 시그마-수렴(σ-convergence)이라고 하는 것인데, 국가들의 소득수준의 분산이 감소하게 된다는 것이다. 둘째는 베타-수렴(β-convergence)이라고 하는 것인데, 이는 빈국이 부국보다 성장속도가 빠른 경우를 의미한다. 추가로 조건부 베타-수렴이란 특정 변수들을 통제한 후 특정 국가의 경제성장률이 장기균형에 접근할수록 점차 감소하는 것을 의미한다.

수렴 이론의 한계는 Abramovitz(1986)가 지적하였듯이 빈곤하다는 사실 자체가 빈국이 앞으로 추격효과가 발생할 수 있다는 것을 보장하지 못한다는 점이다. Abramovitz는 특정 국가가 추격을 하기 위해서는 일정 수준의 사회적 능력을 확보하여야 한다. 사회적 능력에는 신기술을 흡수할 수 있는 능력, 해외자본을 유치할 수 있는 능력, 세계시장에 참여할 수 있는 능력 등이 있지만 빈국이 이러한 능력을 갖추지 못하고 있기 때문에 실제로 현실세계에서 빈국과 부국 사이에 소득이 벌어지는 현상이 존재하게 된다.

수렴 이론의 가정 중 중요한 것은 생산기술과 자본이 자유롭게 교역될 수 있고 개도국도 접근이 가능하다는 것인데, 현실세계에서는 자본이 비싸서 개도국 입장에서는 자본을 구하기가 쉽지 않다. 따라서 개도국이 선진국을 추격하는 것이 어려워진다.

수렴 이론에 대한 실증적 연구결과는 Azariadis(2006)가 다음과 같이 정리하고 있다.

(1) 세계적 가구소득의 불평등은 국가 간 차이에 의해 2/3가 설명되고, 나머지 1/3은 국내의 차이에 의해 설명될 수 있다(Durlauf and Quah, 1999).
(2) 빈국들 중 선진국을 추격하고 있는 국가들은 단지 OECD 회원국가이거나 동아시아와 동남아시아 국가들에 국한된다.

표 2-1 경제적 성과의 지역적 지표: 1960~1994년

(단위: %)

지역 구분	경제성장률	전 세계 대비 소득 (배수)		부국 대비 소득 (배수)	
		1960	1990	1960	1990
전 세계	1.95	1.00	1.00	0.43	0.40
사하라사막 남부 아프리카 국가	0.76	0.36	0.25	0.16	0.10
남아시아, 중국	2.01	0.34	0.29	0.15	0.12
동남아 국가	4.22	0.55	1.14	0.24	0.46
중남미 국가	1.11	0.98	0.63	0.42	0.25
산업화 국가	2.92	2.32	2.50	1.00	1.00

자료: Azariadis(2006), p. 18.

(3) 선진국들의 성장률은 세계 평균 성장률을 약간 상회하고 있다.

(4) 저개발 국가들의 성장률은 세계 평균 성장률을 약간 하회하고 있다. Ramey and Ramey(1995)는 성장률의 평균과 성장률의 표준편차 사이에 반비례하는 관계가 있다는 것을 설득력 있게 입증하고 있다.

(5) 국가 횡단면 자료를 이용한 경제성장률 회귀분석에 있어 설명 변수들의 조합에 따라 통계적 유의성이 민감하게 차이가 난다(Levine and Renelt, 1992). 오로지 유의성이 일관성 있게 나타나는 변수는 GDP 대비 투자 비율이다.

(6) 만약 실증분석의 자료에서 동아시아와 동남아시아 국가들을 제외하면, 저개발 국가들이 OECD 국가들을 추격하는 것으로 나타나지는 않는다.[5)]

5) 단지, 경제성장률 추정방정식의 설명 변수에 사회 · 정치적 변수, 적도로부터의 거리, 문화적 요인, 국가의 국내 반란횟수 등과 같이 별 의미가 없는 변수들을 통제하는 경우 저개발 국가들이 선진국을 추격하는 것이 나타나기도 한다.

표 2-2 GDP 연평균성장률 및 표준편차: 1870~1994년

(단위: %)

표본	1870~1960	1960~1979	1980~1994
17개 산업화 국가	1.50(0.33)	3.20(1.10)	1.50(0.51)
28개 저개발 국가	1.20(0.88)	2.50(1.70)	0.34(3.00)

자료: Azariadis(2006), p. 18.

문제는 "현실세계에서 흔히 볼 수 있는 국가 간 경제성장률의 차이와 수렴 이론에서 제시하고 있는 빈국 또는 저개발 국가들이 부국 또는 선진국을 추격하지 못하는 이유는 무엇인가?"이다. 빈국 중에서 부국을 추격하지 못하는 국가들은 결국 빈곤의 함정에 빠져 있는 것이 된다.

2.2.2.2 거시적 '빈곤 함정' 이론

1960년대 이후 전 세계적으로 경제발전에 관한 사실은 동아시아 국가와 동남아시아의 몇몇 국가들을 제외하면 저개발 국가들이 선진국을 추격하는 데 그다지 성공하고 있지 못하였다는 것이다. 그리하여 1인당 소득과 경제성장률의 국가별 분포를 보면 양극화 현상이 발견되고 있다. 양극화 현상은 같은 유형의 국가들 집단 안에서만 수렴한다는 소위 클럽 수렴(club convergence) 또는 쌍둥이 봉우리(twin peaks)라고 부른다.

1인당 소득과 경제성장률의 양극화 현상은 신고전학파의 경제성장 이론에서 전망하는 성장률과는 거리가 있다. 이러한 현상을 가장 잘 설명할 수 있는 모형은 다음과 같다.[6)]

기본 모형은 Solow-Swan의 신고전학파 성장모형이다. 경제는 매년

6) Solow 성장모형에 대해서는 많은 연구들을 참조할 수 있다. 여기서는 가장 쉬운 설명을 제공한 Abel and Bernanke(1995)를 참조하여 기술하였다.

노동(N)과 자본(K)을 축적하여 생산물(Y)을 생산한다. 즉, 신고전학파 생산함수는 식 (2-5)와 같다.

$$Y = AF(K, N) \tag{2-5}$$

여기서 총생산함수 $F(K, N)$는 1차 동차성함수로서 소위 Inada 조건을 만족한다.[7)]

Solow 성장모형에서는 매년 자본과 노동을 투입하여 생산물을 생산하는데, 노동의 증가율(인구증가율)은 n으로 고정되어 있다. 또한 t년도 초에 자본저량(K_t)과 노동(N_t)을 투입하여 산출량(Y_t)를 생산한다. 총생산물의 일부는 새로운 자본구입을 위해 투자되거나 감가상각 보전을 위해 투자된다. 정부 부문은 존재하지 않으므로 산출량 중 투자되지 않은 나머지 부분은 인구에 의해 소비된다. 여기서 Y_t를 t년도 총산출량, I_t를 t년도의 총투자, C_t를 t년도 소비라고 하면 다음과 같은 식이 성립된다.

$$C_t = Y_t - I_t \tag{2-6}$$

식 (2-6)이 의미하는 것은 총산출량 중 투자되지 않은 나머지는 소비된다는 것이다. 인구는 증가하므로 근로자 1인당 산출량, 1인당 소비와 1인당 자본을 다음과 같이 정의하자.

7) 신고전학파 생산함수는 자본과 노동에 대한 1차 동차성함수로서, 소위 Inada 조건을 만족한다. Inada 조건이란 함수 $f(x)$가 연속 미분 가능하며 단조 증가함수이고, $\lim_{x \to 0} f'(x) = \infty$ 등 여섯 가지 조건을 의미한다. 보통 Cobb-Douglas 생산함수는 Inada 조건을 만족한다.

$y_t = \frac{Y_t}{N_t}$: t년도 근로자 1인당 산출량

$c_t = \frac{C_t}{N_t}$: t년도 근로자 1인당 소비

$k_t = \frac{K_t}{N_t}$: t년도 근로자 1인당 자본저량

여기서 k는 자본노동 비율 또는 근로자 1인당 자본저량 또는 근로자 1인당 자본장비율을 나타낸다.

다음으로 Solow 모형에서 중요한 것은 근로자 1인당 산출량 생산함수로 식 (2-7)과 같이 표현할 수 있다.

$$y_t = f(k_t) \tag{2-7}$$

식 (2-7)이 의미하는 것은 매 t년도에 근로자 1인당 산출량(y_t)는 1인당 자본(k_t)의 함수가 된다는 것이다.[8] 여기서 논의를 단순화하기 위해 생산성 또는 규모계수를 나타내는 항(A)은 생략한다. 1인당 산출량 생산함수는 〈그림 2-5〉와 같다. k가 증가함에 따라 1인당 산출량은 증가하고, 자본의 한계생산물은 체감하므로 1인당 산출량 생산함수는 〈그림 2-5〉와 같은 모양을 갖는다.

이제 Solow 모형에서 정상 상태 또는 장기균형에 대하여 살펴보자. 신고전학파의 기본 방정식은 다음과 같은 자본축적방정식이다.

8) 물론 이 같이 나타낼 수 있으려면 총생산함수가 1차 동차성함수 조건을 만족하여야 된다. 이는 곧 규모에 대한 수확 불변(constant returns to scale: CRTS) 생산기술을 나타낸다는 것과 동일하다.

그림 2-5 **근로자 1인당 생산함수**

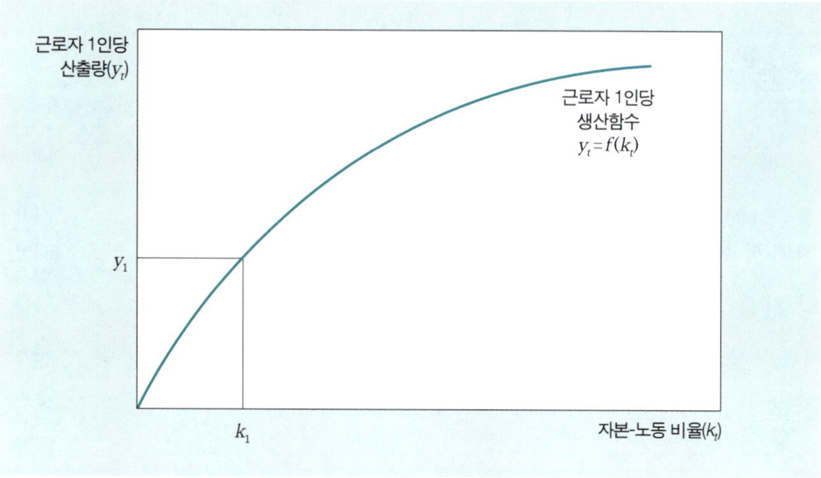

자료: Abel and Bernanke(1995).

$$\Delta k = sf(k) - (\delta + n)k \tag{2-8}$$

또는

$$\frac{\Delta k}{k} = s\frac{f(k)}{k} - (\delta + n) \tag{2-8$'$}$$

Δk는 근로자 1인당 자본저량의 변화분을 나타낸다. s는 저축률, n은 인구성장률, δ는 감가상각률을 나타낸다. 식 (2-8)이 의미하는 것은 근로자 1인당 자본저량의 변화분은 근로자 1인당 저축에서 근로자 1인당 투자를 차감한 것이다. 정상 상태의 정의에 따라 정상 상태에서 1인당 자본(k^*)은 변하지 않으므로 $\Delta k^*=0$이 성립한다. 이는 곧 정상 상태에서는 식 (2-9)와 같이 1인당 저축과 1인당 투자가 같아진다는 것이다.

그림 2-6 **정상 상태의 자본-노동 비율 결정**

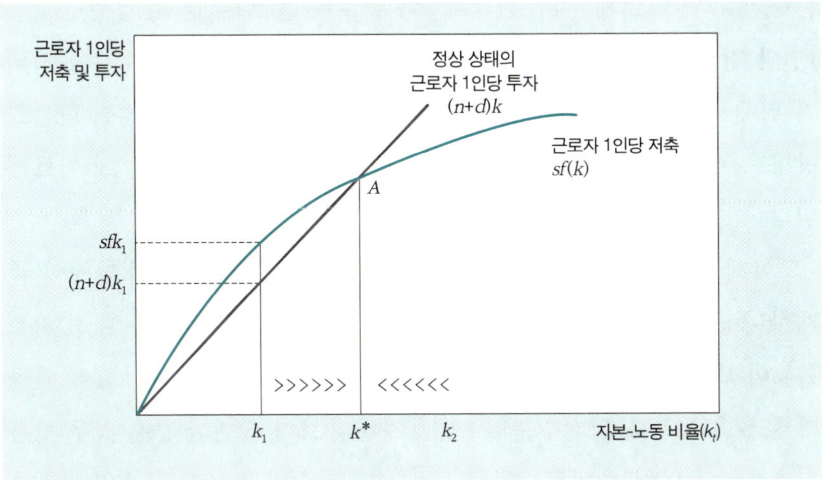

자료: Abel and Bernanke(1995).

$$sf(k^*) = (n+\delta)k^* \tag{2-9}$$

정상 상태는 〈그림 2-6〉에서와 같이 근로자 1인당 저축($sf(k)$)곡선과 근로자 1인당 투자($(n+\delta)k$)곡선이 교차하는 점에서 장기균형 k^*가 결정된다.

중요한 것은 표준적인 신고전학파 성장모형에서는 장기균형은 유일하고 안정적이라는 것이다. 유일한 정상 상태 하에서의 1인당 자본(k^*)이 결정되면 다음으로 1인당 산출량($y^* = f(k^*)$)가 결정되며, 1인당 소비($c^* = f(k^*) - (n+\delta)k^*$)도 결정된다.

또한 Solow 모형에서 정상 상태는 안정적이다. 이는 k가 k^*보다 작은(예로서 k_1인) 경우 근로자 1인당 저축이 1인당 투자를 상회하므로 여분의 저축이 투자로 선회되면서 근로자 1인당 자본은 증가하게 되고, 그림에서 오른편 화살표 방향으로 증가하여 궁극적으로 정상 상태 1인당 자본량인 k^*에 이르게 된다. 반대로 k가 k^*보다 큰(예로서 k_2인) 경우 근로자 1인당 저축이 1인당 투자를 하회하므로, 1인당 투자가 일정 수준 유지되기 위해서는 근로자 1인당 자본은 감소하게 되고 그림에서 왼편 화살표 방향으로 증가하여 궁극적으로 정상 상태 1인당 자본량인 k^*에 이르게 된다.

이제 Solow 모형을 기본으로 하되 약간 변형시켜 빈곤의 함정이 존재할 수 있는 것을 보자. 저축률이 고정되어 있다고 가정하는 대신 저축률(s)이 k의 함수라고 가정하자. 좀 더 구체적으로 저축률이 k값에 따라 다른 값을 갖는데 임계수준의 1인당 자본($\tilde{k}$)보다 작거나 같은 경우 낮은 저축률 수준(s_L)에 머무르다가, k가 $\tilde{k}$보다 크면 바로 높은 수준의 저축률(s_H)로 급격히 상승한다. 즉,

$$s(k) = \begin{cases} s_L, \ k \leq \tilde{k} \\ s_H, \ k > \tilde{k} \end{cases} \tag{2-10}$$

이 경우 1인당 저축곡선과 1인당 투자곡선은 〈그림 2-7〉과 같이 된다. 〈그림 2-7〉에서는 세 개의 정상 상태가 존재한다. 여기서 k가 중간 수준인 $\tilde{k}$의 경우 불안정적인 정상 상태가 되고, 오로지 안정적인 정상 상태 1인당 자본수준은 k_L과 k_H가 된다.

특히, 빈곤의 함정과 관련된 정상 상태 1인당 자본수준은 k_L이 된다. 특정 국가가 k_L보다 낮은 수준에서 시작하였다면 낮은 수준의 정상 상태인 k_L수준에 도달한 후 영원히 그 수준에 머무르게 되어 바로 빈곤의 함정에 빠지게 된다. 반면에 만약 특정 국가의 k가 $\tilde{k}$보다 크고 k_H보다 낮은

그림 2-7 빈곤의 함정이 존재하는 solow 모형

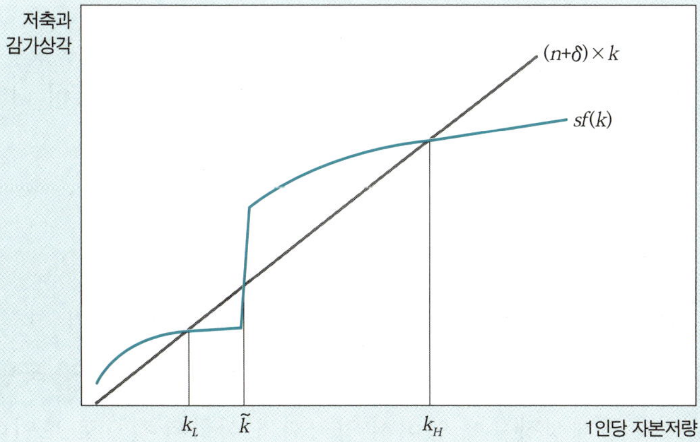

자료: Kraay and Raddatz(2006).

수준에서 시작한다면, 즉 높은 수준의 저축률(s_H)에서 시작한다면 해당 국가는 높은 수준의 정상 상태인 k_H에 도달하게 될 것이다. 이와 같이 빈곤의 함정이 존재하는 배경에는 소득수준이 낮고, 투자수준도 아주 낮아 1인당 자본 역시 낮은 수준에 머무르고 있다는 점이 있다. 저축률이 낮은 수준에 머무르기 때문에 존재하는 빈곤의 함정은 저축의 빈곤 함정(savings poverty trap)이라고 부른다.

Solow의 신고전학파 성장모형에서 유일하고 안정적인 장기균형 대신, 새로운 성장모형에서는 세 개의 장기균형이 존재하고 그 중 상위 균형과 하위 균형은 안정적인 대신에 중간 균형이 불안정한 경우 빈곤의 함정이 존재한다(Kraay and Raddatz, 2006).

빈곤의 함정이 존재하는 요인은 저축률의 부진과 함께 S자 곡선의 저축률 곡선이 전제되어야 한다. 그 밖에 1인당 산출량 생산함수가 규모에 대한 수확체증을 보여주는 경우이거나, 인구의 함정(demographic trap)이 존재하는 경우에도 〈그림 2-7〉에서와 같이 세 개의 장기균형이 존재하고 빈곤의 함정이 존재한다. 인구의 함정이란 빈곤한 가족이 더 많은 자식을 출산하는 데서 비롯된다.

2.2.2.3 세계적 빈곤 실태

1960년대 이후 저개발 국가(less developed countries: LDC)들이 선진국을 추격하는 데 성공한 것으로 보이지는 않는다. 그보다는 오히려 국민 1인당 소득분포와 경제성장률에 있어서 양극화가 심화된 것으로 보인다.[9)]

전 세계적으로 소득분배는 악화되고, 양극화는 심화되고 있다. 지식기반 사회의 도래로 소득분배는 악화되고 있다. 왜냐하면 기술진보에 의해 자본이 노동을 대체하고, 낮은 수준의 기술을 보유한 근로자 수요가 감소하는 반면 높은 수준의 기술을 보유한 근로자 수요가 증가하게 되어 임금격차가 커지기 때문이다. 또한 숙련기술기반 기술진보(skill-based technological progress)에 의해 소득격차가 확대되고 있다.

이와 함께 산업구조의 변화에 의한 소득분배의 악화가 심화되고 있다. 탈산업화 시대에 진입하며 제조업의 비중은 감소하고 서비스업 비중은 증가하고 있다. 이와 함께 고숙련 · 고임금 전문직과 경영직 일자리 증가와 함께 저숙련 · 저임금 일자리가 증가하여 소득 양극화가 심화되고 있다(Pinch, 1993).

세계적으로 보면 저임금 일자리의 제3세계 이전이 가속화되고 있

9) 이와 같이 같은 그룹의 국가들 사이에만 경제성장률과 1인당 국민소득의 수렴이 존재하는 것을 클럽 수렴(club convergence)이라고 부른다. 만약 1인당 국민소득에 따라 고소득 그룹과 저소득 그룹으로 양분하면 클럽 수렴 현상은 바로 양극화 현상이 된다.

으며, 저임금 근로자의 임금경쟁력은 떨어지고 실업률은 증가하게 되었다.

한편, 탈산업화 과정에서 제조업 일자리가 감소하는 만큼 서비스업에서 상응하는 일자리를 창출해 내지 못하였는데(Espring-Anderson, 1999), 그 원인은 다음과 같다.

첫째, 3차 산업 노동시장이 확대될수록 저숙련 서비스의 비중이 커지기 때문이다.

둘째, 소위 Baumol 질병(또는 Baumol 비용-질병)이 원인으로 지적된다. 서비스업의 생산성(질)을 결정하는 것은 주로 노동자의 투입 자체이므로 제조업처럼 노동생산성을 상승시켜 생산비용을 절감하기가 쉽지 않다. 따라서 지속적으로 생산비용이 증가하는 '비용압박'에 직면하게 되는데 이를 Baumol 질병이라 한다.

셋째, 임금지불 노동에 대한 여성의 선택에 의해 서비스업의 일자리가 증가하지 못하고 있다.

PART 02

우리나라의 빈곤 분석

제3장 우리나라 빈곤의 변화 추이 분석

제4장 빈곤의 국제 비교

Chapter 3

우리나라 빈곤의 변화 추이 분석

본 장에서는 우리나라의 빈곤 추이를 기존연구 또는 한국보건사회연구원 발표 자료를 이용하여 절대빈곤율과 상대빈곤율로 구분하여 분석한다. 절대빈곤율이란 정부가 발표한 공식적인 빈곤선(최저생계비)이 있어야 추정이 가능한데, 우리나라는 1997년 외환위기를 겪은 후인 2000년부터 공식적으로 최저생계비를 발표하기 시작하였다. 이에 반해 상대빈곤율은 중위소득을 기준으로 하기 때문에 어느 연도라도 측정이 가능하다.

이하에서는 절대빈곤의 추이를 성명재(2005)와 한국보건사회연구원 발표 자료 등을 이용하여 논의하고 상대빈곤율은 성명재(2005), 유경준(2009) 등을 이용하여 제시한다. 이어서 반정호(2009), 반정호 · 김경희(2013)를 이용하여 가구특성별 빈곤율, 본 연구에서 추정한 1990년부터 2011년까지의 빈곤율을 설명한다. 마지막으로 빈곤의 결정요인을 로짓분석 기법을 이용하여 추정한 뒤 추정결과를 설명한다.

3.1 절대빈곤율의 추이

성명재(2005)[1)]는 「도시가계조사」 자료의 가처분소득을 기준으로 한 절대빈곤율을 계산하였는데, 1982년 7.1%, 1985년 10%였으나, 이후 점차 낮아져서 1988년에는 6.2%, 1990년에는 2%대로 떨어졌음을 보였다. 성명재(2005)는 1990년도 중반에 우리나라의 절대빈곤율이 가장 낮아 1996년에 약 1.0%에 이르렀다고 주장하였다.

우리나라의 빈곤 문제는 1997년 외환위기 이후 본격적으로 관심이 높아졌는데, 이는 외환위기로 인해 많은 근로자들이 직장에서 내몰리면서 빈곤층이 급증하였기 때문이다. 이 때문에 성명재(2005)에서 보인 1996년 1.0%였던 절대빈곤율이 1997년 6.0%로 급증하여 절대빈곤율이 전년에 비해 무려 약 5%p 증가하였고, 1998년에는 2배 이상 높은 13.3%에 이르렀다. 다행히 경제위기를 극복하면서 1999년을 기점으로 빈곤율이 감소하기 시작하여 2000년에는 4%대를 시현하였으나 절대빈곤율이 가장 낮았던 1996년의 1%대보다는 여전히 높았다.

다음은 한국보건사회연구원 발표 빈곤율을 논의해 본다(한국보건사회연구원, 2012). 한국보건사회연구원은 전 가구 기준과 도시가구 기준으로 구분하여 1990년부터 2011년까지 빈곤율을 발표하였다. 사용한 자료는 통계청 발표 「가계동향조사」인데, 동 자료의 한계로 1990년부터 2011년까지는 1인 가구를 제외한 수치를, 1인 가구가 공식적으로 발표되기 시작한 2006년 이후부터는 1인 이상 가구들의 빈곤율을 발표하고 있다.

이제 정부 발표 최저생계비 기준의 빈곤율, 즉 도시가구 기준 절대빈곤율을 살펴본다(〈표 3-1〉 참조). 외환위기 직후인 1999년 절대빈곤율이

1) 성명재(2005)는 한국보건사회연구원에서 추계한 1988년, 1994년, 1999년도 월간 최저생계비 자료를 연간화하여 연도별로 최저생계비를 추정하였다. 세 개 연도 수치를 이용하여 1982~1987년, 2000~2003년 기간은 외삽법, 1989~1993년과 1995~1998년은 내삽법을 이용하여 최저생계비를 추정하였다. 연평균 최저생계비 증가율은 1982~1987년과 1989~1993년은 1998년과 1994년 추정치 사이의 기하 평균 증가율을 사용하였고, 1995~1998년, 2000~2003년은 1994년과 1999년 추정치 사이의 기하 평균 증가율을 사용하여 할인 또는 할증하여 추정하였다. 기타 자세한 사항은 성명재(2005), pp. 130~131 참조.

표 3-1 절대빈곤율 추이(도시가구 기준)

구분	개인기준 빈곤율			가구기준 빈곤율		
	시장소득	경상소득	가처분소득	시장소득	경상소득	가처분소득
1인 가구 제외						
1999	6.4	5.7	6.8	6.0	5.4	6.6
2000	4.4	3.9	4.6	4.2	3.6	4.4
2001	3.5	2.9	3.6	3.5	2.9	3.6
2002	2.6	2.1	2.6	2.6	2.1	2.7
2003	3.4	2.9	3.5	3.5	3.0	3.5
2004	3.6	2.7	3.3	3.6	2.8	3.3
2005	4.7	3.3	4.4	4.5	3.2	4.1
2006	4.2	2.9	3.6	4.3	3.0	4.2
2007	4.5	2.9	3.5	4.6	3.0	3.9
2008	4.6	2.9	3.7	4.5	2.9	3.9
2009	5.2	3.2	4.6	5.4	3.5	4.9
2010	4.7	2.6	4.0	5.1	2.8	4.7
2011	4.4	2.5	3.8	5.1	3.0	4.7
1인 가구 포함						
2006	4.3	3.0	3.8	4.6	3.2	4.2
2007	4.7	3.0	3.6	5.0	3.1	3.9
2008	4.6	3.0	3.8	4.7	3.8	3.9
2009	5.3	3.3	4.7	5.8	3.6	4.9
2010	5.1	2.8	4.2	6.2	3.6	4.7
2011	4.8	2.7	4.0	6.1	3.6	4.7

자료: 한국보건사회연구원, 「2012년 빈곤통계연보」, pp. 44~64 인용함.
원자료: 통계청, 「가계동향조사」, 각 연도.

시장소득 기준 6.4%(경상소득 기준 5.7%, 가처분소득 기준 6.8%)를 시현한 이후 점차 하락 추세를 보여주고 있다. 눈에 띄는 것은 경상소득은 시장소득에 비하여 빈곤율이 낮아졌으나 가처분소득은 더 높았다는 것이다.

그림 3-1 경상소득 기준 절대빈곤율 추이(도시가구 기준)

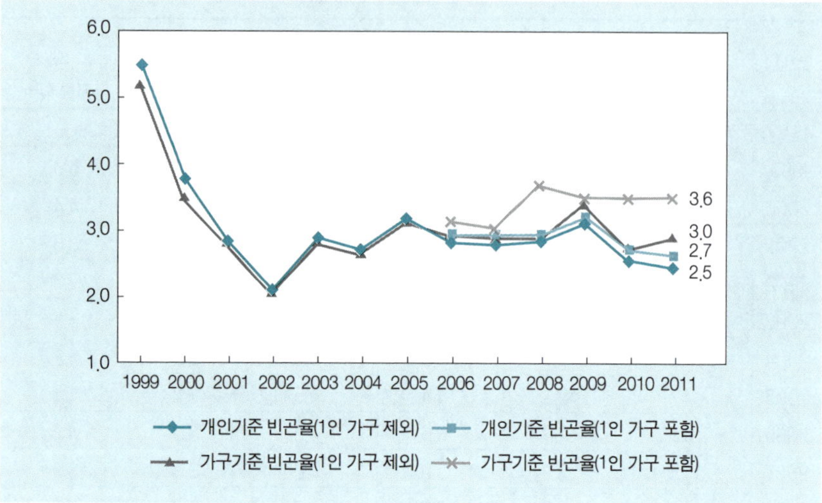

그림 3-2 경상소득 기준 절대빈곤율 추이(전 가구 기준)

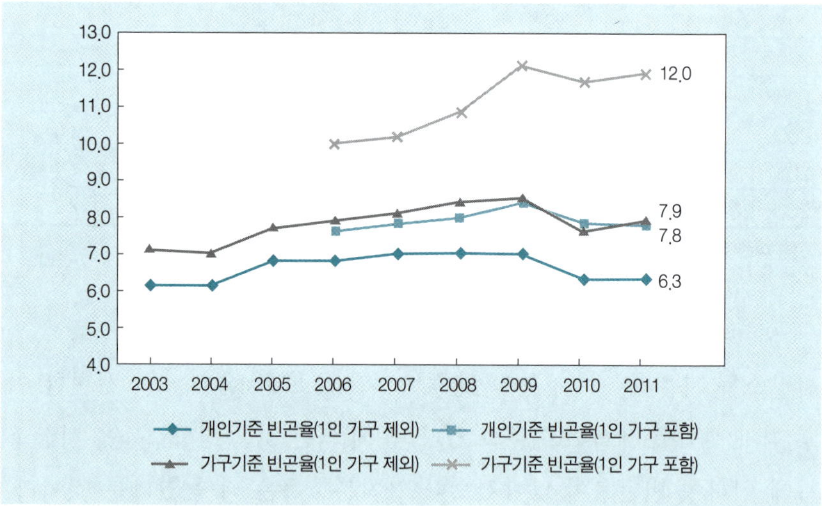

표 3-2 절대빈곤율 추이(전 가구 기준)

구분	개인기준 빈곤율			가구기준 빈곤율		
	시장소득	경상소득	가처분소득	시장소득	경상소득	가처분소득
1인 가구 제외						
2003	7.8	6.1	7.1	9.3	7.1	8.2
2004	8.2	6.1	7.1	9.5	7.0	8.0
2005	9.4	6.8	8.3	10.7	7.7	9.2
2006	9.7	6.8	8.1	11.2	7.9	9.2
2007	10.0	7.0	8.1	11.8	8.1	9.3
2008	10.2	7.0	8.3	12.1	8.4	9.7
2009	10.9	7.0	9.0	13.0	8.5	10.5
2010	10.0	6.3	7.8	12.2	7.6	9.3
2011	10.0	6.3	8.0	12.2	7.9	9.6
1인 가구 포함						
2006	10.7	7.6	9.0	14.2	10.0	11.6
2007	11.2	7.8	9.1	14.8	10.2	11.9
2008	11.6	8.0	9.4	15.7	10.9	12.6
2009	12.8	8.4	10.4	17.9	12.2	14.1
2010	12.1	7.8	9.5	17.6	11.7	13.6
2011	12.0	7.8	9.6	17.6	12.0	13.9

자료: 한국보건사회연구원, 「2012년 빈곤통계연보」, pp. 44~64 인용함.
원자료: 통계청, 「가계동향조사」, 각 연도.

이는 가구기준 빈곤율에서도 동일한 추세를 보여주고 있다.

1인 가구를 포함한 절대빈곤율의 경우 2006년부터 2009년까지 증가 추세를 보여주다가 이후 약간 하락하고 있다. 그러나 가구기준 빈곤율의 경우, 시장소득 기준은 점차 증가 추세에 있고, 경상소득 기준으로는 거의 유사한 빈곤율을 유지하고 있으며, 가처분소득 기준으로는 연도별로 엇갈리는 추세를 보이고 있다(〈표 3-2〉 참조).

3.2 상대빈곤율의 추이

한국보건사회연구원 발표 개인기준 상대빈곤율을 살펴본다(〈표 3-3〉 참조). 시장소득 기준으로 1990년부터 1995년까지는 6% 내외에서 엇갈리게 나타나고 있다. 1996년 들어 처음으로 7%를 넘어선 뒤, 외환위기를 맞이한 1998년에 10%에 가까운 9.9%에 이르렀으나, 이후 다시 하락하여 2002년에는 7.8%인 것으로 나타났다. 이렇게 상대빈곤율은 낮아졌음에도 불구하고 1996년 이전 수준으로 회복되지는 못하고 있다. 상대빈곤율은 2003년에 9.9%를 시현했는데, 당시 카드 대란이 촉발된 시기였음에 유의할 필요가 있다. 상대빈곤율은 2004년에 처음으로 10%를 넘어선 이후 2009년 11.9%에 이를 때까지 계속 증가하다가 이후 미미한 하락세로 돌아서 2011년 현재 10.7%이다. 1인 가구를 포함한 시장소득 기준 상대빈곤율은 2006년 11.1%이었다가 2007년에는 12.2%로 약간 올랐다가 다시 하락하였고, 2009년 12.2%로 정점에 도달한 후 하락하고 있다. 경상소득 및 가처분소득 기준 상대빈곤율은 시장소득 기준 수치보다 낮았다. 경상소득 기준 상대빈곤율은 당연히 시장소득에 비하여 낮으며 가처분소득 기준 상대빈곤율은 경상소득 기준에 비하여 더 낮았다.[2)]

한편, 가구기준 상대빈곤율과 개인기준 상대빈곤율은 연도별로 엇갈리고 있다. 2000년 이전에서 가장 높은 상대빈곤율이 시장소득 기준의 경우 외환위기 직후 1999년에 9.9%인데, 가구기준 상대빈곤율은 10.1%로 가장 높은 것으로 나타나서 추세적으로는 같은 모습을 보이고 있다.

2) 이는 시장소득과 경상소득, 가처분소득의 정의에 근거할 때 당연하다. 시장소득은 근로소득, 사업소득, 재산소득, 사적이전소득 등을 합한 것이다. 이와 관련하여 유의할 것이 있다. 외국의 연구 중 사적이전소득을 시장소득에서 제외하는 경우도 있으나, 한국보건사회연구원에서는 기존연구와의 연속성을 위해 사적이전소득을 시장소득에 포함시켰다. 경상소득은 시장소득에 공적이전소득(연금+정부지원금)의 합이다. 가처분소득은 경상소득에서 조세 및 사회보장분담금을 차감한 소득이다.

표 3-3 상대빈곤율 추이(도시가구 기준)

구분	개인기준 상대빈곤율			가구기준 상대빈곤율		
	시장소득	경상소득	가처분소득	시장소득	경상소득	가처분소득
1인 가구 제외						
1990	6.3	6.0	5.6	6.1	5.9	5.5
1991	6.0	5.6	5.2	6.0	5.6	5.1
1992	5.9	5.7	5.2	5.8	5.5	5.1
1993	5.9	5.8	5.4	6.1	5.9	5.7
1994	6.0	5.9	5.6	6.3	6.1	5.8
1995	6.1	6.0	5.6	6.4	6.3	5.9
1996	7.0	6.7	6.3	7.2	6.9	6.6
1997	6.9	6.6	6.2	7.2	7.2	6.8
1998	8.8	8.5	8.3	9.1	8.8	8.7
1999	9.9	9.6	9.3	10.1	9.9	9.5
2000	8.0	7.4	7.1	8.4	7.9	7.5
2001	8.3	7.7	7.4	8.8	8.2	7.9
2002	7.8	7.3	7.1	8.5	8.1	7.8
2003	9.9	9.2	8.3	10.6	9.9	9.1
2004	10.6	9.9	9.5	11.0	10.2	9.7
2005	10.4	9.8	9.4	10.9	10.3	9.9
2006	11.0	10.0	9.4	11.5	10.4	9.9
2007	11.8	10.1	9.4	12.5	10.8	10.1
2008	11.3	10.1	9.5	11.7	10.4	9.8
2009	11.9	10.3	10.3	12.5	10.8	10.9
2010	10.9	9.1	9.3	11.8	9.8	10.2
2011	10.7	9.1	9.0	12.1	10.2	9.87
1인 가구 포함						
2006	11.1	10.2	9.7	12.2	10.9	10.4
2007	12.2	10.6	9.9	13.3	12.0	11.3
2008	11.8	10.4	9.7	12.7	11.4	10.5
2009	12.2	10.8	10.6	14.0	12.4	12.1
2010	11.5	9.8	9.8	13.6	11.5	11.4
2011	11.2	9.7	9.4	13.6	11.6	11.0

주: 상대적 빈곤율은 균등화지수를 활용하였고, OECD 기준(중위소득 50% 이하)으로 구분함.
자료: 한국보건사회연구원, 「2012년 빈곤통계연보」, pp. 44~64 인용함.
원자료: 통계청, 「가계동향조사」, 각 연도.

그림 3-3 경상소득 기준 상대빈곤율 추이(도시가구 기준)

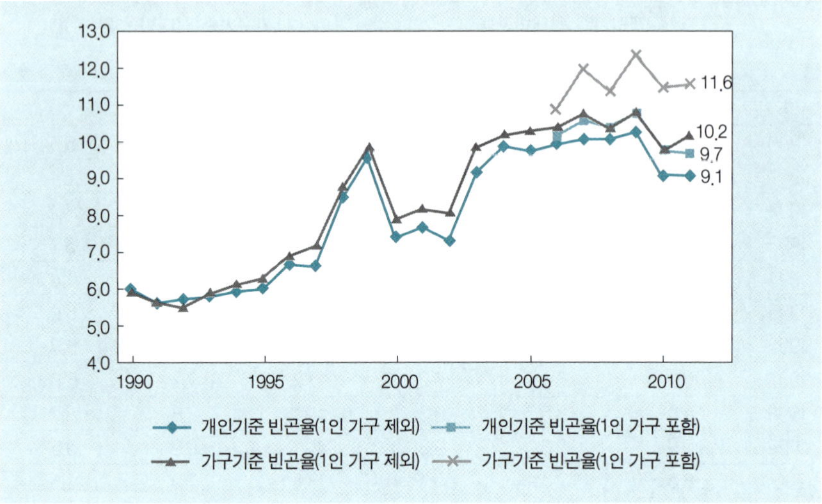

그러나 1인 가구를 포함할 경우에는 가구기준 상대빈곤율이 개인기준 상대빈곤율보다 모든 연도에서 다 높게 나타났다.

전 가구 기준 상대빈곤율을 보면(〈표 3-4〉 참조), 2003년부터 2011년까지 상대빈곤율이 가장 높은 연도는 소득기준에 따라 다소 다르다. 시장소득 기준 상대빈곤율은 2007년(15.5%), 경상소득 기준 상대빈곤율도 2007년(13.1%), 가처분소득 기준 상대빈곤율은 2009년(13.0%)이 가장 높았다. 가구기준 상대빈곤율은 시장소득 기준으로는 2009년 17.5%, 경상소득 기준으로는 2007년 14.6%, 가처분소득 기준은 2009년 14.8%로 가장 높았다. 1인 가구를 포함시킬 경우, 개인기준 상대빈곤율은 미국발 금융위기가 촉발된 이후인 2009년에 가장 높았다. 가구기준 상대빈곤율은 시장소득 기준으로는 2010년 22.7%, 경상소득 기준으로는 2009~2010년 18.9%,

표 3-4 상대빈곤율 추이(전 가구 기준)

구분	개인기준 빈곤율			가구기준 빈곤율		
	시장소득	경상소득	가처분소득	시장소득	경상소득	가처분소득
1인 가구 제외						
2003	13.1	11.5	11.4	14.9	12.9	12.8
2004	13.8	12.1	12.1	15.4	13.4	13.4
2005	14.7	12.8	12.8	16.2	14.1	14.1
2006	14.8	12.8	12.7	16.7	14.2	14.2
2007	15.5	13.1	12.9	17.1	14.6	14.4
2008	15.0	12.9	12.9	16.9	14.4	14.6
2009	15.4	12.8	13.0	17.5	14.5	14.8
2010	14.9	12.1	12.5	17.3	14.1	14.3
2011	14.9	12.3	12.3	17.4	14.1	14.1
1인 가구 포함						
2006	16.1	13.8	13.8	19.9	16.9	16.8
2007	16.7	14.6	14.4	20.3	17.7	17.6
2008	16.7	14.5	14.6	21.2	18.1	18.2
2009	17.3	14.6	14.8	22.0	18.9	19.0
2010	17.0	14.0	14.3	22.7	18.9	18.7
2011	17.0	14.1	14.3	22.5	18.8	18.7

주: 상대적 빈곤율은 균등화지수를 활용하였고, OECD 기준(중위소득 50% 이하)으로 구분함.
자료: 한국보건사회연구원, 「2012년 빈곤통계연보」, pp. 44~64 인용함.
원자료: 통계청, 「가계동향조사」, 각 연도.

가처분소득 기준으로는 2009년 19.0%로 가장 높았다.

이제 성명재(2005)가 추정한 상대빈곤율에 대하여 논의해 본다.[3] 상대빈곤율은 1982년 5.0%에서 시작하여 1996년 4~5%에 이르기까지 소폭의 변동 추이를 보였다. 외환위기가 촉발된 1997년에는 상대빈곤율이

3) 성명재(2005)의 상대빈곤율 계산기준은 동등화지수(equivalence scale)로 측정한 중위소득(median income)의 50% 수준보다 소득이 낮은 가구의 비율이다.

그림 3-4 **경상소득 기준 절대빈곤율 추이(전국 가구 기준)**

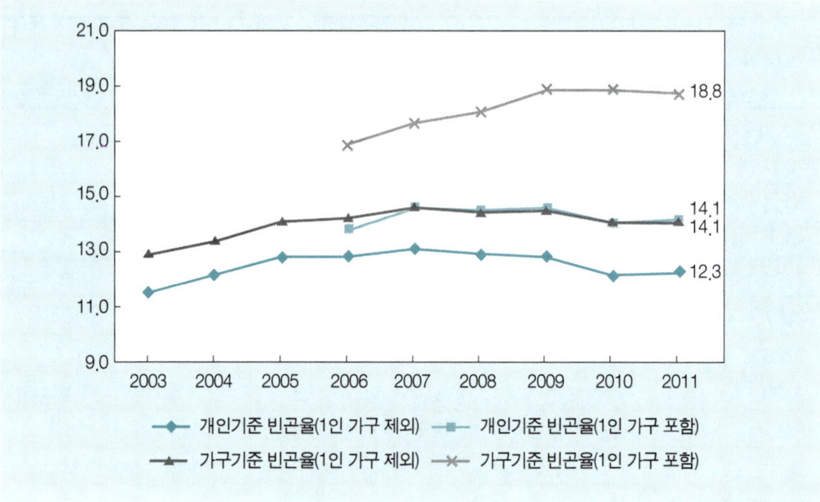

10.5%로 급격하게 높아졌고, 2000년에도 14.8%로 증가 추세를 보이고 있다. 2000년의 경우, 절대빈곤율이 감소하였음에도 불구하고 상대빈곤율이 증가한 것은 1990년대 후반기부터 진행된 소득분배의 악화 추세 때문이라고 설명하고 있다. 즉, 1990년 전반기에는 소득수준의 상승이 빈곤을 감소시킨 반면, 1990년 후반에는 소득불평등도의 악화가 빈곤 증대를 초래한 주요인이라는 분석이다.

한편, 유경준(2009)이 측정한 상대빈곤율은 2인 이상 도시가구를 대상으로 계산한 것인데, 1982년 11.0%에서 1992년 7.7%까지 하락한 뒤 1993년부터 상승해 외환위기 직후인 1999년 12.8%까지 높아졌다. 2000년에 10.5%로 잠시 감소했다가 다시 상승 추세로 바뀌면서 2006~2008년에 각각 14.2%, 14.4%, 14.3%로 14% 수준을 넘었다.

3.3 가구특성별 절대빈곤율의 추이

지금까지 살펴본 빈곤율은 가구의 유형을 고려하지 않은 전체 가구를 대상으로 한 것이다. 이런 점을 감안할 때, 반정호(2009)의 연구에 주목할 필요가 있다. 반정호(2009)는 가구유형에 따른 빈곤 완화효과를 고용·가족구성·세대효과를 중심으로 측정하여 절대빈곤율과 상대빈곤율을 모두 제시하였다(〈표 3-5〉, 〈표 3-6〉 참조).[4)]

반정호(2009)에 따르면, 2인 이상 도시근로자가구의 가구주 고용형태별 절대빈곤율은 사무직가구에서 2%대로 가장 낮고 상용노무직가구에서 6~7%대에 이르고 있다. 반면에 임시일용직은 2003년 16.2%에서 2008년 21.2%까지 절대빈곤율이 크게 증가한 것으로 나타났다. 이 수치는 2008년 기준 사무직가구(1.9%)와 상용노무직가구(6.2%)의 절대빈곤율에 비해 월등히 높다. 좀 더 자세히 살펴보면, 먼저 가족구성의 차원에서 볼 때 노인가구의 절대빈곤율이 30% 후반에 이르고 있고 모자가구는 20% 초반까지 증가해 왔음을 확인할 수 있다.[5)] 이에 비해 맞벌이가구나 기타 가구는 각각 1% 후반과 7%대의 절대빈곤율을 보이고 있다.

둘째, 세대구성의 차원을 고려했을 때는 3~4세대로 구성된 가구에서 절대빈곤율이 가장 높았다.

셋째, 2인 이상 전국 가구로 확대해 보면, 임시일용직가구의 절대빈곤율이 2008년 기준 23.7%로 도시근로자가구에 비해 빈곤율이 다소 높고, 자영가구나 무직자가구로 구성되는 근로자 외 가구의 절대빈곤율은 22.6%로 나타났다.

4) 이하에서는 상대빈곤율에 대한 설명은 생략한다.

5) 경제협력개발기구(OECD)의 '2012년 한국경제보고서'에 따르면, 우리나라 고령자가구의 상대빈곤율(중위소득의 50%에 못 미치는 가구 비율)은 무려 47%에 달해 OECD 국가 중 최하위 수준이다.

표 3-5 가구특성별 절대빈곤율 추이: 개별 차원(2003~2008년)

구분		2003	2004	2005	2006	2007	2008
도시근로자 가구	사무직	2.0	2.3	2.1	2.0	2.1	1.9
	상용노무직	4.7	3.4	7.3	7.2	6.2	6.2
	임시일용직	16.2	14.8	19.9	18.7	17.9	21.2
	노인가구	42.6	32.2	40.0	43.6	31.8	38.5
	모자가구	18.9	15.8	23.0	23.3	20.8	22.8
	맞벌이가구	2.1	2.0	2.6	2.3	1.9	1.7
	기타 가구	7.2	7.5	8.1	7.3	6.7	7.0
	1세대	7.6	6.0	7.2	6.7	6.4	6.6
	2세대	5.4	5.5	6.3	5.9	5.0	5.2
	3~4세대	8.3	8.2	10.1	7.7	9.0	8.8
전국 가구	사무직	2.2	2.2	2.1	2.0	2.1	1.8
	상용노무직	5.2	3.7	7.8	7.4	6.1	6.8
	임시일용직	17.8	16.7	21.4	20.2	19.6	23.7
	근로자 외 가구	18.8	18.6	20.3	21.2	21.8	22.6
	노인가구	68.9	62.9	60.7	63.0	64.2	66.3
	모자가구	20.5	18.9	23.7	23.1	20.6	19.9
	맞벌이가구	2.1	2.3	3.0	2.5	2.3	2.0
	기타 가구	13.4	13.5	14.5	14.4	13.9	14.8
	1세대	25.8	24.4	26.4	27.2	28.3	29.9
	2세대	9.6	9.5	10.5	9.9	9.4	9.7
	3~4세대	13.0	13.5	14.5	15.6	15.9	16.9

주: 반정호(2009), p. 74의 〈표 4〉를 인용함.

넷째, 2인 이상 전국 가구를 가족구성의 차원에서 보면 노인가구의 경제적 어려움이 역시 심화된 것으로 나타났다. 즉, 노인가구의 절대빈곤율은 2003년 68.9%에서 2005년 60.7%로 하락하지만 이후 다시 증가해 2008년 현재 66.3%를 기록하고 있다. 이는 노인가구의 약 70%에 달하는

표 3-6 가구특성별 상대빈곤율 추이: 개별 차원(2003~2008년)

구분		2003	2004	2005	2006	2007	2008
도시근로자 가구	사무직	7.3	8.1	8.4	8.4	8.0	7.8
	상용노무직	8.8	8.4	11.5	11.3	10.5	10.7
	임시일용직	15.7	15.0	16.7	15.9	15.9	16.9
	노인가구	22.1	15.7	8.9	3.2	9.3	11.2
	모자가구	13.8	14.2	16.3	14.1	15.5	19.0
	맞벌이가구	6.7	7.1	9.1	8.8	8.5	8.3
	기타 가구	11.7	12.6	12.3	12.0	12.2	11.9
	1세대	18.6	18.1	18.8	17.3	19.5	17.7
	2세대	10.3	11.4	11.4	11.7	11.4	10.7
	3~4세대	13.2	14.1	14.5	11.5	14.8	16.3
전국 가구	사무직	7.8	8.6	8.3	8.3	7.9	7.7
	상용노무직	8.8	8.8	11.5	11.5	10.4	10.9
	임시일용직	16.3	16.1	17.6	16.9	16.8	18.2
	근로자 외 가구	20.4	21.4	22.4	23.3	23.3	23.1
	노인가구	33.3	32.1	30.4	28.9	29.7	31.6
	모자가구	19.9	18.0	19.6	21.0	17.6	18.3
	맞벌이가구	7.1	7.7	8.8	8.4	8.8	8.2
	기타 가구	15.9	17.0	17.4	17.5	17.3	17.1
	1세대	29.0	28.2	28.9	28.3	29.1	29.3
	2세대	14.0	14.5	14.7	14.8	14.8	14.3
	3~4세대	15.2	17.4	16.9	17.9	17.5	18.3

주: 반정호(2009), p. 75의 〈표 5〉를 인용함.

가구가 최저생계비 이하의 절대빈곤가구라는 것으로 우리나라 노인가구의 빈곤화 현상이 심각함을 잘 보여준다. 또한 모자가구의 빈곤율도 20%를 기록하고 있어 빈곤의 여성화 현상도 동시에 나타나고 있음을 알 수 있다.

다섯째, 2인 이상 전국 가구를 세대구성 차원에서 살펴보면, 1세대 가구의 절대빈곤율이 30%대에 이르고 있고, 3~4세대 가구 또한 17%대의 높은 빈곤율을 기록하고 있다. 이는 부모와 자녀의 2세대로 구성된 가구의 빈곤율(9.7%)보다 2~3배 높은 것이다. 이상에서 1세대만으로 구성된 가구와 3세대 이상의 확대가족으로 구성된 가구의 경제적 어려움이 심각한 것을 확인할 수 있다.

또한 2006년 기준 단독가구의 최저생계비 미만 절대빈곤층은 31.6%로 같은 기간 2인 이상 다인(多人)가구의 9.7%에 비해 무려 21.9%p가 높다(〈표 3-7〉 참조). 최저생계비 120% 미만의 차상위계층 비중과 150% 미만의 차차상위계층의 비중도 각각 5.6%, 8.4%로 다인가구에 비해 높은 수치를 기록하고 있다.

2010년 기준으로 1인 가구의 절대빈곤율은 41.4%로 2006년에 비해 약 10%p 가량 증가한 것으로 나타나 빈곤이 심화되는 경향을 파악할 수 있다. 같은 기간 다인가구의 절대빈곤율은 10.1%로 2006년에 비해 0.4%p 증가한 것과도 매우 대조를 이룬다. 취업 상태와 빈곤을 함께 고려해 보면, 소득원이 하나인 1인 가구의 경우 비취업은 곧바로 빈곤으로 이어지고 있는 현상이 두드러진다. 2006년과 2010년 모두 절대빈곤층의 비취업 비중은 85.1%와 80.4%로 절대빈곤층 대다수가 비취업 상태에 놓여 있고, 차상위계층과 차차상위계층의 비취업 비중 역시 65.2%, 64.9%로 높은 특징을 보인다. 다인가구의 해당 비중은 2006년과 2010년 모두 단독가구의 그것과 비교해 크게 낮은 수치를 보인다. 최근으로 올수록 1인 가구의 빈곤화 현상은 비취업에 의한 근로소득 감소에 기인하고 있다는 특징과 함께 취업 상태를 유지하면서도 저소득 지위에 머무르는 근로빈곤 성격을 띠고 있음을 알 수 있다.

표 3-7 1인 가구의 소득계층별, 취업상태별 구성비 변화

(단위: %)

1인 가구		2006				2010			
		취업		비취업	전체	취업		비취업	전체
		임금	비임금			임금	비임금		
빈곤층	절대 빈곤층	3.0 (9.6)	1.7 (5.4)	26.9 (85.1)	31.6	6.6 (16.1)	1.5 (3.6)	33.2 (80.4)	41.4
	차상위층	1.1 (19.8)	0.9 (15.0)	3.7 (65.2)	5.6	1.4 (25.0)	1.1 (19.4)	3.0 (55.6)	5.4
	차차 상위층	2.3 (27.5)	0.7 (7.7)	5.5 (64.9)	8.4	3.3 (58.6)	0.1 (2.4)	2.2 (39.0)	5.7
비빈곤층		34.7 (63.8)	8.4 (15.5)	11.2 (20.7)	54.4	32.5 (68.4)	9.8 (20.5)	5.3 (11.1)	47.5
다인 가구		2006				2010			
		취업		비취업	전체	취업		비취업	전체
		임금	비임금			임금	비임금		
빈곤층	절대 빈곤층	2.7 (28.0)	1.7 (17.8)	5.2 (54.2)	9.7	3.1 (31.0)	1.0 (10.1)	6.0 (58.9)	10.1
	차상위층	1.9 (50.7)	1.1 (29.2)	0.8 (20.1)	3.7	2.1 (59.5)	0.8 (23.9)	0.6 (16.6)	3.5
	차차 상위층	3.6 (51.7)	2.2 (32.1)	1.1 (16.3)	6.9	3.2 (53.3)	1.7 (28.1)	1.1 (18.7)	6.1
비빈곤층		51.5 (64.6)	24.2 (30.3)	4.0 (5.1)	79.7	54.0 (67.2)	22.2 (27.7)	4.1 (5.1)	80.3

주: 반정호(2009), p. 74의 〈표 4〉를 인용함.

또한 반정호(2013)는 「가계동향조사」 자료를 이용하여 모자가구의 절대빈곤율(최저생계비 이하)이 1999년 17.1%에서 2011년 기준 22.2%까지 증가했음을 보였다(〈표 3-8〉 참조).

표 3-8 모자가구의 주요 빈곤지표 변화 추이

연도	상대빈곤율		절대빈곤율		
	경상소득 기준	시장소득 기준	절대빈곤층	차상위계층	차차상위계층
1999	14.9	15.7	17.1	10.3	7.9
2001	8.1	11.1	11.8	9.4	15.8
2003	11.0	13.4	10.3	4.9	9.7
2005	13.9	16.4	15.8	9.5	8.2
2007	10.4	19.2	17.4	8.0	6.0
2009	10.8	16.1	13.8	7.2	9.8
2011	19.3	24.7	22.2	4.0	9.4

주: 반정호 · 김경희(2013), P. 46의 〈표 3〉에서 발췌, 인용함.

2009년 글로벌 금융위기 시점에도 절대빈곤율은 13.8% 수준으로 외환위기 시점보다 크게 낮은 모습을 보여주었으나, 2010년과 2011년에는 20%를 상회하는 수준으로 빈곤층 규모가 늘어났다. 빈곤층의 범위를 차상위계층(최저생계비의 120%)과 차차상위계층(최저생계비의 150%)까지 확대하여 추이를 살펴보면, 모자가구 내 절대빈곤층의 규모가 증가한 반면, 빈곤선을 약간 넘어가는 차상위계층 규모가 크게 늘지 않고 오히려 감소하는 추세를 보여 빈곤 위험이 모자가구에 상존하고 있음을 알 수 있다.

3.4 본 연구의 절대빈곤율 및 상대빈곤율의 추이

3.4.1 빈곤율

본 연구에서는 1992년부터 2011년까지의 「가계동향조사」 자료를 이용하여 절대빈곤율과 상대빈곤율을 구해 보았다. 문제는 정부의 공식 빈곤선이 없는 상황에서 공식적인 빈곤선이 있는 1999년 이전 연도의 최저생계비를 어떻게 구할 것인가에 있다. 따라서 본 연구에서는 1999년 이전 최저생계비는 소비자물가지수(CPI) 상승률을 이용하여 역산하여 설정하였다.[6] 이 방법으로 구한 1992년부터 1999년까지의 최저생계비와 정부가 발표한 공식적인 최저생계비를 정리한 것이 〈표 3-9〉이다.

첫째, 도시근로자가구 기준 절대빈곤율을 논의해 본다(〈표 3-10〉 참조). 먼저 2006년 이후 자료에서 1인 가구를 제외하여 1990년부터 구한 빈곤율을 살펴본다. 절대빈곤율의 경우, 개인기준과 가구기준 공히 1997년까지 계속하여 하락 추세를 보여주고 있다. 예상대로 절대빈곤율은 외환위기 직후인 1998년에 1997년에 비하여 2배 이상으로 증가하였다. 이후 절대빈곤율은 다시 하락 추세를 보여주지만, 이후 연도별로 다소 등락을 거듭하며 전반적으로 3.0% 내외 수준을 보여주고 있다. 2006년 이후 1인 가구가 포함될 경우, 다소 높아져 1인 가구의 빈곤율이 낮지 않음을 보여준다.

둘째, 도시근로자가구 기준 상대빈곤율은 절대빈곤율에 비하여 높게 추정되었다(〈표 3-10〉 참조). 예상대로 상대빈곤율은 개인 또는 가구 기준으로 외환위기 이후 급격하게 증가하였고, 이후 2002년까지 전반적으로 하락하다가 다시 2003년 이후 글로벌 금융위기가 발생한 직후인 2009년까지 증가 추세를 보이다가 이후 다소 하락 추세를 보여주고 있다.

셋째, 전국 가구 기준의 상대빈곤율을 살펴본다(〈표 3-11〉 참조). 「가계동향조사」 자료는 2003년 이후 도시근로자가구를 포함하여 전국 가구의

6) 가구원별 최저생계비와 소비자물가지수 간의 상관계수는 0.99452~0.99676으로 매우 높은 양의 관계가 있으므로 1999년 이전 최저생계비를 소비자물가 상승률로 환산하는 것에 큰 문제가 없다고 사료된다.

표 3-9 최저생계비 추이

연도	1인 가구	2인 가구	3인 가구	4인 가구	5인 가구	6인 가구	소비자 물가지수
1992	229,260	379,691	522,239	656,905	746,901	842,809	51.726
1993	240,264	397,916	547,307	688,437	782,752	883,264	54.210
1994	255,401	422,985	581,787	731,808	832,066	938,909	57.607
1995	266,894	442,019	607,968	764,740	869,508	981,160	60.188
1996	279,972	463,678	637,758	802,212	912,114	1,029,237	63.152
1997	292,291	484,080	665,819	837,509	952,247	1,074,524	65.955
1998	314,213	520,386	715,756	900,322	1,023,666	1,155,113	70.911
1999	316,726	524,549	721,482	907,525	1,031,855	1,164,354	71.487
2000	324,011	536,614	738,076	928,398	1,055,588	1,191,134	73.102
2001	333,731	552,712	760,218	956,250	1,087,256	1,226,868	76.075
2002	345,412	572,058	786,827	989,719	1,125,311	1,269,809	78.177
2003	355,774	589,219	810,431	1,019,411	1,159,070	1,307,904	80.924
2004	368,226	609,842	838,797	1,055,090	1,199,637	1,353,680	83.830
2005	401,466	668,504	907,929	1,136,332	1,302,918	1,477,800	86.139
2006	418,309	700,489	939,314	1,170,422	1,353,242	1,542,382	88.070
2007	435,921	734,412	972,866	1,205,535	1,405,412	1,609,630	90.302
2008	463,047	784,319	1,026,603	1,265,848	1,487,878	1,712,186	94.523
2009	490,845	835,763	1,081,186	1,326,609	1,572,031	1,817,454	97.129
2010	504,344	858,747	1,110,919	1,363,091	1,615,263	1,867,435	100.000
2011	532,583	906,830	1,173,121	1,439,413	1,705,704	1,971,995	104.000
2012	553,354	942,197	1,218,873	1,495,550	1,772,227	2,048,904	106.300
상관계수	0.99482	0.99361	0.99609	0.99676	0.99550	0.99452	-

주: 상관계수는 정부에서 발표하고 있는 기간인 2000~2012년 동안 최저생계비와 소비자물가지수와의 상관계수임.

소득 및 지출 행태를 조사한다. 전국 가구 기준 빈곤율은 절대빈곤율과 상대빈곤율 모두 도시근로자가구 기준 빈곤율에 비하여 약 2배에 이를 정도로 높다. 절대빈곤율의 경우, 개인 및 가구 기준 공히 2008년 글로벌

표 3-10 1992~2011년 도시근로자가구 기준 빈곤율 추이

구분	절대빈곤율		상대빈곤율	
	개인	가구	개인	가구
1인 가구 제외				
1992	7.1	6.8	4.7	4.7
1993	6.3	6.0	4.9	5.0
1994	4.3	4.2	4.8	5.1
1995	3.6	3.4	5.5	5.6
1996	2.6	2.6	5.9	6.0
1997	2.5	2.3	5.8	6.1
1998	6.4	6.4	8.3	8.6
1999	5.6	5.5	9.0	9.3
2000	3.7	3.6	7.1	7.6
2001	2.9	2.9	7.5	8.1
2002	2.1	2.1	7.3	7.9
2003	2.8	2.9	8.7	9.2
2004	2.7	2.8	9.0	9.4
2005	3.3	3.2	9.6	10.1
2006	2.9	3.0	9.5	10.1
2007	2.9	3.0	9.8	10.6
2008	2.9	2.9	9.7	10.0
2009	3.2	3.5	9.8	10.4
2010	2.6	2.9	8.4	9.3
2011	2.5	3.0	7.8	9.1
1인 가구 포함				
2006	3.0	3.3	9.2	10.5
2007	3.0	3.2	10.0	11.9
2008	3.0	3.1	9.8	11.0
2009	3.3	3.8	10.1	12.1
2010	2.9	3.7	8.9	11.3
2011	2.7	3.6	8.2	11.0

주: 통계청, 「가계동향조사」, 원자료, 각 연도.

표 3-11 2003~2011년 전국 가구기준 빈곤율 추이

구분	절대빈곤율		상대빈곤율	
	개인	가구	개인	가구
1인 가구 제외				
2003	6.0	7.1	10.2	12.0
2004	6.1	7.0	10.8	12.5
2005	6.7	7.7	11.6	13.3
2006	6.8	7.9	11.5	13.5
2007	6.8	8.0	11.9	13.9
2008	7.0	8.4	11.9	14.0
2009	7.0	8.5	11.2	13.6
2010	6.3	7.7	10.7	13.1
2011	6.3	7.9	10.5	12.8
1인 가구 포함				
2006	7.6	10.0	11.5	16.3
2007	7.7	10.2	12.2	17.1
2008	7.9	10.9	12.5	18.0
2009	8.4	12.2	12.4	18.7
2010	7.9	11.9	12.0	18.4
2011	7.8	12.0	11.6	17.8

주: 통계청, 「가계동향조사」, 원자료, 각 연도.

금융위기가 촉발된 2008년과 직후인 2009년에 가장 높은 빈곤율을 시현하다가 이후 다소 하락하고 있다. 상대빈곤율은 절대빈곤율에 비하여 거의 2배에 이를 정도로 높다. 1인 가구를 포함하면, 1인 가구를 제외할 때보다 다소 높게 추징되었다.

3.4.2 빈곤 격차

이제 빈곤선 이하에 속하는 가구 또는 개인들의 빈곤의 강도를 살펴보고자 한다. 이는 빈곤 격차(poverty gap)로 측정할 수 있다. 빈곤 격차는 빈곤선을 기준으로 빈곤선 이하(혹은 미만)에 있는 사람들의 빈곤선과 개인(혹은 가구)의 소득(혹은 지출)과의 차이를 계산한 값을 말한다. 개인(혹은 가구) n명으로 구성된 경제에서 빈곤층에 속한 개인(또는 가구) i의 빈곤 격차는 빈곤선과 빈곤선 이하(혹은 미만)에 있는 개인(혹은 가구)의 소득차($g_i=z-y_i$)로 정의된다.

총빈곤 격차는 빈곤층 전체의 빈곤 격차를 합한 것($\sum_{i\in z(y)}^{q} g_i=\sum_{i\in 1}^{q}(z-y_i)$)인데, 여기서 빈곤 격차는 빈곤선 이하(혹은 미만)에 있는 개인(혹은 가구)의 소득을 빈곤선 상태로 끌어올리는 데 필요한 액수를 의미한다.

위에서 구한 총빈곤 격차를 빈곤선 이하(혹은 미만)에 있는 개인(혹은 가구)의 수(q)에 빈곤선(z)을 곱한 액수로 나눈 값을 소득 격차 비율(income gap ratio: IGR)이라 한다.[7)]

$$IGR=\frac{\sum_{i=1}^{q}(z-y_i)}{qz} \tag{3-1}$$

여기서 IGR은 소득 격차 비율, z은 빈곤선을 나타내며, y_i는 빈곤선 이하(혹은 미만)에 속한 개인의 소득(혹은 지출), 그리고 q는 빈곤선 이하에 있는 개인(또는 가구)의 수를 나타낸다.

총빈곤 격차를 전체 개인(혹은 가구) 수(n)에 빈곤선(z)을 곱한 액수로 나눈 값을 빈곤 격차 비율(poverty gap ratio: PGR)이라고 하는데, 소득 격차

7) 총빈곤 격차는 미국사회보장위원회(Social Security Administration of the US)에서 사용한 개념이다.

비율에 빈곤율(q/n, HR)을 곱한 값과 같다. 즉, $PGR=HR\times IGR$이다.[8)]

$$PGR=\frac{\sum_{i=1}^{q}(z-y_i)}{nz} \tag{3-2}$$

표 3-12 정부 발표 최저생계비 기준 빈곤 격차 비율(전 가구 기준)

(단위: %)

구분	소득			지출	
	시장소득	경상소득	가처분소득	소비지출	가계지출
1인 가구 제외					
2003	3.2	1.9	2.4	1.4	0.7
2004	3.2	1.9	2.3	1.4	0.8
2005	3.9	2.3	2.8	1.8	1.0
2006	4.1	2.2	2.8	2.1	1.2
2007	4.3	2.3	2.9	2.2	1.3
2008	4.6	2.3	2.9	2.1	1.1
2009	5.0	2.5	3.2	2.8	1.5
2010	4.8	2.3	3.0	2.0	1.0
2011	4.8	2.2	2.9	2.1	1.1
1인 가구 포함					
2006	4.8	2.6	3.2	2.4	1.4
2007	5.0	2.6	3.3	2.5	1.5
2008	5.4	2.7	3.4	2.4	1.4
2009	6.3	3.1	3.9	3.3	1.9
2010	6.2	3.0	3.8	2.6	1.4
2011	6.2	3.0	3.7	2.5	1.4

주: 농어가 제외.
자료: 통계청, 「가계동향조사」, 원자료, 각 연도.

8) $\frac{\sum_{i=1}^{q}(z-y_i)}{nz}=\frac{\sum_{i=1}^{q}(z-y_i)}{qz}\times\frac{q}{n}$.

이제 빈곤 격차 비율에 대하여 살펴보자. 첫째, 빈곤 격차 비율은 전 가구 기준(이하 경상소득 기준)으로 볼 때(〈표 3-12〉 참조), 2003년 이후 미미하게 증가하다가 금융위기 직후인 2009년에 최고에 도달하였다가 이후 약간 하락하였다. 1인 가구를 포함할 경우, 빈곤 격차 비율이 더 높아져

표 3-13 정부 발표 최저생계비 기준 빈곤 격차 비율(도시근로자 기준)

(단위: %)

구분	소득			지출	
	시장소득	경상소득	가처분소득	소비지출	가계지출
1인 가구 제외					
1999	1.5	1.3	1.5	3.4	1.6
2000	0.9	0.7	0.9	1.8	0.8
2001	0.7	0.5	0.6	1.1	0.4
2002	0.5	0.4	0.5	1.0	0.4
2003	0.8	0.6	0.8	0.8	0.3
2004	0.9	0.7	0.9	0.8	0.3
2005	1.2	0.8	1.0	1.1	0.5
2006	1.1	0.6	0.9	1.0	0.4
2007	1.1	0.7	0.9	1.2	0.5
2008	1.4	0.8	1.0	1.0	0.5
2009	1.4	0.8	1.1	1.7	0.8
2010	1.3	0.6	0.9	1.2	0.5
2011	1.2	0.6	0.9	1.1	0.5
1인 가구 포함					
2006	1.1	0.7	0.9	1.1	0.5
2007	1.2	0.7	0.9	1.2	0.5
2008	1.4	0.8	1.0	1.0	0.5
2009	1.5	0.9	1.2	1.8	0.9
2010	1.5	0.7	1.0	1.4	0.6
2011	1.3	0.7	0.9	1.2	0.6

주: 통계청, 「가계동향조사」, 원자료, 각 연도.

점차 증가하고 있다.

둘째, 도시근로자가구 기준으로 볼 때(〈표 3-13〉 참조), 빈곤 격차 비율은 외환위기 직후인 1999년에 1.5%로 가장 높았다가 이후 2002년까지 하락하다가 카드 대란 이후 다시 높아지고 있다. 이후 빈곤 격차 비율은 다시 하락 추세를 보이다가 금융위기 때인 2008년과 2009년에 증가하였다가 다시 하락 추세를 보여주고 있다.

3.5 빈곤의 결정요인 분석

이제 우리나라 빈곤의 결정요인을 살펴본다. 빈곤의 결정요인으로 대부분의 연구들이 가구주의 인구사회학적 특성, 노동 관련 특성 등을 거론하고 있다. 즉, 가구주의 인구사회학적 특성 변수로는 연령, 교육수준, 성, 혼인 형태, 장애 및 만성질환 유무 등을, 노동 관련 특성요인으로는 가구주의 취업 형태, 가구주의 학력, 취업가구원 수 등을 제시하고 있다. 본 연구 역시 이와 같은 기존연구의 추세를 반영하여 가구주의 성(性), 연령, 교육수준, 가구원 수, 취업가구원 수, 소비지출액과 근로자가구 여부, 취업 여부 등을 설명변수로 하여 로짓분석을 수행하였다.

먼저 기존연구들의 주요 결과들을 논의해 본다. 정진호 외(2002)는 도시근로자가구를 대상으로 빈곤 결정요인을 분석하였다. 추정결과, 연령이 낮을수록, 여성 가구주일수록 빈곤층에 속할 가능성이 높고, 취업가구원이 많을수록 빈곤할 가능성이 낮아지는 것으로 나타났다.

김안나(2007)는 남성 가구주에 비해 여성 가구주, 30세 미만보다 60세 이상의 노인 가구주가 빈곤층에 속할 가능성이 높고, 미혼에 비해 기혼이 빈곤할 가능성이 낮은 것으로 추정하고 있다. 특징적인 것은 가구주가 만성질환이 있으면, 없는 경우보다 빈곤할 가능성이 높아진다는 것을 보였다는 것이다.

김교성 · 최영(2006)은 근로자의 빈곤 지위에 영향을 미치는 요인을 추정한 결과, 연령 변수는 빈곤 여부에 통계적으로 유의한 영향을 미치지 않으며, 미혼에 비해 유배우자가 빈곤할 가능성이 낮다는 추정결과를 제시하고 있다. 이상의 세 연구들은 모두 교육수준이 낮을수록 빈곤층에 속할 확률이 높아짐을 보였다.

한편, 노동 관련 특성요인의 빈곤 결정요인을 추정한 연구로 김교성 · 최영(2006), 윤홍식(2004), 정진호 외(2002) 등을 들 수 있다. 김교성 · 최영(2006)은 상용직에 비해 임시직, 일용직, 자영업 등이 빈곤 가능성이 높고, 윤홍식(2004)은 사별가구에 대해서만 비취업보다 상용직이 빈곤할 가능성이 낮아지며, 일용 · 임시직, 고용주 · 자영업 등은 비취업자와 비교하여 통계적으로 유의한 차이가 없음을 보였다(정진호 외, 2002).

정진호 외(2002)의 추정결과, 가구주의 고용 상태가 사무직과 고용주일 경우 빈곤하지 않을 가능성이 높은 반면, 일용생산직과 무직자는 빈곤할 가능성이 더 높게 나타났다. 가구 내 취업원 수가 많을수록 빈곤 가능성이 통계적으로 유의하게 낮았다. 정진호 외(2002)는 특히 무직과 일용생산직의 빈곤 확률에 주목하였는데, 가구주가 무직인 경우 장기적인 빈곤을 경험할 가능성, 일용생산직의 경우 노동력 상태 간의 빈번한 유동성으로 인해 빈곤을 경험할 가능성이 높을 뿐만 아니라 실질적인 장기빈곤을 경험할 가능성이 높게 나타남을 보였다.

본 연구에서는 연도별 자료를 이용하여 빈곤 여부에 대한 횡단면 분석을 실시한다. 이를 위해 사용한 분석방법은 로짓모형(logit model) 추정방법이다. 로짓모형 추정방법은 종속 변수가 빈곤 상태 여부(빈곤=1, 비빈곤=0)와 같은 범주형 변수(categorical variables)일 때 유용한 분석방법이며, 여기서는 전승훈 · 임병인 · 강성호(2006)의 개인연금 가입 결정요인 분석에서 사용한 모형을 이용하였다.

$$y_i^* = \beta_0 + \sum_{j=1}^{k} \beta_j x_{ij} + u_i \tag{3-3}$$

식 (3-3)에서 y_i^*는 관측되지 않는 잠재 변수(latent variable)이며, 관찰이 가능한 y_i는 빈곤 상태 여부(빈곤 혹은 비빈곤)에 대한 범주이다. 이러한 특성을 갖는 y_i는 일반적으로 $y_i^*>0$인 경우에는 1의 값을, 다른 경우에는 0의 값을 갖는 것으로 정의할 수 있다.

$$y_i = \begin{cases} 1 & if\ y_i^* > 0 \\ 0 & otherwise \end{cases} \tag{3-4}$$

이때 $y_i=1$일 확률은 식 (3-5)와 같이 구해진다.

$$\begin{aligned} P_i &= \text{Prob}(y_i=1) = \text{Prob}[(u_i > -(\beta_0 + \sum_{j=1}^{k} \beta_j x_{ij} + u_i))] \\ &= 1 - F[-(\beta_0 + \sum_{j=1}^{k} \beta_j x_{ij})] \end{aligned} \tag{3-5}$$

F는 오차항 u의 누적분포함수(cumulative distribution function)이며, 만일 u가 대칭적(symmetric)이라면, $1-F(-Z)=F(Z)$이기 때문에 식 (3-5)는 식 (3-6)과 같이 수정할 수 있다.

$$P_i = F[(\beta_0 + \sum \beta_j x_{ij})] \quad (3\text{-}6)$$

이때 우도함수(likelihood function)는 $L=\Pi_{y_i=1} P_i \Pi_{y_i=0}(1-P_i)$과 같이 쓸 수 있으며, u_i의 누적분포가 로지스틱 분포를 갖는다면, $P_i=F(Z_i)=\frac{\exp(Z_i)}{1+\exp(Z_i)}$이기 때문에 식 (3-7)과 같은 우도함수를 만들 수 있다.

$$L=\Pi_{y_i=1} \frac{\exp(Z_i)}{1+\exp(Z_i)} \Pi_{y_i=0} \frac{1}{1+\exp(Z_i)} \quad (3\text{-}7)$$

회귀식의 추정계수는 식 (3-7)의 우도함수를 극대화하는 과정에서 구해지며, 이때 구해진 회귀계수가 이항로짓모형(binomial logit model)의 추정계수가 된다.

이제 절대빈곤의 결정요인을 추정한 결과를 살펴본다(〈표 3-14〉 참조). 우선 도시근로자가구 기준(1인 가구 미포함)의 절대빈곤 결정요인 추정결과를 보면, 1997년까지는 연령제곱 변수는 양(+)의 값을 보이고 연령 변수는 음(−)의 값을 보이고 있어, 특정한 연령에 이를 때까지 연령이 많을수록 빈곤계층에 속할 확률이 떨어지다가 일정 연령을 지나면 연령이 많아질수록 빈곤계층에 속할 확률이 증가하는 것으로 나타났다. 그러나 외환위기 직후인 1998년부터는 부호가 반대로 추정되어 특정한 연령에 이를 때까지 연령이 많을수록 빈곤계층에 속할 확률이 증가하고, 일정 연령을 지나면 연령이 많아질수록 빈곤계층에 속할 확률이 떨어지는 것으로 나타났다. 이는 외환위기 이전에는 직장에서 큰 문제없이 근무하다가 은퇴하였음에 반해, 외환위기 이후에는 중장년층들의 실업이 급증하여 그로 인해 빈곤층으로 추락하는 경우가 많았음을 시사해 준다.

둘째, 이 결과는 2001년을 제외한 2003년까지 남성일수록 빈곤층에

표 3-14 절대빈곤가구 결정요인 추정결과: 도시근로자(1인 가구 미포함)

변수	전 기간 pooled	1990	1991	1992	1993	1994	1995	1996	1997	1998	1999	2000
가구주 성별 (남성=1)	−0.268***	−0.387***	−0.739***	−0.531***	−0.455***	−0.725***	−0.366***	−0.393***	−0.091	0.080	0.277***	0.061
가구주 나이	0.021***	−0.076***	−0.026	−0.081***	−0.025	−0.031	−0.021	−0.005	−0.009	0.083***	0.095***	0.073***
가구주 나이제곱	−0.000***	0.001***	0.000	0.001***	0.000	0.000	0.000	0.000	0.000	−0.001***	−0.001***	−0.001***
가구주 교육수준	−0.075***	−0.091***	−0.100***	−0.108***	−0.117***	−0.095***	−0.099***	−0.071***	−0.113***	−0.066***	−0.088***	−0.038**
근로자가구 여부 (근로자가구=1)	−0.502***	−0.494***	−0.605***	−0.668***	−0.695***	−0.402***	−0.456***	−0.750***	−0.452***	−0.557***	−0.353***	−0.056
취업 여부 (취업=1)	−0.553***	0.359	0.305	−0.247	−0.237*	−0.414**	−0.362*	−0.101	−0.770***	−1.030***	−1.047***	−1.087***
가구원 수	0.800***	0.922***	0.811***	0.800***	0.776***	0.856***	0.844***	0.840***	0.799***	0.759***	0.783***	0.952***
취업가구원 수	−1.212***	−1.027***	−1.153***	−1.033***	−1.393***	−1.488***	−1.351***	−1.618***	−1.334***	−1.081***	−1.006***	−1.248***
소비지출 로그값	−3.072***	−3.322***	−3.103***	−2.877***	−2.792***	−3.201***	−2.966***	−3.236***	−2.778***	−3.079***	−2.938***	−4.045***
상수항	39.772***	42.474***	39.547***	38.207***	36.434***	41.867***	38.325***	41.605***	36.137***	38.486***	36.372***	51.046***
관측치 수	193,083	9,298	8,847	9,061	15,223	10,723	10,573	10,291	9,645	10,301	9,977	6,413

표 3-14 계속

변수	2001	2002	2003	2004	2005	2006	2007	2008	2009	2010	2011
가구주 성별 (남성=1)	-0.089	0.226	0.044	-0.359***	-0.068	-0.170	-0.188	-0.259**	-0.194	-0.308**	-0.401***
가구주 나이	0.063**	0.094***	0.072***	0.186***	0.073***	0.093***	0.077***	0.079***	0.045*	0.014	0.028
가구주 나이제곱	-0.001**	-0.001***	-0.001***	-0.002***	-0.001***	-0.001***	-0.001***	-0.001**	-0.000	-0.000	-0.000
가구주 교육수준	-0.018	-0.016	-0.040**	-0.030*	-0.070***	-0.054***	-0.053***	-0.041***	-0.058***	-0.048***	-0.071***
근로자가구 여부 (근로자가구=1)	-0.212	-0.385*	-0.354**	-0.350**	-0.482***	-0.266**	-0.512***	-0.309**	-0.012	-0.139	-0.360**
취업 여부 (취업=1)	-1.180***	-1.170***	-0.884***	-0.560**	-0.172	-0.383**	-0.496***	-0.314*	-0.810***	-0.634***	-0.596***
가구원 수	0.912***	0.849***	0.705***	0.844***	0.806***	0.876***	0.809***	0.780***	0.738***	0.778***	0.743***
취업가구원 수	-1.078***	-1.195***	-0.909***	-1.242***	-1.245***	-1.477***	-1.401***	-1.407***	-1.127***	-1.299***	-1.345***
소비지출 로그값	-3.528***	-3.367***	-3.519***	-3.403***	-3.099***	-2.932***	-2.846***	-2.857***	-3.190***	-2.949***	-3.014***
상수항	44.262***	41.344***	44.776***	40.246***	39.276***	36.396***	36.139***	35.712***	41.773***	39.204***	40.538***
관측치 수	6,349	6,121	7,849	7,497	9,338	8,500	7,414	7,470	7,467	7,415	7,311

주 1) 전 기간 분석결과는 pooled OLS 추정결과로 연도별 더미를 고려하여 추정하였으며, 분석결과 표에서는 생략하였음.
2) *는 10%, **는 5%, ***는 1%의 수준하에서 유의미함.

표 3-15 절대빈곤가구 결정요인 추정결과: 도시근로자(1인 가구 포함)

변수	2006	2007	2008	2009	2010	2011
가구주 성별 (남성=1)	-0.036	0.021	0.060	0.115	-0.038	-0.080
가구주 나이	0.067***	0.062***	0.101***	0.030	0.015	0.026
가구주 나이제곱	-0.001***	-0.001***	-0.001***	-0.000	-0.000	-0.000
가구주 교육수준	-0.010	-0.046***	-0.033***	-0.036***	-0.036***	-0.058***
근로자가구 여부 (근로자가구=1)	-0.267**	-0.508***	-0.317**	-0.003	-0.078	-0.433***
취업 여부 (취업=1)	-0.544***	-0.385**	-0.437***	-0.954***	-0.841***	-0.706***
가구원 수	0.919***	0.888***	0.890***	0.820***	0.778***	0.750***
취업가구원 수	-1.365***	-1.432***	-1.388***	-1.008***	-1.227***	-1.272***
소비지출 로그값	-2.734***	-2.544***	-2.560***	-2.676***	-2.521***	-2.527***
상수항	33.597***	31.652***	30.506***	34.222***	32.944***	33.351***
관측치 수	10,068	8,839	8,797	8,653	8,492	8,523

주: *는 10%, **는 5%, ***는 1%의 수준하에서 유의미함.

속할 확률이 높아지는 추정결과와 밀접한 관계가 있다고 판단된다. 또한 외환위기 이전과 2004년 이후에도 남성일수록 빈곤에 속할 확률이 낮아지는 것에서도 간접적으로 확인된다.

셋째, 다른 조건이 동일한 경우 근로자가구일수록, 취업 상태에 있을수록, 취업가구원 수가 많을수록, 빈곤층에 떨어질 확률이 낮아지는 것으로 추정되었다.

넷째, 소비지출이 많을수록 빈곤에 속할 확률이 떨어지는 것으로 나타났는데, 이는 소비함수의 성격에 의해 당연한 결과라고 판단된다. 이상의 연도별 추정결과는 전 기간 추정결과(〈표 3-15〉 참조)와도 동일하다.

표 3-16 절대빈곤가구 결정요인 추정결과: 전국 가구(1인 가구 미포함)

변수	2003	2004	2005	2006	2007	2008	2009	2010	2011
가구주 성별 (남성=1)	-0.124	-0.266**	-0.069	-0.241**	-0.103	-0.182	-0.193*	-0.292***	-0.430***
가구주 나이	0.064***	0.146***	0.059***	0.066***	0.069***	0.066***	0.055**	0.008	0.000
가구주 나이제곱	-0.001***	-0.001***	-0.001***	-0.001***	-0.001***	-0.001**	-0.000**	-0.000	0.000
가구주 교육수준	-0.048***	-0.026*	-0.061***	-0.047***	-0.054***	-0.045***	-0.050***	-0.041***	-0.064***
근로자가구 여부 (근로자가구=1)	-0.347***	-0.301**	-0.475***	-0.382***	-0.506***	-0.393***	0.015	-0.109	-0.472***
취업 여부 (취업=1)	-0.750***	-0.674***	-0.225*	-0.405***	-0.337**	-0.167	-0.750***	-0.536***	-0.483***
가구원 수	0.735***	0.861***	0.790***	0.853***	0.792***	0.764***	0.719***	0.749***	0.732***
취업가구원 수	-1.002***	-1.127***	-1.164***	-1.356***	-1.379***	-1.415***	-1.151***	-1.338***	-1.243***
소비지출 로그값	-3.442***	-3.452***	-3.107***	-2.952***	-2.890***	-2.897***	-3.032***	-2.832***	-2.913***
상수항	44.006***	41.697***	39.570***	37.331***	36.645***	36.666***	39.202***	37.545***	39.539***
관측치 수	9,575	9,159	11,367	10,321	9,052	9,133	9,213	9,152	9,045

주: *는 10%, **는 5%, ***는 1%의 수준하에서 유의미함.

표 3-17 절대빈곤가구 결정요인 추정결과: 전국 가구(1인 가구 포함)

변수	2006	2007	2008	2009	2010	2011
가구주 성별 (남성=1)	-0.017	0.113	0.135	0.099	-0.040	-0.092
가구주 나이	0.051***	0.060***	0.106***	0.044**	0.013	0.014
가구주 나이제곱	-0.001***	-0.001***	-0.001***	-0.000**	-0.000	-0.000
가구주 교육수준	-0.010	-0.040***	-0.031***	-0.035***	-0.034***	-0.050***
근로자가구 여부 (근로자가구=1)	-0.371***	-0.499***	-0.381***	-0.035	-0.060	-0.510***
취업 여부 (취업=1)	-0.523***	-0.266*	-0.271*	-0.866***	-0.685***	-0.590***
가구원 수	0.918***	0.875***	0.884***	0.810***	0.756***	0.754***
취업가구원 수	-1.281***	-1.404***	-1.410***	-1.055***	-1.282***	-1.188***
소비지출 로그값	-2.723***	-2.531***	-2.575***	-2.584***	-2.474***	-2.504***
상수항	33.779***	31.204***	30.485***	32.561***	32.163***	33.019***
관측치 수	12,458	11,040	11,012	10,881	10,667	10,721

주: *는 10%, **는 5%, ***는 1%의 수준하에서 유의미함.

도시근로자가구로서 1인 가구를 포함하여 추정한 결과를 보면, 앞서 설명한 것과 거의 유사한 결과를 보여주고 있다. 눈에 띄는 결과는 2007~2009년의 남성 더미 변수, 2009년의 근로자가구 여부 변수 추정결과, 각각 남성일수록 그리고 근로자가구일수록 빈곤층에 속할 확률이 높아지는 것으로 추정되었다는 것이다. 이는 통계적으로 유의하지 않았지만, 글로벌 금융위기 당시 구조조정으로 인해 근로자가구들이 빈곤층으로 떨어질 확률이 높아질 수 있음을 시사해 주는 결과라고 판단된다.

한편, 전국 가구의 절대빈곤 결정요인 추정결과가 〈표 3-16〉과 〈표 3-17〉에 정리되어 있다. 1인 가구 미포함 전국 가구에 대한 추정결과, 가구주 연령이 일정 연령까지 빈곤층에 속할 확률이 높아지다가 이후 낮아지고, 남성일수록, 취업 상태일수록, 취업가구원 수가 많을수록, 소비지출이 많을수록 빈곤에 속할 확률이 떨어지는 것으로 나타났다.

Chapter 4

빈곤의 국제 비교

4.1 서론
4.2 극빈국들의 빈곤율
4.3 OECD 국가들의 빈곤율과 우리나라의 특징
4.4 빈곤과 소득수준, 경제성장-선진국의 경우
4.5 정부 정책과 상대빈곤의 감소
4.6 시사점

4.1 서론

빈곤은 모든 국가들이 함께 극복해야 할 세계적인 문제이다. 세계은행 자료에 따르면 2011년의 세계 1인당 GDP는 1만 39달러이며 PPP 기준으로 1만 1,616달러이다. PPP 기준으로는 2007년에 세계 1인당 소득이 1만 달러를 넘어섰으며, 경상기준으로는 2011년에 사상 최초로 1만 달러를 넘어선 것이다.

가상의 상황이지만 소득이 완전균등배분된 세상이란 누구나 다 일정 수준 이상의 경제생활을 누릴 수 있는 정도의 소득을 보유하고 있는 것을 의미한다. 그렇지만 잘 알려진 바와 같이 세계의 소득은 결코 균등하게 분포되어 있지 않다. 세계은행 자료에 따르면 고소득 국가들의 평균 소득은 4만 1,061달러이고, OECD 국가들의 평균 소득은 3만 6,993달러이며, EU 국가들의 평균 소득은 3만 4,923달러인데 반해, 사하라사막 이남 국가들의 평균은 1,468달러에 불과하고, 저소득 국가로 분류된 국가들의 평균 소득은 582달러에 불과하다.

빈곤 국가의 국민들 중 상당수가 빈곤층으로 분류된다. 이미 보았듯이 빈곤을 나타내는 지표는 여러 가지가 있다. 한 국가의 빈곤율 지표로 가장 널리 이용되는 것들은 절대빈곤선을 정의하고 절대빈곤선 이하에서 살아가는 인구의 비중을 제시하는 것이다. 절대빈곤선의 기준으로 하루 1달러 이하, 1.25달러, 2달러 등이 흔히 이용되고 있다. 이러한 빈곤율 정의는 우리나라나 선진국들에게는 큰 의미를 가지기 어렵지만 상당수 국가의 상당수 국민들은 생존 자체가 어려운 빈곤선 이하의 소득으로 살아가고 있다.

앞서 우리나라를 포함한 많은 국가들에게 있어 이러한 절대빈곤선은 대부분의 국민들에게 실감이 나지 않는다고 언급하기는 했지만 선진국 내에서도 빈곤 문제는 해결된 것이 아니다. 선진국에도 국가 나름대로 정한 절대빈곤선과 절대빈곤선 이하의 소득으로 살아가는 빈곤층이 있으며, 중위소득자에 비해 소득이 크게 낮은 상대빈곤선과 상대빈곤선 이하의 빈곤층도 있다.

본 장에서는 이러한 세계 소득분포를 고려하여 빈곤의 국제 비교 자료를 제시해 본다. 우선 하루 2달러 혹은 1.25달러라는 절대빈곤선 아래의 소득으로 살아가는 절대빈곤의 세계적 분포를 살펴본 후에 관심의 대상을 우리나라가 포함된 OECD 국가 자료로 제한하여 선진국들의 상대적 빈곤율에 대한 국가 비교를 시도한다.

선진국 간 비교에서 특히 주목하고자 하는 부분은 세금과 소득이전이 이루어지기 전과 후의 비교이다. 다음에서 살펴보겠지만 우리나라는 정부의 소득재분배 정책 전후의 차이가 가장 적은 나라이다. 이러한 현상을 어떻게 해석해야 하며 우리나라가 향후 어떠한 정책을 펴야 할지에 대해 논의해 본다.

4.2 극빈국들의 빈곤율

전 세계적으로 보면 엄청난 수의 사람들이 절대빈곤선 이하에서 살고 있다. 현재 공식적으로 인정되는 세계 빈곤선은 하루 2달러와 1.25달러이다. 65억이 넘는 인구 중 절반 가까이가 하루 2달러 이하로 생활하고 있다는 것은 이미 널리 알려진 사실이다. 여기에서는 이와 같은 절대빈곤의 국가별 분포에 대해 살펴본다.

이 절에서 이용하는 자료는 세계은행에서 발표하는 세계 개발 지수(World Development Indicator, 이하 WDI)이다. 이 자료는 각국의 발전단계를 대변해 줄 수 있는 여러 분야의 지수들을 제공한다. 교육, 보건, 환경, 빈곤 등 여러 분야별로 상당히 많은 지표들을 포함하고 있다. 이 자료 중 빈곤과 관련된 최근 자료들에 대해 살펴보기로 한다. 여기서 제시되는 빈곤율 관련 자료는 2010년의 자료이거나 2008~2011년 자료 중 2010년과 가장 가까운 연도의 자료이다.

우선 하루 생계비 1.25달러 미만 가구의 비중부터 살펴보자. 하루 1.25달러는 우리나라 화폐단위로는 1,500원 이하인데, 이는 끼니를 채우기도 벅찬 액수라 할 수 있다. 이러한 절대빈곤선 이하의 생활수준으로 살고 있는 가구에 속한 인구 비중이 10% 이상을 보이는 국가들을 빈곤인구가 높은 나라부터 정렬한 것이 〈그림 4-1〉이다. 그림에서 나타나듯이 세계에서 빈곤인구가 가장 많은 국가는 마다가스카르(Madagascar)로 무려 인구의 43%가 1인당 1.25달러 이하 생계비로 살고 있다. 다음은 잠비아(Zambia)로 빈곤인구가 40%를 넘는다. 그 밖에 나이지리아, 르완다, 말라위, 모잠비크 등의 나라도 빈곤인구 비중이 25%가 넘는다. 주로 사하라 이남 아프리카 국가들이 빈곤인구가 많은 나라라는 사실을 쉽게

그림 4-1 **하루 생계비 1.25달러 미만 인구 비중 10% 이상 국가들(2010년 무렵)**

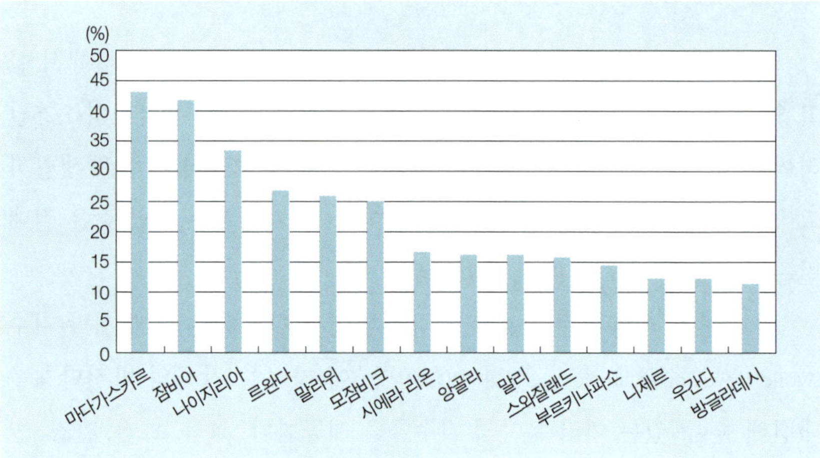

확인할 수 있다. 아시아 국가 중에는 방글라데시가 유일하게 빈곤인구 비중 10% 이상 국가에 포함되고 있다.

그러나 한 가지 유의할 점은 WDI 데이터베이스에 속한 214개국 중 1/3 가량인 70여 개국에서만 빈곤율 자료를 찾을 수 있다는 것이다. 자료가 없는 나라들 중에는 선진국들이 다수 포함되지만 빈곤 자료 자체가 제공되지 않는 많은 개발도상국들도 있다. 따라서 더 많은 나라에서 빈곤인구의 비중이 10%가 넘을 것으로 예상할 수 있다.

만약 절대빈곤선의 기준을 다소 완화하여 하루 2달러 이하로 할 경우에는 더 많은 국가들이 더 높은 빈곤인구 비중을 갖게 된다. 하루 1.25달러를 빈곤선으로 잡을 때 가장 인구 비중이 높은 나라들이 2달러를 빈곤선으로 잡았을 때도 가장 빈곤율이 높은 것은 자연스러운 현상이다. 〈그림 4-2〉에서도 보듯이 가장 빈곤인구 비중이 높은 마다가스카르의 경우 하루 2달러를 빈곤선으로 잡았을 때 빈곤인구의 비중이 무려 90%

그림 4-2 하루 생계비 2달러 미만 인구 비중 20% 이상 국가들(2010년 무렵)

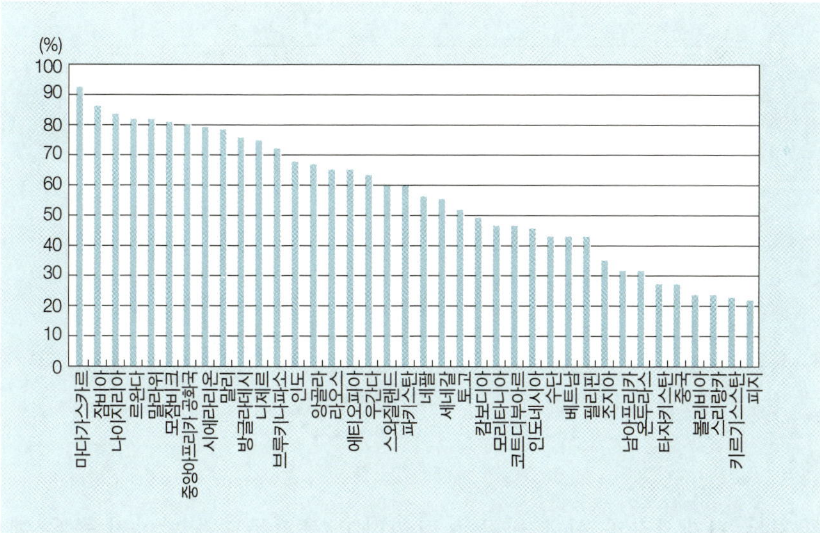

를 넘고 있다.

또한 〈그림 4-2〉에서도 제시되듯이 하루 생계비 2달러 이하의 빈곤선 이하 인구의 비중이 20%가 넘는 나라만도 38개국에 달한다. 현재 상당히 빠른 경제성장을 보이는 중국도 빈곤인구의 비중은 22%에 달하고 있다. 그림에서 제시되지는 않았지만 빈곤인구가 10%가 넘는 나라들은 46개국, 5%가 넘는 나라는 5개국이나 된다. 빈곤인구가 5% 넘는 나라 중에는 멕시코나 터키 같은 OECD 가입국들까지 포함된다.

이상에서 살펴보았듯이 빈곤은 세계적으로 매우 흔하게 관찰되는 현상이다. 빈곤이라는 현상이 매우 흔한 것과 마찬가지로 빈곤 탈피의 가장 좋은 수단이 경제성장이라는 사실 역시 역사적으로 흔히 관찰되고 있다. 우리나라 역시, 적어도 1997~1998년 사이의 외환위기를 거치기 전

그림 4-3 1인당 국민소득과 빈곤율(2010년 소득 1만 달러 이하 국가들)

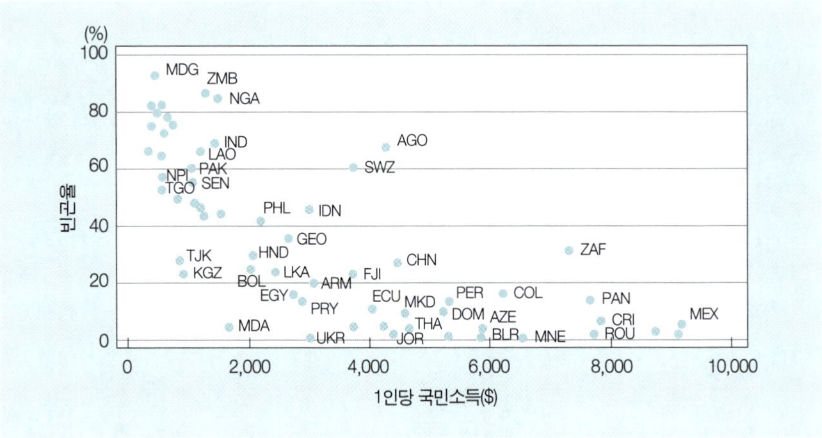

까지는 경제성장과 함께 빈곤을 탈피하고 불평등도가 낮아진 좋은 예였다.

〈그림 4-3〉은 1인당 국민소득이 2010년 소득 1만 달러 아래에 있는 국가들을 대상으로 1인당 국민소득과 빈곤율 사이의 관계를 보여주고 있다. 그림에서도 뚜렷이 나타나는 바와 같이 1인당 국민소득과 빈곤율 사이에는 강한 음의 상관관계가 존재한다.

하지만 소득이 오른다고 해서 소득불평등도가 낮아진다는 보장은 없다. 〈그림 4-4〉는 같은 국가들을 대상으로 1인당 국민소득과 가장 광범위하게 이용되는 불평등지표인 지니계수 사이의 관계를 보여주고 있다. 소득과 지니계수 사이에는 의미 있는 상관관계가 보이지 않고 있다. 소득이 높아지면서 절대소득이 낮은 빈곤층이 줄어드는 것은 자연스러운 현상이겠으나, 소득불평등도가 개선되지 않는다면 상대적 빈곤이 줄어든다는 보장은 없는 것이다. 그렇다면 소득이 일정 수준 이상으로 오

그림 4-4 **1인당 국민소득과 지니계수(2010년 무렵 소득 1만 달러 이하 국가들)**

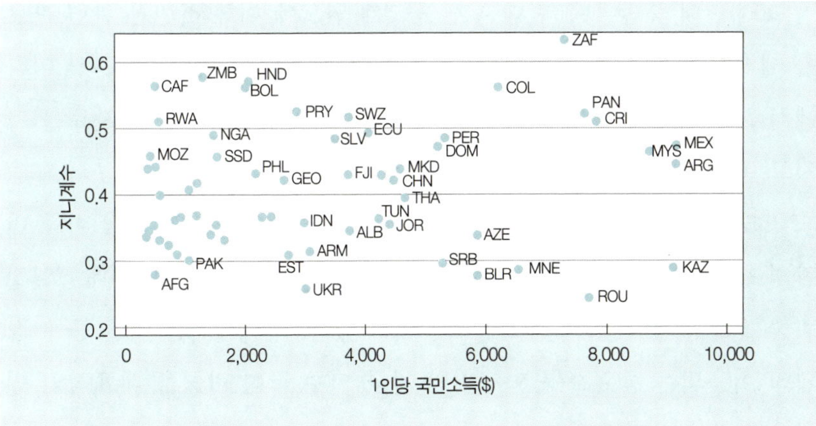

르고 절대적 빈곤의 문제가 사라지고 난 후의 상대적 빈곤은 어떤 모습을 보일까? 이는 다음 절에서 살펴본다.

4.3 OECD 국가들의 빈곤율과 우리나라의 특징

4.3.1 정부 개입 이전과 이후

이제 소득이 일정 수준 이상이어서 절대적 빈곤이 큰 문제가 되지는 않는 선진국들의 상대적 빈곤으로 관심을 옮겨보자.[1] 상대적 빈곤과 관련한 OECD 국가 자료는 1970년대부터 이용 가능하다. 2012년 현재

1) 물론 앞에서 살펴본 바와 같이 멕시코, 터키와 같은 일부 OECD 국가들에서도 여전히 하루 2달러 미만으로 살아가는 절대빈곤층이 일부 있다. 그러나 세계은행 자료에도 1인당 GDP가 2만 달러 이상인 국가들의 절대빈곤율 자료 자체가 제공되지 않는다.

OECD는 1970년대, 1980년대, 1990년대 초반, 1990년대 중반, 2000년대 초반, 2000년대 중반, 2000년대 후반 등 7개 연도에 대해서 빈곤 관련 자료를 제시하고 있다. 본 장에서는 이들 자료 중 전체 인구 중 빈곤선 이하에서 사는 빈곤가구에 속한 인구가 차지하는 비중인 빈곤율 자료를 가지고 비교할 것이다.

OECD의 빈곤율 자료는 각 연도별로 가구 중위소득의 일정 비중 미만의 소득을 가진 가구에 거주하는 국민의 비중으로 계산되는데, "일정 비중"으로는 40%, 50%, 60%가 이용되고 있다. 이하에서는 이들 중 가장 널리 이용되는 중위소득 50% 미만 가구 거주 국민 비중을 대표적인 빈곤율 자료로 삼기로 한다.

한편, 빈곤율을 계산하는 소득의 기준은 세금과 이전지출이 이루어지기 전과 후로 구분할 수 있다. 정부는 누진소득세와 저소득층에 대한 사회보장 지출 등을 통해 소득재분배를 하고 있다. 이러한 재분배의 결과 최초의 빈곤율은 크게 감소할 수도 있다. 즉, 세금납부와 이전지출이 이루어지기 전과 후를 비교하면 정부의 개입을 통해 빈곤율이 얼마나 감소했는지도 알 수 있는 것이다. 정확하게는 "세금과 정부 이전지출이 이루어지기 전과 후의 빈곤율"이라는 표현이 맞겠으나 이하에서는 편의상 세전 빈곤율과 세후 빈곤율이라는 용어로 정부 개입 전후를 비교하게 될 것이다.

그럼 가장 최근 자료인 2000년대 말 자료를 살펴보자. 대부분의 국가들에 있는 자료는 2007년이나 2008년의 자료이다. 〈그림 4-5〉는 자료가 있는 모든 국가들에 대해 2008년경의 세전 빈곤율이 가장 높은 국가로부터 가장 낮은 나라까지 정렬하여 보여주고 있다. 이 자료를 통해 보면 우리나라는 2008년 기준으로 세전 빈곤율이 가장 낮은 나라라는 사실을 알

그림 4-5 OECD 국가들의 세전 빈곤율(중위소득 50% 이하 가구의 인구 비중, 2008년)

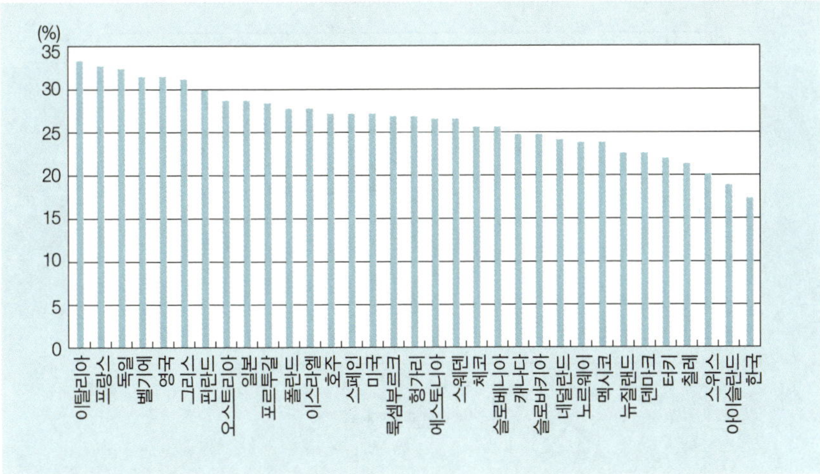

그림 4-6 OECD 국가들의 세후 빈곤율(중위소득 50% 이하 가구의 인구 비중, 2008년)

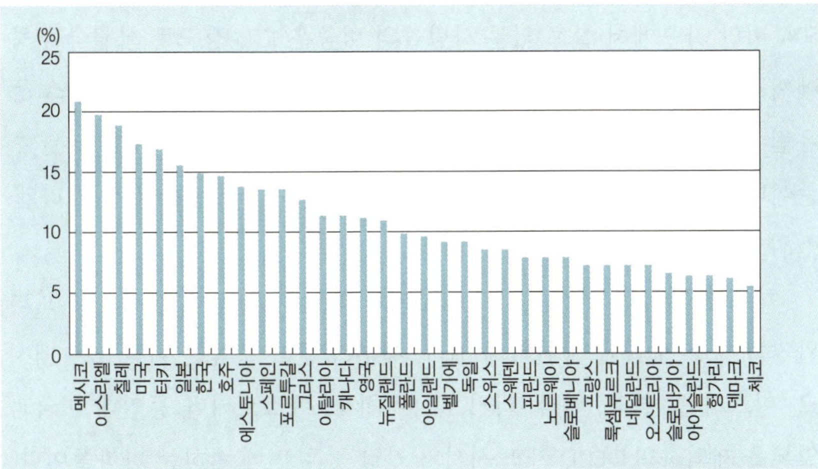

그림 4-7 **OECD 국가의 세전 빈곤율과 세후 빈곤율 분포(2008년)**

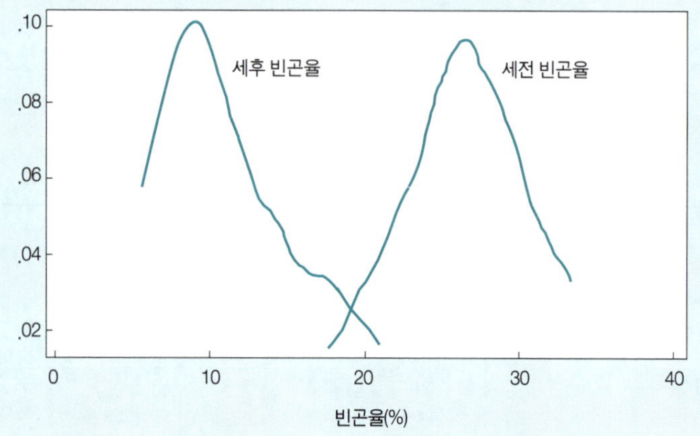

수 있다. OECD 자료에 따르면 2008년 기준으로 우리나라의 중위소득 50% 미만 가구에서 살고 있는 사람들의 비중은 17% 정도로 회원국들 중에서 가장 낮은 수준이다. 이탈리아나 프랑스, 독일, 벨기에, 그리스 등 유럽 여러 국가들의 동 비중이 30%가 넘는 것과 비교하면 매우 낮은 수준이다. 2008년 세전 빈곤율이 20%를 넘지 않는 나라는 한국, 이스라엘, 스위스 3개 국가에 불과하다.

하지만 세금과 이전지출이 이루어지고 난 후의 세후 빈곤율을 보면 완전히 다른 모습을 발견하게 된다. 세후 빈곤율이 높은 나라들은 멕시코, 이스라엘, 칠레, 미국, 터키, 일본, 한국, 에스토니아 등인데 미국과 일본을 제외하면 OECD 가입 시기가 가장 늦은 편에 속하는 나라들이다.

물론 우리나라와 같이 세전 빈곤율은 가장 낮으면서 세후 빈곤율이 높은 편에 속한다는 의미는, 정부에 의한 소득재분배가 다른 나라에 비

그림 4-8 1인당 국민소득과 세전 빈곤율(2008년)

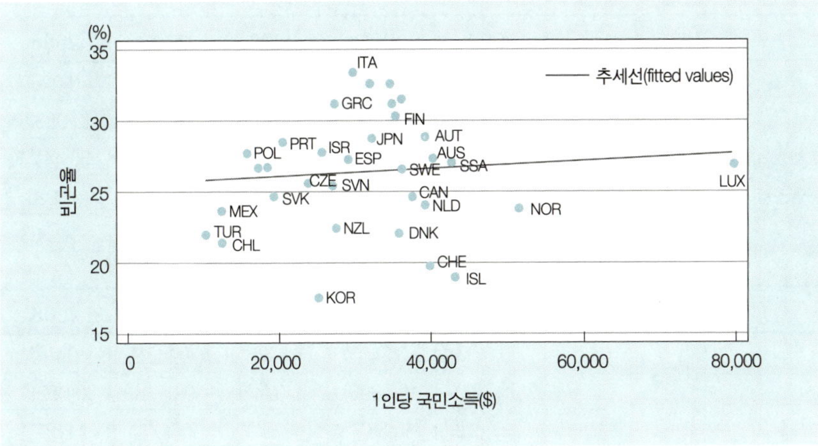

그림 4-9 1인당 국민소득과 세후 빈곤율(2008년)

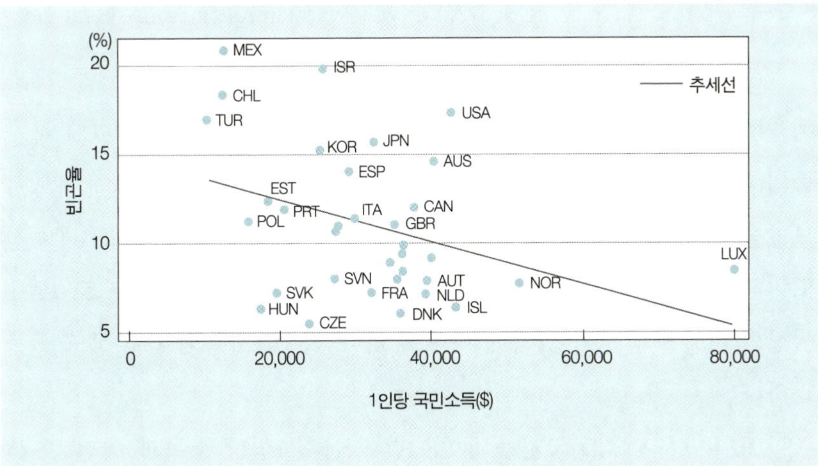

표 4-1 1인당 국민소득과 상대빈곤율

구분		1990	1995	2000	2005	2008
세전 빈곤율	1인당 GDP	−0.0381	0.167	0.00439	0.0326	0.0269
		(0.103)	(0.134)	(0.115)	(0.0718)	(0.0537)
	상수	26.10***	23.24***	27.17***	26.00***	25.44***
		(2.465)	(3.307)	(3.362)	(2.307)	(1.823)
	관측치 수	12	23	22	31	33
	R-squared	0.013	0.069	0.000	0.007	0.008
구분		1990	1995	2000	2005	2008
세후 빈곤율	1인당 GDP	0.0713	−0.240**	−0.128*	−0.143**	−0.118**
		(0.223)	(0.0890)	(0.0742)	(0.0556)	(0.0520)
	상수	7.618	16.38***	14.20***	15.30***	14.81***
		(5.191)	(2.305)	(2.330)	(1.786)	(1.779)
	관측치 수	15	27	27	34	34
	R-squared	0.008	0.226	0.107	0.170	0.139

주: 괄호 안은 표준오차이며, ***는 1%, **는 5%, *는 10%에서 각각 유의함.
자료: 세전 및 세후 빈곤율은 OECD 자료로 중위소득의 50% 미만 소득인 가구에서 사는 인구의 비중을 의미함. 1인당 국민소득은 Penn World Table 7.3의 2000년 기준 실질소득이고 회귀식에서는 자료이며 1인당 소득을 1,000으로 나눈 값을 활용함.

해 거의 이루어지지 않았음을 의미한다. 〈그림 4-7〉과 같이 OECD 국가들의 세전 빈곤율 분포와 세후 빈곤율 분포를 비교해 보면, 평균적으로 보았을 때 세전 빈곤율이 약 26.3%인데 비하여 세후 빈곤율은 11.1% 정도이다. 즉, 세전과 세후를 비교할 때 OECD 국가들은 평균적으로 15%p 이상의 빈곤율 감소가 있음에 비해 우리나라는 감소폭이 2%p 정도에 불과하다.

〈표 4-1〉은 OECD 국가들의 1990년대 이후 1인당 소득과 세전 및 세후 빈곤율 사이의 관계를 OLS 회귀식을 통해 연도별로 보여주고 있다. 이 표로부터 2008년 이전에도 세전 빈곤율과 1인당 소득 사이에는 상관

관계가 없었던 반면 세후 빈곤율과 1인당 GDP 사이에는 음의 상관관계가 있음이 확인된다. 이러한 결과가 나온 이유에 대해서는 소득이 상승하면서 국가가 적극적으로 소득재분배에 나서 최초의 소득분배 상황을 개선하는 노력을 기울이기 때문이라는 가설을 세워볼 수 있을 것이다.

위에서 세전 빈곤율은 소득과 상관관계가 없으며 세후 빈곤율은 음의 상관관계가 있다는 사실을 찾아냈다. 그렇다면 세전 빈곤율에 영향을 미칠 다른 요인은 무엇일까? 가장 먼저 생각해 볼 수 있는 요인은 고령인구 비중이다. 많은 선진국들은 고령화라는 공통의 문제를 안고 있다. 은퇴한 인구의 비중이 높아지면서 빈곤율도 함께 올라갈 가능성은 매우 높다. 〈표 4-2〉는 이러한 가능성이 사실임을 확인해 주고 있다. 1인당 소득과 함께 고령인구 비중을 넣은 회귀식은 고령인구 비중이 높을수록 세전 빈곤율이 높다는 명백한 사실을 확인해 준다. 한편, 회귀식에 고령인구 비중이 포함되면서 세후 빈곤율과 1인당 GDP 간의 상관관계도 사라지고 있다. 즉, 고령인구 비중을 고려한다면 국민소득이 높다고 해서 세후 빈곤율이 낮다고 볼 수는 없는 것이다.

앞서 살펴본 바와 같이 우리나라는 세전 빈곤율이 OECD 국가들 중에서도 가장 낮은 반면 세후 빈곤율은 상당히 높은 편에 속한다. 그 이유로는 고령자에 대한 정책적 배려가 약했다는 사실도 생각해 볼 수 있다. 실제로 우리나라의 노인 빈곤율이 OECD 국가들 중에서도 가장 높은 수준이다. 〈그림 4-10〉은 OECD 국가의 고령자 빈곤율을 내림차순으로 정리하여 제시하고 있는데, 우리나라 노인 빈곤율은 45.1%로 대부분 이 수치가 30% 미만인 다른 OECD 국가들에 비교할 때 월등하게 높은 수준이다. 이 수치는 세후 빈곤율임을 기억할 필요가 있다(기준연도: 2008).

은퇴한 고령인구들은 빈곤의 위험에 처하기가 쉽다는 것은 세계 모

표 4-2 상대빈곤율과 고령인구 비율

구분		1995	2000	2005	2008	고정효과
세전 빈곤율	1인당 GDP	−0.00755	−0.0470	−0.0265	−0.0364	−0.161***
		(0.147)	(0.117)	(0.0614)	(0.0441)	(0.0601)
	고령인구 비중	0.782**	0.476	0.869***	0.727***	0.995***
		(36.24)	(31.62)	(22.88)	(15.92)	(23.07)
	상수	16.76***	21.70***	15.07***	16.74***	17.19***
		(4.282)	(4.883)	(3.449)	(2.378)	(2.818)
	관측치 수	23	22	31	33	115
	R-squared	0.245	0.107	0.345	0.415	0.191
세후 빈곤율	1인당 GDP	−0.0886	−0.0929	−0.0969*	−0.0799	0.102***
		(0.0955)	(0.0702)	(0.0532)	(0.0497)	(0.0371)
	고령인구 비중	−0.783***	0.628**	0.520***	−0.479**	0.052
		(27.21)	(27.16)	(18.72)	(17.76)	(16.30)
	상수	23.11***	22.17***	21.35***	20.58***	8.768***
		(3.124)	(4.064)	(2.717)	(2.687)	(1.976)
	관측치 수	26	27	34	34	129
	R-squared	0.431	0.270	0.336	0.303	0.088

주: 괄호 안은 표준오차이며, ***는 1%, **는 5%, *는 10%에서 각각 유의함.
자료: 세전 및 세후 빈곤율은 OECD 자료로 중위소득의 50% 미만 소득인 가구에서 사는 인구의 비중을 의미함. 1인당 국민소득은 Penn World Table 7.3의 2000년 기준 실질소득이고 회귀식에서는 자료이며 1인당 소득을 1,000으로 나눈 값을 활용함.

든 나라들의 공통점이라고 할 수 있다. 따라서 고령자들의 빈곤율이 낮아지는 것은 정부의 적극적인 노력의 결과라고 해석할 수 있을 것이다. 우리나라의 경우 아직 연금제도가 성숙하지 않았기 때문에 다른 선진제국에 비해서 노인 빈곤율이 높은 결과가 나왔을 것으로 예상된다. 2000년대 들어 우리나라의 사회보장제도에도 큰 변화가 있었기 때문에 이후에는 이러한 상황이 충분히 개선될 수 있을 것으로 기대된다. 다만 향후 고령자들의 비중이 크게 늘어날 것이라는 사실을 감안한다면, 한

그림 4-10 **은퇴 연령이 지난 고령자 중의 빈곤 비율**

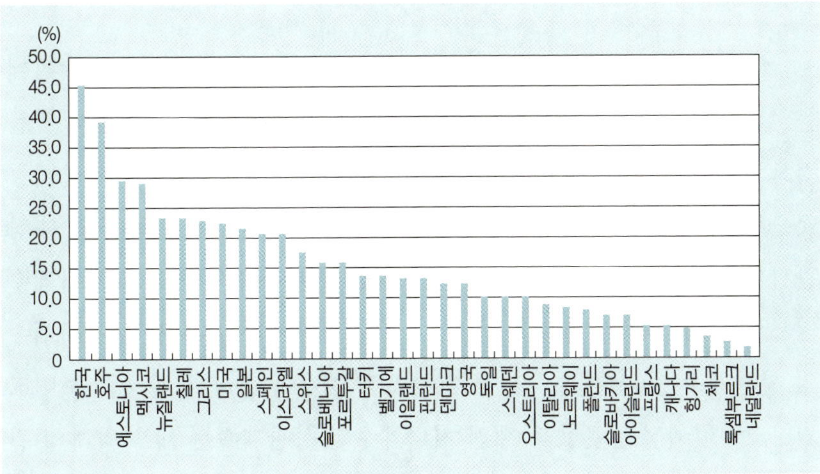

주: 2008년 기준.

편으로는 고령자에 대한 정책적 배려가 이루어지지 않을 경우 빈곤율이 증가할 가능성이 높아질 것이며, 다른 측면에서 보면 노인 빈곤율을 낮추기 위한 노력이 정부 지출을 크게 증가시킬 수도 있을 것이다. 이러한 상황에서 어떤 현명한 선택을 해야 할지가 앞으로의 중요한 정책 과제라 할 수 있다.

이상에서 살펴본 우리나라의 특징은 세금과 이전지출 등 정부의 노력에 의해 빈곤 상태가 크게 개선되지 않는다는 점을 보여주었으며, 특히 고령층의 빈곤 문제가 고령화와 더불어 심각해 질 수 있다는 점을 보여주고 있다. 빈곤율 감소를 위한 정부의 노력이 어떤 지표에 반영되며 어떤 성과를 거두고 있는지에 대해서는 다음에서 좀 더 자세히 살펴보기로 한다.

4.3.2 소득불평등도와 빈곤율

정책에 대한 논의에 앞서 우선 소득불평등도와 빈곤율 사이의 관계를 살펴보자. 상식적으로도 소득불평등과 빈곤은 밀접한 관계가 있을 것으로 생각된다. 특히, 상대적 빈곤은 불평등도의 감소와 함께 줄어들 것으로 예상할 수 있다. 〈표 4-3〉은 연도별로 지니계수와 빈곤율 간의 상관관계를 제시하고 있는데, 세전 빈곤율보다는 세후 빈곤율과 지니계수의 상관관계가 높은 것을 확인할 수 있다. 세후 빈곤율과 세후 지니계수의 상관계수는 0.86에서 0.91까지 분포해 매우 높은 상관관계를 보이고 있다. 반면 세전 빈곤율과 세전 지니계수의 상관계수는 세후 양자의 관계만큼 강하지는 않다.

그렇다면 정부 개입이 빈곤 및 불평등도 감소에 어떤 영향을 주는지 살펴보자. 이제 소득불평등도와 빈곤율 사이의 관계를 살펴보자. 상식적으로도 빈곤율이 높으면 정부 개입의 강도가 더 크고 그에 따라 빈곤율의 감소폭도 커질 것으로 예상할 수 있다. 이제 정부 개입에 따른 빈곤 감소율을 다음과 같이 정의해 보자.

$$\text{정부 개입에 따른 빈곤 감소율} = \frac{\text{세전 빈곤율} - \text{세후 빈곤율}}{\text{세전 빈곤율}} \times 100$$

〈그림 4-11〉은 세전 빈곤율과 빈곤 감소율 사이의 관계를 보여주고 있다. 예상한 바와 같이 세전 빈곤율이 높은 나라들에서 빈곤 감소율이 큰 경향이 보인다. 물론 이것은 평균적인 경향이며 세전 빈곤율이 낮음에도 불구하고 큰 폭의 빈곤 감소율을 보이는 국가나 세후 빈곤율이 높은 편임에도 불구하고 빈곤 감소율이 높지 않은 나라들도 찾을 수 있다.

표 4-3 **연도별 지니계수와 빈곤율의 상관계수**

구분	1990	1995	2000	2005	2008
세전	0.2682	-0.0534	0.3870	0.6096	0.6361
세후	0.8603	0.9117	0.8802	0.8632	0.8607

그림 4-11 **세전 빈곤율과 빈곤 감소율**

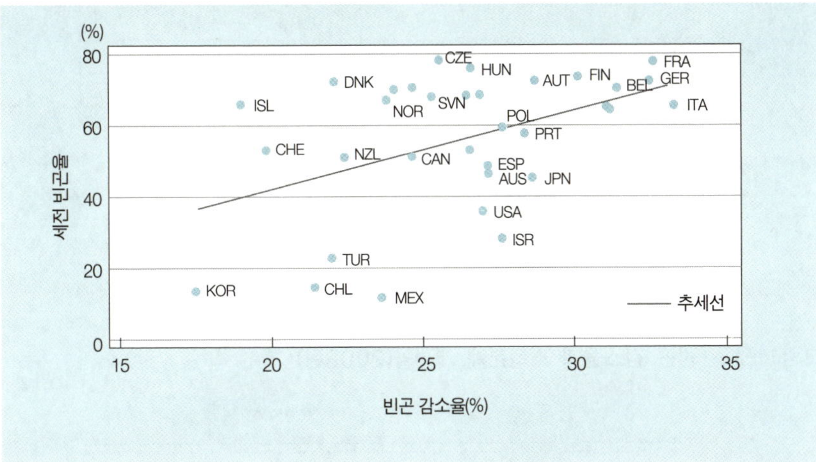

예컨대 덴마크, 아이슬란드, 노르웨이 등의 북구 국가들이 전자에 속한다면, 미국, 호주, 이스라엘, 일본 등은 후자에 속한다고 볼 수 있다. 우리나라는 세전 빈곤율이 낮고 부분적으로는 그 이유로 인해 빈곤 감소율도 낮은 나라라고 볼 수 있다.

한편, 지니계수도 유사한 방식으로 정부 개입에 따른 소득분배 개선율을 계산해 볼 수 있을 것이다. 즉, 다음과 같은 공식을 적용할 수 있다.

그림 4-12 세전 지니계수와 소득분배 개선율(2008년)

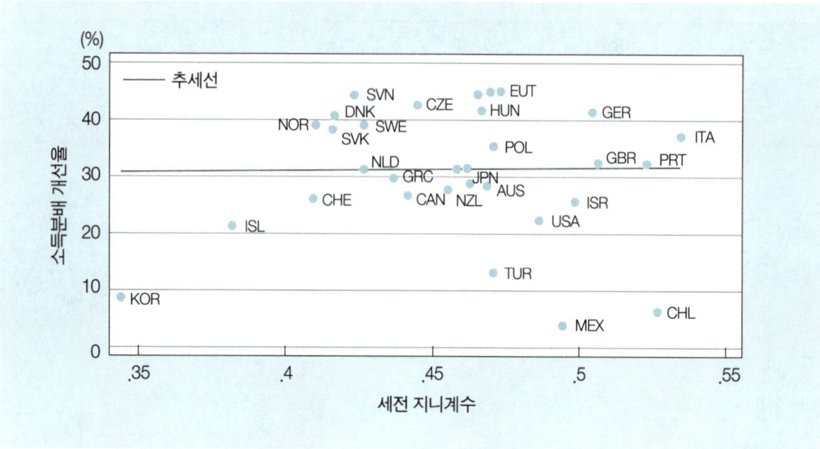

그림 4-13 빈곤 감소율과 소득분배 개선율(2008년)

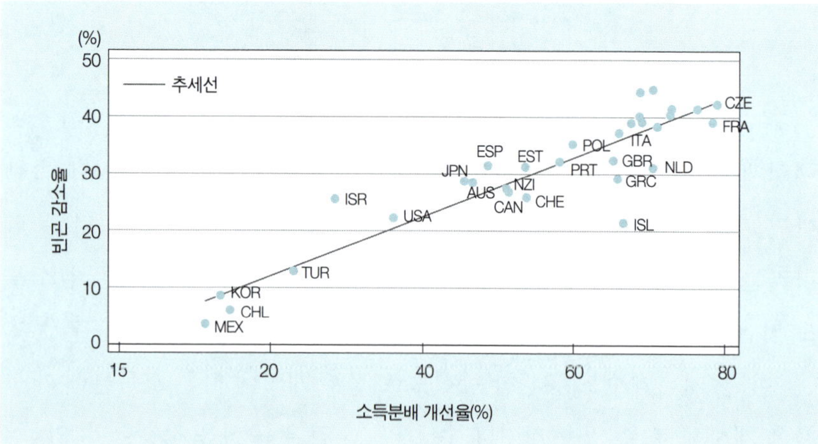

$$\text{소득분배 개선율} = \frac{\text{세전 지니계수} - \text{세후 지니계수}}{\text{세전 지니계수}} \times 100$$

이렇게 소득분배 개선율을 계산해 보면 2008년의 경우, OECD 평균은 약 30%의 개선이 이루어진 것으로 나타난다(〈표 4-12〉 참조). 지니계수가 높았던 나라라고 해서 소득분배 개선율이 높아지는 모습은 보이지 않는다. 우리나라의 소득분배 개선율은 멕시코, 터키, 칠레 등 OECD 가입이 늦었던 나라들과 함께 낮은 편에 속한다.

한편, 빈곤 감소율과 소득분배 개선율 사이에는 매우 높은 상관관계가 있음을 알 수 있다(〈표 4-13〉 참조). 이는 소득분배의 개선이 주로 빈곤의 감소를 통해 실현되는 것임을 암시한다고 해석할 수 있을 것이다.

4.4 빈곤과 소득수준, 경제성장-선진국의 경우

앞서 개발도상국들의 경우 빈곤율을 낮추는 가장 유력한 수단이 평균적인 소득수준을 높이는 경제성장이라는 사실을 살펴본 바 있다. 상식적으로 경제성장을 이루고 평균적인 소득수준이 늘어나면 빈곤한 가구의 비중은 줄어들 것으로 예상된다. 하지만 우리가 이용하고 있는 지표인 상대적 빈곤율도 경제성장에 따라 줄어들 것인가?

우선 빈곤율이 시간이 지남에 따라 어떻게 변해 왔는지를 가장 오래된 자료가 이용 가능한 나라들을 대상으로 살펴보자. 〈그림 4-14〉는 1970년대 중반부터의 자료를 이용할 수 있는 캐나다, 핀란드, 영국, 그리스, 포르투갈, 스웨덴, 미국 등의 국가들이 세전 빈곤율에 있어서 2008년까

그림 4-14 **자료 가용 국가들의 1970년대 중반 이후 세전 빈곤율 추이**

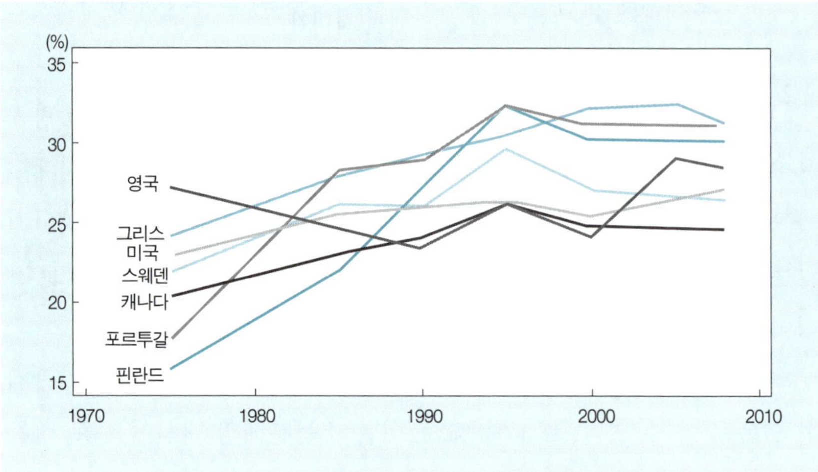

지 어떤 변화를 보여왔는지를 보여주고 있다.

이들 국가의 세전 빈곤율 추이를 살펴보면, 1970년대와 비교할 때 예외 없이 2008년도의 세전 빈곤율이 높다. 특히, 1970년대에서 1980년대 사이에 빈곤율이 많이 증가한 경향이 있다. 이러한 증가에는 앞서 살펴본 고령화라는 요인이 크게 작용했을 것으로 생각된다.

한편, 세후 빈곤율의 경우는 〈그림 4-15〉에서 보듯이 변화폭이 크지 않으며 증가한 국가도 있지만 감소한 국가도 있음이 나타난다. 이는 앞서 살펴본 바와 같이 세후 빈곤율이 소득증가와 적어도 표면적으로는 상관관계가 높은 현상과도 상응하고 있다. 이는 정책적 변화로 세후 빈곤율의 감소는 어느 정도 막을 수 있음을 암시한다고도 해석할 수 있다.

실제로 〈그림 4-16〉에서 보듯이 세전 빈곤율과 세후 빈곤율의 차이는 많은 나라들에서 조금이나마 증가하는 추세를 보임으로써, 이들 국

그림 4-15 **자료 가용 국가들의 1970년대 중반 이후 세후 빈곤율 추이**

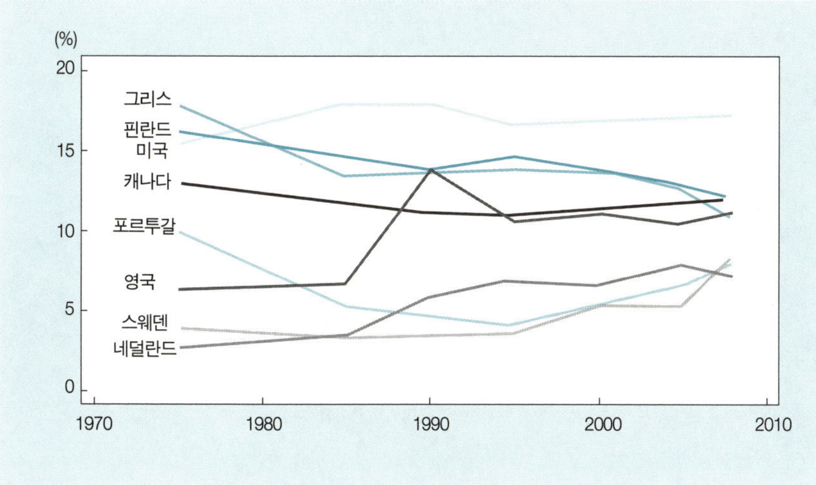

그림 4-16 **세전과 세후 빈곤율 차이의 변화 추이**

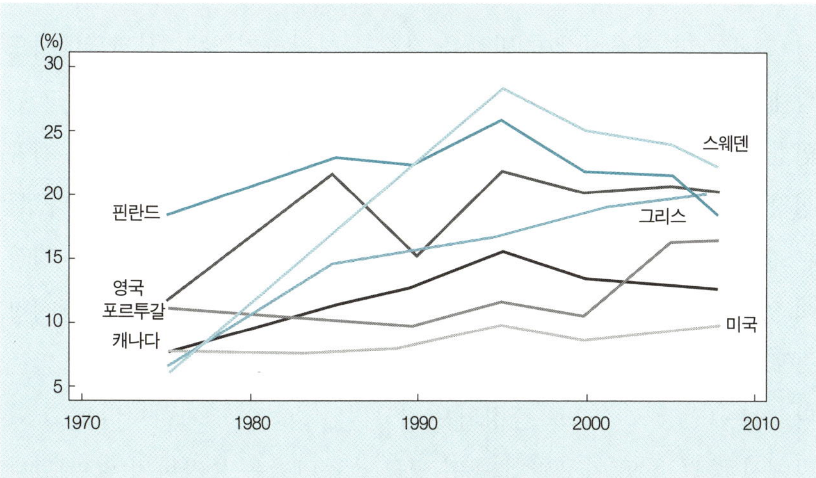

그림 4-17 **1인당 국민소득의 증가와 중위소득의 증가율(1995~2008년)**

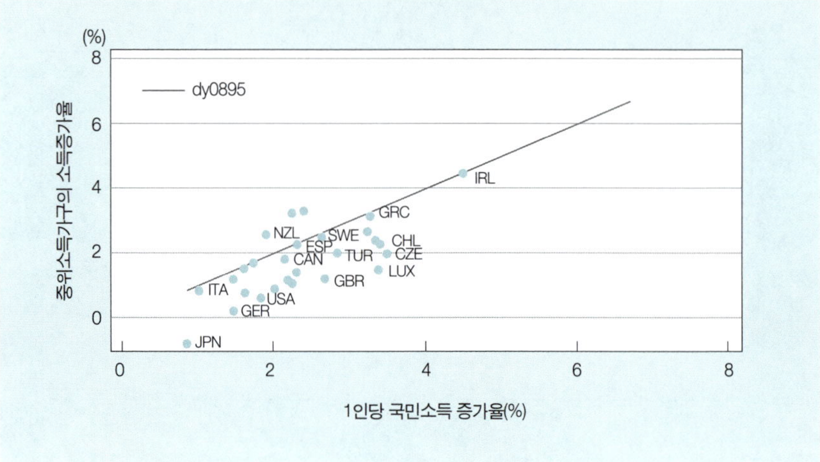

가에서 증가하는 세전 빈곤율을 감소시키기 위한 정책적 노력이 펼쳐져 왔음을 암시하고 있다.

그렇다면 경제성장이 빈곤율 감소를 보장하지 않고 선진국에서도 상대적 빈곤율은 감소하지 않은 이유는 무엇일까? 〈그림 4-17〉은 그 원인들 중 하나를 보여주고 있다. 이 그림은 1990년에서 2008년 사이 경제성장률과 중위소득가구의 소득증가율 사이의 관계를 보여주고 있다. 물론 경제성장률이 높은 나라들이 중위소득가구의 소득도 높여 주는 경향이 있다. 하지만 그림에서 표시된 45도 선을 기준으로 보자면 경제성장률보다 중위소득가구의 소득증가율이 높은 나라들은 몇 개가 되지 않는다. 이는 1인당 소득으로 측정되는 평균적인 소득이 증가하더라도 그 나라에서 중간 정도 가구의 소득이 평균 소득만큼은 증가하지 않아 왔다는 사실을 보여준다. 달리 표현하자면 중간 이상 가구의 소득증가가 중

그림 4-18 **1인당 국민소득증가율과 세전 빈곤율 감소폭(1995~2008년)**

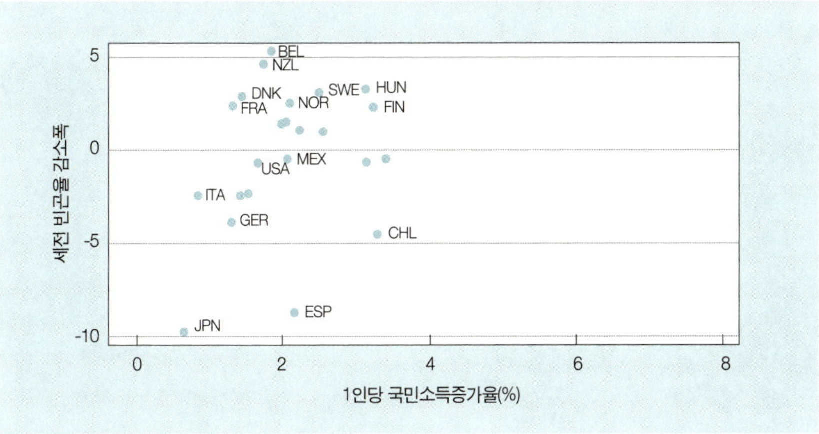

간 이하 가구의 소득증가보다 더 큰 폭으로 이루어졌다는 의미로도 해석할 수 있다.

중간 이하의 소득을 올리는 가구들은 경제성장의 과실을 충분히 나누어 가지지 못해 온 것이 과거의 경험이었다고 한다면, 미래에 이러한 경향이 바뀔 수 있다고 믿을 만한 근거는 찾기가 어려운 것이 사실이다. 즉, 평균의 증가가 중간 이하의 소득증가에서 기인한 것이 아닌 이상 상대적 빈곤율의 감소를 기대하기는 어려운 것이다.

보다 직접적으로 경제성장률과 빈곤감소 사이의 관계를 살펴보아도 경제성장이 빈곤감소를 유도한다는 증거는 나타나지 않는다. 〈그림 4-18〉은 1995년부터 2008년 사이의 평균 경제성장률과 같은 기간 세전 빈곤율의 감소폭 사이의 관계를 보여주고 있다. 그림에서 세로축은 1995년과 2008년 사이의 빈곤율 감소폭으로 이 값이 음이라는 것은 2008년의 빈곤율이 오히려 높다는 사실을 의미한다.

그림 4-19 **중위소득증가율과 세전 빈곤율 감소폭(1995~2008년)**

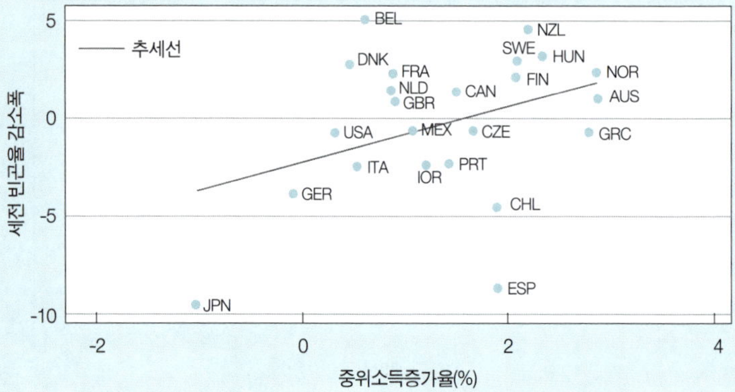

그림에서도 나타나듯이 1995년부터 2008년 사이에 평균적으로 음(-)의 성장률을 보인 국가는 없다. 하지만 미국, 일본, 이탈리아 등 적지 않은 국가들이 2008년 빈곤율이 1995년보다 높은 수치를 보이는 것으로 나타나고 있다. 시간이 흘러간다고 해서, 또한 소득수준이 높아졌다고 해서 빈곤율이 감소하지는 않는 것이다. 별도로 제시하지는 않았지만 이러한 현상은 세전 빈곤율을 기준으로 하든 세후 빈곤율을 기준으로 하든 큰 차이가 없다.

한편, 중위소득의 증가율은 빈곤 감소폭과 양의 상관관계를 보이고 있어 주목된다(〈그림 4-19〉 참조). 즉, 평균 소득보다는 중간 정도 가구의 소득이 실제로 올라갈 수 있어야 빈곤율이 감소할 수 있다는 사실을 보여주는데, 이러한 사실로부터 몇 가지 시사점을 얻을 수 있다.

우선 고소득층의 소득이 증가함으로써 하위 소득계층까지 혜택이

그림 4-20 고령인구 비중과 GDP 대비 노인 대상 사회보장 지출(2008년)

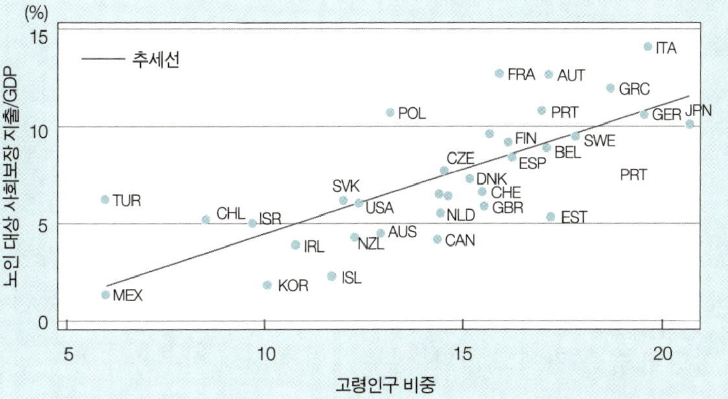

갖는 추세와 비교해 보자면, 우리나라는 고령화 정도에 비해 노인 대상 사회보장 지출이 적은 편이라고 할 수 있다. 물론 노인 관련 사회복지비 지출을 늘리는 것이 고령화에 대비하고 노인빈곤을 줄이는 유일한 방안은 아니겠지만, 노인 빈곤율이 OECD 국가 중 가장 높은 우리의 현실을 비추어 보면 고령화와 관련된 복지비 지출 증가의 필요성은 높다고 생각된다.

정책 관련 지출(active labor market), 실업 관련 지출(unemployment), 주택 관련 지출(housing)과 기타(other social policy) 등으로 나누고 있다. 이들 모든 복지 지출 항목들이 적어도 간접적으로는 고령화와 관련이 있겠지만 직접적인 관련성이 높은 고령화와 고령 및 배우자 관련 지출을 고령화와 관련된 지출로 간주해서 GDP 대비 노인 대상 사회복지비 지출액을 계산하였다.

4.6 시사점

본 장에서는 국제적인 시야에서 빈곤과 관련한 문제들을 살펴보았다. 국제 비교를 통해 얻는 시사점은 간결하고 분명하다. 우리나라는 극빈국들이 겪는 절대적 빈곤과는 거리가 먼 나라이다. 하지만 다른 선진국들과 비교할 때 상대적 빈곤은 장래 큰 문제가 될 위험요인을 갖고 있다. 무엇보다 고령화가 가장 큰 위험요인이 될 것이다. 우리나라는 정부 개입 이전의 빈곤율이 OECD 국가 중에서 가장 낮으며 개입 이후의 빈곤율은 상당히 높은 편에 속한다. 정부 개입 이전의 빈곤율이 가장 낮은 이유는 고령화가 가장 덜 진행되었기 때문이라고 볼 수 있다. 반면 정부 개입 이후의 빈곤 감소율이 높지 않은 이유는 정부의 적절한 개입이 이루어지지 않기 때문이다. 정부 개입이 적절히 이루어지지 않기 때문에 우리나라는 고령자의 빈곤율이 OECD 국가에서 가장 높고 정부 개입 이후의 빈곤율도 높은 편이다. 연금제도가 성숙되어 가면서 우리나라에서 정부 개입에 의한 빈곤감소가 어느 정도 이루어질 것이며, 정부 개입 이후의 고령자 빈곤율이 어떤 모습을 보일지는 아직 확실히 알 수 없다. 한 가지 분명한 사실은 고령화로 인한 사회복지비 지출을 부담할 수 있는 경제성장이 지속적으로 요구된다는 사실이다. 고령화가 진행될수록 미래의 성장 동력이 절실한 이유가 여기에 있다.

PART 03

우리나라 분야별 빈곤 문제

Chapter 5

근로빈곤

5.1 실태분석
5.2 실증분석
5.3 정책 과제

5.1 실태분석

5.1.1 근로빈곤의 정의

근로빈곤은 "개인 혹은 가구 구성원이 근로활동에 참여하거나 혹은 근로활동에 참여하고자 하지만 취업기회가 충분하지 않거나 근로활동으로부터 발생하는 소득이 충분하지 않아 가구소득이 빈곤선 미만인 가구"를 의미한다. 근로빈곤층을 정의함에 있어 쟁점 사항이 될 수 있는 것은, ① 근로빈곤층을 개인단위로 정의하여야 하는 것인지 아니면 가구단위로 정의하여야 하는 것인지의 문제, ② 근로활동 혹은 구직활동을 어느 정도 하는 사람들을 근로빈곤층에 포함시켜야 할지의 문제, ③ 그리고 빈곤층의 기준이 될 수 있는 소득수준이 어느 정도인지 등이다.

근로빈곤층 가구에 포함되는 원인은 특정 근로자의 근로소득이 빈곤선보다 낮거나 가구 내 여타 소득(이전소득, 자산소득) 등의 규모가 작기 때문이다. 따라서 근로빈곤은 개인의 근로소득과 가구소득을 함께 고려하여야 한다. 이러한 의미에서 근로빈곤층은 가구 내 근로소득자 수가 적거나 근로소득 수준이 낮고 또한 이러한 낮은 근로소득을 보충해 줄 수 있는 여타 종류의 소득이 적어 가구소득이 빈곤선 미만인 가구로 정의할 수 있다.

다음으로 근로활동을 어느 정도 하는 사람으로 근로빈곤층에 포함시켜야 할지의 문제에 대한 접근은 다양한 형태로 나타나고 있다. 주요 외국의 노동빈곤층 정의상 '노동에 대한 정의'는 다양하게 나타나고 있다. 〈표 5-1〉에 나타나 있는 각 나라의 근로빈곤층의 개념은 나라마다 다양한 형태를 보이고 있으나, 전반적인 특징은 연간 혹은 주당 일정 시간 이상의 노동을 한 취업자이거나 일정 기간 동안 구직활동을 한 사람을 포함시킨다는 것이다. 이러한 경향은 근로활동을 함에도 불구하고 근로소득의 규모가 작아서 나타나는 문제를 반영하기 위한 것으로 사료된다.

마지막으로 빈곤가구의 기준이 되는 빈곤선의 선정 문제이다. 〈표 5-1〉에서 볼 수 있듯이 나라마다 상이한 기준을 사용하고 있다. 기준을 상대빈곤선을 사용하는 국가들도 있는 반면 절대빈곤선을 사용하는 국가도 있다. 상대빈곤선은 주로 중위소득 수준의 일정 비율로 정의하는데 이 비율도 국가마다 상이하게 규정하고 있다. 미국과 캐나다의 경우 절대빈곤선을 기준으로 빈곤가구를 정의하고 있다. 이러한 기준의 차이는 각국의 복지제도 특징에 기인한다고 보아야 한다. 빈곤가구에 대한 생계보조 정책의 시혜적 성격이 어느 정도 강한지에 의해 각국의 빈곤선이 정해진다고 보아야 할 것이다.

5.1.2 근로빈곤 관련 통계 및 실태분석

여기서는 이병희(2011)의 빈곤율 추계결과를 기술하고자 한다. 이병희(2011)는 빈곤가구를 정의함에 있어 개인단위 정의와 가구단위 정의를 동시에 반영하여 빈곤가구를 정의하여 빈곤율을 추계하였다. 추계를 위

표 5-1 각 나라(연구)의 근로빈곤층 개념

국가	기관 및 자료	노동에 대한 정의	빈곤에 대한 정의
EU	Eurostat	주당 15시간 이상 취업자 연간 7개월 이상 취업자	저소득기준선: 중위가구 소득의 60%(상대빈곤)
프랑스	통계청(INSEE) 일반연구자 사회 통합을 위한 국가 행동계획(NASI)	연간 6개월 이상 취업·구직자 연간 6개월 이상 취업 연간 1개월 이상 취업경험	저소득기준선: 중위가구 소득의 50% 미만(때로는 60~70% 미만)(상대적 소득빈곤)
벨기에	사회 통합을 위한 국가 행동계획(NASI)	연간 6개월 이상 취업·구직자	저소득기준: 중위가구 소득의 60% 미만(상대소득빈곤)
스위스	연방통계청 일반연구자	근로시간과 무관한 전 경제활동 인구 전일제 근로자 주당 40시간 이상 영리활동자	행정적 빈곤선
미국	통계국(CB)	가구원의 연간 노동시간이 1,750시간(44주) 이상	연방빈곤선(EPL) (절대적 빈곤선)
	노동통계국(BLS)	연간 6개월(27주) 이상 취업·구직자	
	일반연구자	연간 1,000시간 이상 일한 성인 통계청·노동통계청 기준	연방빈곤선의 125~150% 200% 미만 (절대소득빈곤)
캐나다	복지평의회(NCW)	임금이나 자영소득이 총가구소득의 50% 이상	통계청의 저소득기준선(절대소득빈곤)
	사회발전위원회	연간 49주 이상 전일제(30시간 이상) 또는 시간제로 일한 성인	CCSD의 상대적 저소득 기준선(상대소득빈곤)
	정책연구 네트워크	연간 12개월 전일 근로자	상대저소득기준선: 연간 2만 달러 미만(상대소득빈곤)
호주	사회정책 연구센터	근로시간과 무관한 전 경제활동 인구	Henderson 절대빈곤선(절대소득빈곤)

자료: Pena-Casas and Latta(2004). 이병희(2011)에서 재인용.

하여 사용한 자료는 「가계조사」와 「한국복지패널」이다. 이병희(2011)의 연구에서는 가구소득을 가구원 수의 제곱근으로 나누어 균등화된 소득을 산출하였다. 이 균등화된 소득이 중위소득 50% 미만인 개인의 비중으로 상대적 빈곤가구 여부를 결정하였다. 이러한 빈곤가구가 차지한 비율 산정 시에는 표본의 가구 가중치에 가구원 수를 곱하여 가중치를 개인단위 지표로 전환하여 산출하였다.

빈곤율을 다음 4가지 가구를 대상으로 선정하였다.

- 가구주가 근로연령(15~64세)인 가구에 속한 개인의 빈곤율
- 가구주가 취업자인 가구에 속한 개인의 빈곤율
- 근로연령대 빈곤율
- 취업빈곤율(전년도에 최소 한 달 이상 일한 자 기준)
  · 취업빈곤율은 다시 '연말 시점 취업빈곤율'과 '연간 7개월 이상 취업빈곤율'을 추가로 추계하였다.

「가계동향조사」를 이용하여 작성된 근로빈곤 통계(〈표 5-2〉 참조)에 의하면, 전체 빈곤근로자 중 취업빈곤율이 차지하는 비율이 약 50% 수준에 이른다는 점에서, 근로빈곤가구 발생요인으로 취업 여부가 매우 중요한 것으로 나타났다. 다시 말하면, 취업자 중 빈곤층에 속하는 비율이 전체 빈곤율에 비하여 매우 낮은 점을 감안하면 빈곤율을 낮추기 위해서는 고용이 촉진되어야 함을 확인할 수 있다.

〈표 5-2〉에 나타난 또 다른 특징은 취업빈곤율 자체도 낮은 수준이 아니라는 것이다. 이러한 현상이 발생하는 요인은 비숙련노동력 임금수

표 5-2 「가계동향조사」로 계산한 근로빈곤 관련 통계(전국 1인 이상 비농어가)

구분	2006	2007	2008	2009	2010
시장소득					
전체 빈곤율	16.1	16.7	16.7	17.3	17.0
가구주 근로연령빈곤율	11.4	11.4	11.5	11.8	11.4
가구주 취업빈곤율	9.1	9.6	9.7	9.5	9.2
근로연령빈곤율	12.3	12.4	12.5	12.8	12.5
취업빈곤율	8.8	9.2	9.1	9.5	9.7
경상소득					
전체 빈곤율	13.8	14.6	14.5	14.6	14.0
가구주 근로연령빈곤율	9.9	10.2	10.2	10.0	9.6
가구주 취업빈곤율	7.8	8.9	8.7	8.1	7.6
근로연령빈곤율	10.5	10.8	11.0	11.1	10.5
취업빈곤	7.7	8.5	8.3	8.4	8.1
가처분소득					
전체 빈곤율	13.8	14.4	14.6	14.8	14.3
가구주 근로연령빈곤율	10.0	10.2	10.3	10.4	10.0
가구주 취업빈곤율	8.0	8.8	8.7	8.6	8.0
근로연령빈곤율	10.6	10.8	11.1	11.2	10.8
취업빈곤율	7.7	8.3	8.2	8.4	8.3

자료: 이병희(2011).

준이 낮은 점과 불완전 고용에서 찾을 수 있을 것으로 사료된다. 경제구조가 기술집약적으로 변화함에 따라 비숙련노동력에 대한 수요가 줄어듦으로써 비숙련노동력이 임금수준이 낮아질 수밖에 없으며, 이러한 경향은 향후 지속될 것으로 전망된다. 불완전 고용에 기인한 빈곤율은 「한국복지패널」을 이용하여 추계한 빈곤율(〈표 5-3〉 참조)에서도 확인할 수 있다. '연간 취업경험빈곤율'과 '연간 7개월 이상 취업경험빈곤율'을 비

표 5-3 「한국복지패널」로 계산한 근로빈곤 관련 통계

구분	2005	2006	2007	2008	2009
시장소득					
빈곤율	20.4	20.5	19.5	19.6	18.5
근로능력빈곤율	14.2	13.2	12.1	12.8	12.0
연말 시점 취업빈곤율	10.1	9.5	8.8	8.3	8.6
연간 취업경험빈곤율	9.1	9.8	9.1	9.6	9.4
연간 7개월 이상 취업경험빈곤율	-	-	-	8.0	7.7
연간 취업경험 · 연말 취업빈곤율	10.8	10.4	9.7	9.7	9.7
경상소득					
빈곤율	17.0	16.9	16.2	15.6	14.3
근로능력빈곤율	12.0	10.9	9.8	9.9	9.2
연말 시점 취업빈곤율	9.2	8.3	7.2	6.6	6.6
연간 취업경험빈곤율	8.3	8.4	7.5	7.7	7.3
연간 7개월 이상 취업경험빈곤율	-	-	-	6.3	5.9
연간 취업경험 · 연말 취업빈곤율	9.8	9.0	7.9	7.8	7.5
가처분소득					
빈곤율	16.3	16.2	15.4	15.2	13.5
근로능력빈곤율	11.5	10.6	9.7	9.9	8.8
연말 시점 취업빈곤율	8.8	8.0	7.2	6.4	6.2
연간 취업경험빈곤율	8.0	8.0	7.4	7.4	7.0
연간 7개월 이상 취업경험빈곤율	-	-	-	6.2	5.5
연간 취업경험 · 연말 취업빈곤율	9.3	8.6	7.9	7.6	7.1

자료: 이병희(2011).

교해 보면, 후자의 경우가 빈곤율 수준이 낮게 나타나고 있다. 따라서 근로빈곤율의 결정요인으로 고용의 안정성도 중요한 의미를 가진다고 사료된다. 고용상의 지위를 '상용직', '임시직', '일용직', '자활사업 참여자'로 각 집단의 빈곤율을 추계한 노대명 외(2009)에 의하면, 상용직에 비

하여 임시직, 일용직의 빈곤율이 매우 높은 것으로 나타나 고용의 안정성이 빈곤율에 미치는 영향이 크다는 것을 알 수 있다.

5.2 실증분석

근로빈곤층에 대한 최근의 연구로 노대명 외(2009)를 들 수 있다. 이 연구에서는 근로빈곤의 원인을 지난 10여 년 동안에 경제위기가 여러 번 발생한 것에서 찾고 있다. 문제는 위기 이후 GDP가 다시 증가하는 상황에서도 근로빈곤의 문제가 좀처럼 완화되지 않았다는 점이다. 고용 없는 성장으로 인해 일자리가 대폭적으로 증가하지 않았으며, 탈산업화에 따른 저임금 · 고용불안 확산으로 인해 근로빈곤이 심화되었다는 것이다. 〈표 5-4〉에서도 볼 수 있듯이, 근로자의 고용 형태가 근로빈곤과 밀접한 관련이 있다는 것이다. 또한 이러한 충격을 흡수할 수 있는 사회안전망이 취약하다는 점도 그 원인으로 제시하였다.

이러한 근로빈곤을 완화하기 위한 정책도 국가에 따라 상이한 형태를 보이고 있어 우리나라 근로빈곤 완화 정책 수립에 큰 도움이 되지 않을 것으로 사료된다. 미국의 경우 TANF(Temporary Assistance to Needy Families)가 대표적인 근로연계복지제도인데, 복지급여 수급자들의 자활의무를 강조하고 취업우선 접근법을 통해 교육 및 훈련보다는 조기 취업을 중요시 하는 반면, 영국과 프랑스는 미국에 비해 상대적으로 교육 · 훈련에 많은 비중을 두고 국가의 지원을 더욱 강조하는 경향이 있다. 이러한 국가 간의 정책 차이는 근로빈곤층 지원 정책에서 기존 복지급여와 취업촉진급여 중 어느 것이 실효성이 높은가라는 쟁점 사항과 밀접한 관

표 5-4 경제활동인구의 종사상 지위별 빈곤층 추정 규모

구분			종사집단의 %			경활빈곤층의 %		
			2005	2006	2007	2005	2006	2007
경상 소득 중위 50% 기준	임금 근로자	상용직	2.1	2.8	2.1	5.7	10.5	8.3
		임시직	10.5	11.0	10.3	14.9	8.7	8.8
		일용직	26.9	27.2	24.7	17.6	19.2	22.6
		자활사업	64.0	63.1	53.2	2.1	2.7	2.3
		소계	8.4	7.8	7.3	40.3	41.2	41.9
	비임금 근로자	고용주	4.1	7.3	2.4	0.9	2.3	0.8
		자영업자	22.9	22.2	23.7	27.4	27.2	30.7
		무급종사자	29.8	27.2	26.4	13.3	13.5	12.7
		소계	22.4	21.1	20.8	41.6	43.0	44.3
	실업자		30.7	30.2	29.5	18.1	15.9	13.8
	합계		13.8	12.7	12.0	100.0	100.0	100.0
가처분 소득 중위 50% 기준	임금 근로자	상용직	2.2	2.7	2.0	6.2	10.8	8.3
		임시직	9.9	10.1	9.1	14.9	8.4	8.1
		일용직	24.3	24.1	22.6	16.7	17.9	21.8
		자활사업	56.2	52.8	48.1	1.9	2.4	2.2
		소계	7.8	7.1	6.7	39.7	39.5	40.4
	비임금 근로자	고용주	4.0	7.7	3.2	0.9	2.5	1.2
		자영업자	22.2	21.6	23.0	27.9	27.9	31.3
		무급종사자	28.7	27.1	25.6	13.4	14.1	12.9
		소계	21.7	20.8	20.4	42.3	44.5	45.4
	실업자		29.2	28.8	28.9	18.1	15.9	14.2
	합계		13.1	12.1	11.5	100.0	100.0	100.0
최저 생계비 120% 기준	임금 근로자	상용직	1.9	2.0	1.0	5.8	9.8	5.9
		임시직	8.5	7.6	6.2	14.0	7.8	8.2
		일용직	23.3	20.6	14.8	17.5	18.9	21.1
		자활사업	66.2	55.9	53.2	2.5	3.2	3.5
		소계	7.2	5.7	4.3	39.8	39.7	38.7
	비임금 근로자	고용주	3.8	6.5	1.9	0.9	2.6	1.0
		자영업자	19.6	16.8	15.7	26.9	26.8	31.7
		무급종사자	26.1	21.0	17.6	13.4	13.5	13.2
		소계	19.3	16.2	13.9	41.3	42.9	45.9
	실업자		28.0	25.4	21.2	19.0	17.4	15.4
	합계		12.0	9.8	7.7	100.0	100.0	100.0

주: 1) 연령을 통제하지 않은 전체 경제활동인구(취업자+실업자) 대상.
2) 빈곤선은 중위소득의 50% 및 차상위기준선을 적용.
자료: 한국보건사회연구원, 「한국복지패널조사」, 노대명 외(2009)에서 재인용.

련성이 있다.

근로빈곤층의 빈곤 탈피와 후생증진을 위해서 시행할 수 있는 여러 정책의 실효성을 비교 · 분석한 연구로 전영준 · 남재량(2011)을 들 수 있다. 근로빈곤층 지원 정책으로 실업보험, 근로장려세제(Earned Income Tax Credit: EITC), 국민기초생활보장제도(이하, 기초생보), 최저임금제를 상정하고 이들 정책의 빈곤 탈퇴와 빈곤층 후생증진 효과를 상호 비교하였다(〈표 5-5〉 참조). 또한 이 과정에서 개별 정책의 효과뿐만 아니라 정책들 간의 상호 관련성도 명시적으로 분석하였다.

일반균형모형을 이용한 분석결과, 실업보험제도의 도입은 거시경제 변수에 상당히 큰 변화를 유발하며, 제도의 성격상 노동시간, 취업률, 가

표 5-5 **정책 대안**

구분	정책 시나리오	비고
[1]	기본 경제	근로장려세제 부재, 기초생보 부재, 실업보험 부재, 최저임금제도 부재
[2]	최저임금제	최저임금 2009년 수준(평균 임금률의 31.4% 수준)
[3]	실업보험	임금대체율은 현행 제도를 반영하여 가정
[4]	실업보험, 최저임금제	최저임금 2009년 수준
[5]	근로장려세제(현행 제도)	근로장려세제 최고급여 수준 120만 원, 점증률 15%, 점감률 16%
[6]	근로장려세제, 최저임금제	최저임금 2009년 수준
[7]	근로장려세제, 실업보험	-
[8]	근로장려세제, 실업보험, 최저임금제	-
[9]	기초생보, 근로장려세제	현행의 기초생보제도 반영
[10]	기초생보, 근로장려세제, 최저임금제	-
[11]	기초생보, 근로장려세제, 실업보험	-
[12]	기초생보, 근로장려세제, 실업보험, 최저임금제	-

자료: 전영준 · 남재량(2011).

처분소득, 소비지출의 변화폭이 저소득층에 비하여 고소득층에 더 큰 변화를 유발하며, 가처분소득과 소비의 분배 상태를 호전시키는 경향이 있다. 실업보험에 의한 후생증진 효과가 최저소득계층인 계층 VII[1]의 경우 그 규모가 큰 경우가 많기는 하지만, 고소득층의 경우도 후생증진 효과가 상당 규모 나타나는 경우가 많은 것으로 보아 실업보험제도에 의한 소비평탄화 효과가 고소득층에서도 나타나고 있다고 할 수 있다. 주목할 만한 사항은 최저임금제를 전제할 경우([6]→[8], [10]→[12]), 실업보험제도에 의한 비숙련근로자의 후생증진 효과를 기대할 수 없다는 것이다. 비숙련근로자의 경우 고용할당을 당하여 취업을 희망하여도 취업하지 못하는 경우가 상당 수준 존재하므로, 이 경우 이후 실업 상태에서 실업급여 수급의 기회가 차단되는 경우가 많다. 따라서 비숙련근로자에게 귀속되는 실업보험제도의 편익이 제한될 가능성이 높다. 경제 [10]에서 경제 [12]로 전환한 경우, 즉 복지제도가 상당 수준 확충되어 있는 상황(기초생보, 근로장려세제, 최저임금제가 실시되고 있는 상황)에서, 실업보험제도에 의한 추가적인 후생증진 효과를 기대하기 어렵고 또한 실업보험료 부담으로 인해 전반적으로 후생수준이 낮아지는 것으로 나타났다.

근로장려세제는 거시경제 변수의 왜곡을 크게 유발하지 않고 분배 상태를 호전하는 데 어느 정도 기여할 것으로 보이며, 또한 저소득층 근로자의 후생복리 증진에도 기여하는 것으로 나타났다. 근로장려세제 실시에 따른 후생증진 효과는 최저소득계층인 계층 VI과 계층 VII의 경우 상당히 높은 반면, 고소득층의 경우 후생비용을 지불하여야 하는 것으로 나타났다. 제도의 성격상 주요 수혜계층이 저소득층이며 여타 계층

1) 이하 계층에 대해서는 〈표 5-7〉 참조할 것.

의 경우 제도의 혜택을 받지 못하나 근로장려세제 재원조달을 위한 소득세 부담의 증가로 인해 후생비용을 지불하여야 한다. 사회후생은 전반적으로 증진되며, 그 규모는 실업보험과 비슷하거나 다소 작은 것으로 나타났다. 그러나 저소득층 후생증진 측면에서는 근로장려세제가 실업보험제도에 비하여 매우 효과적인 정책인 것으로 나타났다.

기초생보는 제도의 특성상 저소득층의 근로의욕과 자산축적 요인을 줄이는 관계로 거시경제 변수에 미치는 부정적인 영향이 다른 제도에 비하여 크게 나타나고 있다. 또한 시장소득과 자산의 분배 상태를 상당 수준 악화시킬 것으로 예상된다. 반면 가처분소득과 소비를 기준으로 한 분배 상태는 어느 정도 호전시킬 것으로 보인다. 그러나 동일한 폭의 가처분소득과 소비의 지니계수 하락을 유발하기 위해 감내하여야 하는 효율성 비용이 상당히 높을 가능성이 많다. 기초생보의 실시에 따라 저소득층의 후생증진 효과가 실업보험제도와 근로장려세제에 비하여 매우 크게 나타나고 있으나 고소득층의 후생비용 또한 매우 크게 나타나고 있다. 사회후생 수준은 소폭 증진된다고 볼 수 있으나, 이를 위해 감내하여야 하는 거시경제 변수의 악화 규모가 상당히 큰 문제점이 있다. 보다 근본적인 문제는 저소득층 근로자의 태만을 조장하는 점이다. 이러한 태만, 즉 도덕적 해이에 근거한 여가의 증가를 과연 후생증진 효과로 볼 수 있는지에 대한 의문이 제기될 수 있다.

최저임금제는 제도의 특성상 비숙련노동계층인 최저소득계층에 집중적으로 영향을 미친다. 이 제도는 노동할당에 의해 비숙련근로자의 취업을 제한하여 이들의 소득과 소비의 감소를 유발하고 분배 상태를 악화시키는 방향으로 그 효과가 나타나고 있다. 이는 이 제도가 저소득층의 생활 향상이라는 제도 도입의 취지와 상반된다. 이러한 점은 후생

표 5-6 정책 실시의 효과(경제 변수의 변화율)

(단위: %)

구분		실업보험[1]	EITC[2]	기초생보[3]	최저임금제[4]
GDP		−1.3~−0.4	−0.3~−0.2	−4.1~−2.8	−0.6~0
자본		−2.8~−0.7	−1.1~−0.6	−7.8~−5.6	−0.4~0.3
노동 고용	숙련	−0.5~−0.3	0~0.1	−1.5~−0.9	−0.7~−0.1
	비숙련	−1.2~−0.3	0~2.2	−9.7~−3.1	−10.3~−1.5
소비		−1.2~−0.4	−0.3~−0.2	−2.9~−2.2	−0.2~0.1
임금률	숙련	−0.9~−0.1	−0.4~−0.2	−2.7~−1.9	0~0.2
	비숙련	−0.9~−0.1	−2.5~−0.2	−0.1~6.8	1.4~10.8
평균 노동시간		−0.7~−0.2[5]	0.2~0.6	−1.9~−1.5	−0.4~0
		−1.0~0[6]	−1.0~0	−0.9~−0.6	0~0.3
		−3.2~−0.7[7]	0~4.9	−20.7~−16.6	−12.0~−2.5
취업자 비율 (%)	전체	−1.1~−0.7[5]	2.0~2.3	−2.7~−2.1	−0.1~0.3
		−1.4~−0.4[6]	1.6~2.6	−1.0~−0.7	0~0.3
		−6.4~−0.3[7]	0.3~7.1	−32.9~−28.2	−6.8~3.7
	Full-time	−0.3~0.3[5]	−1.9~−1.6	−1.4~−0.5	−0.8~0
		−0.5~0.4[6]	−4.1~−3.2	−0.8~−0.4	0~0.3
		−0.8~0.8[7]	−0.3~3.6	−10.8~3.9	−19.0~−2.6
	Part-time	−5.2~−2.9[5]	18.5~19.7	−9.2~−5.5	−0.2~4.1
		−4.5~−3.8[6]	25.2~27.3	−2.6~−1.7	−0.3~1.1
		−20.1~−2.4[7]	1.4~19.7	−99.8~−99.8	42.5~74.0
평균 시장소득		−1.2~−0.5[5]	0.1~0.3	−2.9~−2.2	−0.2~0.1
		−0.9~0[6]	6.7~7.4	−9.2~−8.9	−0.3~0
		−0.6~−0.4[7]	12.6~13.4	−20.4~−16.8	−5.7~−1.6
평균 가처분소득		−1.2~−0.4[5]	−0.3~−0.2	−2.9~−2.1	−0.2~0.1
		−0.9~−0.2[6]	6.2~6.9	−4.7~−4.4	−0.2~0
		−0.7~0[7]	11.9~12.8	−1.6~4.6	−5.6~0.1
평균 소비		−1.2~−0.4[5]	−0.3~−0.2	−2.9~−2.1	−0.2~0.1
		−0.9~−0.2[6]	6.2~6.9	−4.7~−4.4	−0.2~0
		−0.7~0[7]	11.9~12.8	−1.6~4.7	−5.6~0.1
평균 보유자산		−3.0~−0.1[5]	−1.2~−0.5	−7.8~−5.7	−0.4~−0.2
		−3.1~0.1[6]	4.3~7.8	−37.9~−26.5	−15.5~0.2
		−1.9~0.9[7]	8.5~13.8	−47.5~−39.7	−14.8~4.4

주: 1) [1]→[3], [2]→[4], [5]→[7], [6]→[8], [9]→[11].
2) [1]→[5], [2]→[6], [3]→[7], [4]→[8].
3) [5]→[9], [6]→[10], [7]→[11], [8]→[12].
4) [1]→[2], [3]→[4], [5]→[6], [7]→[8], [9]→[10], [11]→[12].
5) 전체 소득계층.
6) 소득계층 VI.
7) 소득계층 VII.

자료: 전영준 · 남재량(2011).

표 5-7 후생증진 효과

(단위: %)

변화 이전	변화 이후	계층 Ⅰ	계층 Ⅱ	계층 Ⅲ	계층 Ⅳ	계층 Ⅴ	계층 Ⅵ	계층 Ⅶ	평균
실업보험의 효과									
[1]	[3]	0.40	0.19	0.28	0.35	0.12	0.36	0.46	0.28
[2]	[4]	0.28	0.14	0.20	0.29	0.19	0.22	1.08	0.24
[5]	[7]	0.33	0.19	0.23	0.33	0.39	0.36	0.53	0.29
[6]	[8]	0.33	0.20	0.40	0.33	0.23	0.42	−0.11	0.28
[9]	[11]	−0.23	−0.23	−0.26	−0.25	−0.23	−0.24	−0.20	−0.24
EITC의 효과									
[1]	[5]	−0.21	−0.40	−0.42	−0.20	0.83	3.23	5.51	0.25
[2]	[6]	−0.25	−0.35	−0.58	−0.22	0.82	3.10	8.22	0.24
[3]	[7]	−0.28	−0.40	−0.47	−0.22	1.10	3.24	5.59	0.26
[4]	[8]	−0.20	−0.29	−0.38	−0.17	0.86	3.31	6.94	0.28
기초생보의 효과									
[5]	[9]	−0.46	−0.40	−0.24	−0.15	−0.11	0.54	7.67	0.12
[6]	[10]	−0.51	−0.39	−0.21	−0.18	−0.06	0.56	8.84	0.19
[7]	[11]	−0.55	−0.45	−0.33	−0.26	−0.24	0.40	7.50	0.03
[8]	[12]	−0.53	−0.42	−0.31	−0.24	−0.17	0.42	8.76	0.12
최저임금제									
[1]	[2]	0.01	−0.12	−0.02	−0.02	−0.12	0.02	−29.70	−1.54
[3]	[4]	−0.11	−0.17	−0.11	−0.09	−0.06	−0.12	−29.27	−1.58
[5]	[6]	−0.03	−0.07	−0.19	−0.04	−0.13	−0.11	−27.90	−1.56
[7]	[8]	−0.03	−0.06	−0.02	−0.04	−0.30	−0.06	−28.36	−1.56
[9]	[10]	−0.02	0.00	−0.01	−0.03	0.02	−0.01	0.33	0.01
[11]	[12]	0.03	0.02	0.02	0.02	−0.02	0.01	0.53	0.05

자료: 전영준 · 남재량(2011).

분석결과에서도 나타난다. 최저임금제 도입에 따라 비숙련노동자계층(계층 VII)의 후생수준이 낮아지는 경우가 대부분이며, 그 규모도 상당히 큰 것으로 나타났다. 이러한 현상은 고용할당되는 비숙련근로자의 비중이 클수록 더 심각하게 나타난다. 고용할당 비율이 매우 낮은 경우([9]→[10], [11]→[12])는 고용할당에 의한 후생저해 요인보다 최저임금제도에 의한 임금수준의 상승에 의한 후생증진 효과가 더 크게 나타나고 있으나 사회후생 증진효과는 매우 작다.

전영준 · 남재량(2011)의 분석결과를 종합해 보면, 다른 제도에 비해 시장친화적인 성격이 강한 근로장려세제가 여타 제도에 비하여 저소득층 근로자 소득향상, 후생증진, 그리고 소득분배를 향상시키는 데 효과적인 것으로 나타났다. 그러나 이러한 분석결과에 대한 해석은 신중하게 이루어져야 할 것이다. 근로장려세제는 기본적으로 노동 공급 측면의 정책으로서 노동의 수요가 충분하지 않은 상황에서 그 효과가 충분히 나타나지 않을 가능성이 있기 때문이다.

5.3 정책 과제

근로빈곤의 원인은 무엇보다도 취업기회의 제한과 취업의 불안정성에서 찾을 수 있다. 이는 노대명 외(2009)에서도 확인할 수 있었다. 따라서 근로빈곤 해소를 위해서는 무엇보다도 안정적인 일자리의 제공이 근로빈곤 문제를 완화할 수 있는 근본적인 대책이라고 사료된다. 이러한 당위성에도 불구하고 안정적인 일자리를 제공하기 위한 정책 방향 설정은 단순한 문제가 아니다. 미국의 TANF가 근로참여 의무규정을 강화함으로써 취업을 촉진하고 경제적 독립을 유도하기 위해 기존의 AFDC(Aid to Families with Dependent Children) 제도를 대체하였으나 그 정책의 효과성

면에서 의문이 제기되기도 하였다. TANF의 도입이 복지급여 수급자 수를 줄이고 이들의 취업률을 대폭적으로 높였으나, 그 효과가 제도 자체의 효과인지 아니면, 제도 도입 이후 호경기의 영향인지 구별하기 어렵고(O'Neill, 2006; Sherman and Parrott, 2006; Schoeni and Blank, 2000; CEA, 1999; Rolsten, 1999; USDHHS, 1999), 취업률은 높아졌으나 가계의 소득수준 상승효과는 미미하게 나타났다(Loprest, 1999). 이러한 현상이 나타난 이유는 빈곤근로자들의 취업이 주로 소득수준이 매우 낮은 곳에 취업하는 경향이 있고 이로 인해 미숙련근로자의 임금률이 낮아질 위험이 있기 때문이다. 근로빈곤이 장기화될 경우 생계보조를 통한 빈곤가구의 생활 안정을 도모하는 정책도 근로빈곤자들의 도덕적 해이를 유발하는 문제가 있다. 따라서 근로빈곤을 해소하기 위해서는 정책들의 적절한 조합이 모색되어야 할 것이다.

우선 시장친화적, 즉 취업친화적인 정책이 모색되어야 한다. 전영준 · 남재량(2011)의 분석결과와 같이 시장친화적인 근로장려세제는 기초생보, 최저임금제와 같은 제도보다 경제에 미치는 부정적인 영향이 적고 저소득층 근로자의 취업을 유도하고 소득수준을 향상시켜 빈곤 탈출을 유도하는 제도로 평가될 수 있다. 반면 기초생보의 경우 저소득근로자의 근로의욕을 저해하고, 최저임금제 하에서는 취업을 원하지만 취업하지 못하는 비숙련근로자 수가 증가하는 문제가 유발되는 것으로 나타났다. 이러한 점들을 고려하여 시장친화적인 정책을 중심으로 저소득가구에 대한 지원정책이 개편될 필요가 있다.

다음으로 수요관리정책이 적절하게 시행되어야 할 것이다. 근로장려세제와 같이 근로자의 근로의욕을 제고하는 효과가 있는 제도를 시행한다고 하더라도 노동에 대한 수요가 충분하지 않으면 근로장려세제와 같은 공급 측면 정책의 실효성이 제한적일 수밖에 없기 때문이다.

근로자에 대한 직업훈련의 실효성 제고도 필요하다. 근로빈곤의 근본적인 원인 중의 하나가 산업구조가 기술집약적으로 변화함에 따라 비숙련노동력에 대한 수요가 감소하는 것이다. 근로빈곤층이 노동력의 수요 변화에 적절하게 대응하기 위해서는 새로운 기술의 습득이 무엇보다도 필요하다. 이를 위해서 빈곤근로자들이 필요한 기술습득을 촉진하기 위한 직업훈련이 활성화되어야 할 것이다.

보다 근본적으로는 빈곤근로자들의 소득수준 향상의 원인을 파악하여 적절한 정책을 시행하는 것이다. 다시 말하면, 기술의 발전이 생산활동과 보완적인 활동을 통해 이루어지는 것인지, 아니면 대체적인 활동에 의해 유발되는 것인지가 규명되어야 할 것이다(P. Aghion and G. Saint-Paul, 1993). 전자의 경우는 생산활동에 참여함으로써 자연적으로 기술이 향상되는 경우(learning-by-doing)이며, 후자는 교육투자, 직업훈련을 통해 기술이 향상되는 경우이다. 기술습득이 learning-by-doing에 의해 이루어진다면 근로빈곤층의 빈곤 탈출을 위해서는 거시경제 측면에서 수요관리 정책이 효과적일 것이며, 기술향상이 교육투자, 직업훈련에 의해 이루어진다면 교육비 보조, 직업훈련에 대한 보조, 그리고 교육투자 및 직업훈련 기간 동안의 생활 안정을 위해 생계보조가 적절히 이루어져야 할 것이다. 따라서 근로빈곤층의 빈곤 원인과 탈빈곤 경로에 대한 분석이 이루어질 필요가 있다.

Chapter 6

소득빈곤과 자산빈곤

6.1 연구의 필요성 및 연구목적

어느 나라건 경제위기 뒤에는 빈곤 악화가 심각한 문제로 제기된다. 우리나라도 예외가 아니어서 1997년 말 외환위기, 2008년 9월 리먼 브라더스(Lehman Brothers) 파산 이후 불거진 미국발 금융위기 이후 급속한 경기침체에 직면하였을 뿐만 아니라 그로 인해 취약계층들이 빈곤계층으로 추락하여 고통을 받았다. 경제위기는 직접적으로 해당된 산업부문의 근로자들과 연관산업들의 근로자들에게 구조조정 등의 고통을 주어 경제 전체의 소비 여력을 저하시켜 소비 및 투자 부진으로 이어지고, 이로 인해 취약계층들을 빈곤층으로 추락시킨다.

문제는 빈곤층은 소득이 낮거나 아예 소득이 없어 소비지출 여력이 줄어 극단적인 경우 생계유지를 하지 못해 인간적인 삶을 영위할 수 없다는 것에 있다.

그러나 실업 또는 빈곤층으로 추락했을 때, 근로기간 동안 축적해 놓은 주식 · 채권 등과 같은 금융자산, 토지 · 건물 같은 부동산 등이 있으면 당분간 소비지출 재원으로 충당할 수 있어 일정 기간 생계유지가 가능하다. 이와 같이 자산은 소득을 획득하지 못할 때, 소득획득 활동을 재개할 때까지 일정 기간 동안 일상생활을 영위하는데 필요한 재원을 자산매각을 통하여 활용할 수 있다는 점에서 중요한 의미를 가진다. 따라서 자산보유는 소득빈곤을 일정 기간 해소할 수 있다는 점에서 빈곤 해소 또는 빈곤율 축소에 상당히 큰 역할을 할 수 있다. 이는 소득빈곤과 자산빈곤에 동시에 해당되는 가구일 경우, 빈곤이 장기화되거나 고착화될 수 있음을 시사해 준다. 이와 같음에도 그 동안 빈곤 관련 연구는 주로 소득빈곤에만 초점을 맞추어 왔거나 자산빈곤만을 논의하는 수준에 그치고 있다고 볼 수 있다. 물론 관련 연구에 필요한 소득빈곤과 자산빈곤을 동시에 다룰 수 있는 「가계금융 · 복지조사」 또는 「재정패널」 자료 등과 같은 자료가 없었던 것이 원인일 수 있다.

본 장에서 제시하는 빈곤의 분석은 기존연구와 달리 소득빈곤과 자산빈곤을 각각 분석하지 않고 동시에 파악하여 소득빈곤과 자산빈곤의 연계성을 살펴본다는 점에서 차이가 있다.

본 연구의 목적은 첫째 「재정패널」 자료 2~4차년도 자료를 이용하여 소득빈곤을 구한 뒤, 소득빈곤계층들의 자산보유 형태와 자산빈곤 관련 연구에서 제시하고 있는 자산빈곤 기준으로 자산빈곤 여부를 살펴보고, 둘째 소득유형별 소득빈곤과 자산빈곤 여부를 기준으로 각각의 결정요인을 추정 · 분석하는 것에 있다.

본 연구의 구성은 다음과 같다. 서론에 이어 2절에서는 국내외의 빈곤 관련 연구를 소득빈곤과 자산빈곤으로 대별하여 논의한다. 3절에서는 유형별 소득을 「재정패널」 자료와 OECD 기준을 비교하여 제시하고 절대 및 상대빈곤선을 유형별 소득으로 나눈 후에 각각의 빈곤율을 제시한다. 이어서 자산빈곤 개념과 자산빈곤율 측정결과를 제시하고 분석한 후 소득빈곤과 자산빈곤을 연계하여 소득빈곤 여부와 자산빈곤 여부를 기준으로 각 가구의 특성을 설명한다. 4절에서는 각 소득유형별 빈곤의 결정요인은 프로빗모형, 소득빈곤과 자산빈곤 여부는 다항로짓모형으로 추정한 뒤 그 결과들을 논의한다. 마지막 5절에서는 분석결과들을 요약하고 정책적인 시사점들을 제시한다.

6.2 국내외 기존연구

본격적인 분석에 앞서 빈곤과 관련한 국내외 연구들을 연구주제별로 구분하여 살펴보자. 먼저, 빈곤의 결정요인 분석을 통해 빈곤의 원인 파악에 초점을 맞추고 있는 연구들이 있다. McLaughlin and Jensen(1995), Eller(1996), Rank and Hirschl(2001) 등이 실증분석을 통해 여성, 저학력이 빈곤에 진입할 확률을 높이는 원인으로 분석하였으며, 또한 일반적으로 가구주가 청년층일 경우 빈곤 진입 가능성이 높음을 확인하였다.

Iceland(1997b), Stevens(1999) 등은 가구주의 교육수준이 높으면 빈곤 탈출의 가능성이 높아지지만, 가구주의 연령이 생산가능연령이 아닌 경우 빈곤에서 탈출할 확률이 줄어들 수 있음을 보였다.

McCulloch(2003)는 편부 또는 편모이거나 자녀의 수가 많은 가구일수록 빈곤에 진입할 확률이 높아짐을 밝혔으며, 근로자가 고숙련이거나 경기활황으로 인해 고용률이 증가하는 경우 빈곤에서 탈출할 확률은 증가하는 것으로 나타나지만, 편부모가구는 빈곤 진입 이후 탈출할 확률이 감소하는 것을 밝혔다.

McKernan and Ratcliffe(2005)는 가구주의 연령이 낮고, 흑인, 여성 가구주의 경우에 빈곤에 진입할 확률이 증가하나, 고학력 및 가구 구성원의 취업 비율이 높을수록 빈곤에서의 탈출 확률이 높아지는 것을 보였다.

국내 연구인 김교성 · 최영(2006)은 연령은 근로자의 빈곤에 통계적으로 유의한 영향을 주지 않고, 미혼보다 기혼자가 빈곤으로 진입할 확률이 낮은 것으로 나타난 반면, 임시직 · 일용직 · 자영업 등이 빈곤으로 진입할 확률은 높다는 점을 보였다.

김안나(2007) 역시 미혼에 비해 기혼자가 빈곤으로 진입할 확률이 낮고, 또한 여성 가구주, 30세 미만보다 60세 이상의 노인 가구주가 빈곤에 빠질 확률이 높은 것을 밝혔다.

임병인(2009)은 글로벌 금융위기로 인해 빈곤 및 고용에 미친 파급효과를 분석한 결과, 글로벌 금융위기가 우리나라의 빈곤 정도를 증가시켰음을 보였다.

둘째, 특정 계층, 즉 여성 · 노인 · 장애인 등에 한정한 빈곤 관련 국내외 연구가 있다. 국외 연구 중 Brady and Kall(2008)은 1969년에서 2000년까지 선진 복지국가들을 대상으로 전체 여성과 남성의 빈곤율을 분석하였으며, 선진 복지국가에서 여성 빈곤이 보편적으로 나타나고 있음을 밝히고 그 원인을 제시하였다.

Aassve, Iacouvou, and Mencariain(2006)은 사회민주주의 국가의 경우 청년빈곤의 상대적 규모가 크고 특정 시기에 집중되는 경향이 있고, 보수주의 국가들의 경우 상대적으로 규모도 작고 완만한 곡선을 나타냈다. 반면, 서유럽의 경우 청년빈곤보다 아동빈곤의 규모가 상대적으로 크게 나타났음을 보였다.

국내 연구인 석재은(2010)은 2009년 제1차 「서울복지패널」 조사 자료를 활용하여 공적 연금의 노인빈곤 완화효과를 분석하였다. 분석결과, 공적 연금이 노인의 빈곤 완화에 상당한 역할을 하고 있으며, 고소득층은 공적 연금소득이 노후생활에 안정성을 제공하고 있음을 밝혔다.

이경진(2011)은 「복지패널」을 이용하여 상대빈곤율을 구하였는데, 중위소득의 50%를 기준으로 할 때, 시장소득 기준은 1차 자료는 20.41%, 2차 자료는 20.43%, 3~4차 자료는 19.62%, 5차 자료는 18.41%로 계산되었다. 경상소득 기준으로는 1차 자료 17.04%, 2차 자료 16.83%, 3차 자료 16.29%, 4차 자료 15.56%, 5차 자료 14.29%였으며, 가처분소득은 경상소득 기준보다 약간 낮았다.

셋째, 빈곤 감소 정책의 효과를 다룬 국내외 기존연구를 살펴보자. Smeeding(2001)은 거의 모든 국가에서 노령연금이 중간 및 낮은 계층에서 압도적으로 가장 중요한 소득원이며, 저소득층 노인들의 경우에는 공공부조에 크게 의존하고 있음을 밝혔다.

Smeeding(2005)은 빈곤 정책의 빈곤 감소효과를 분석하면서, 오스트리아, 벨기에 및 독일과 같은 국가들의 사회보험이 상대빈곤을 62~75% 감소시키는 반면, 공공부조의 경우 핀란드는 34%, 영국은 33%를 감소시키는 것으로 보고하였다.

국내 연구인 홍경준(2011)은 근로빈곤층에 대한 공적 소득이전(소득보장 정책과 취업유인 정책)에 의해 분배효과가 발생하며, 근로빈곤층에 대한 소득이전은 빈곤과 불평등을 완화시키지만 사각지대가 너무 광범위해 그 실제적인 효과는 대단히 미미함을 보였다.

다음으로 자산빈곤(asset-poor) 관련 국내외 연구를 살펴보자. Oliver and Shapiro(1990)[1]는 자산빈곤을 '가구가 소유한 금융자산(financial asset)의 가치가 '0' 또는 음(negative)일 경우'로 정의하였는데, 이 기준은 가구가 보유할 수 있는 자산의 구성 중 대표적인 유동자산(liquid asset), 순자산(net

1) A household as asset poor "if its financial asset value is zero or negative."

asset)이 제외되었기 때문에 포괄적인 자산빈곤 설명이 어렵다는 지적을 받았다.

Haveman and Wolff(2001)는 자산빈곤이란 '가구나 개인이 일정 기간(period of time) 동안 그들의 기본적인 욕구(basic needs)를 충족시키는데 충분하지 않은 자산류의 자원(wealth-type resource)을 가진 경우'로 정의하였다. 정의를 구체적으로 논의해 보면, '기본적인 욕구'는 4인 가족(부모와 2인 자녀)이 최소한으로 생활할 수 있는 수준을 유지시켜 주는 재원, '일정 기간'이란 어떠한 사건으로 가구의 수입이 차단되었을 때 이전에 가지고 있던 자산으로 일정 기간 동안 생활을 유지하도록 요구받는 기간(보통 3개월), '유형자산 자원'은 총자산에서 총부채를 뺀 순자산(net worth), 가계금융자산을 공제한 순자산, 퇴직연금(IRAs) 등의 연금자산을 제외하고 화폐전환이 용이한 자산과 현금 등으로 정의하였다. 그들은 또한 유형자산 자원이 5,000달러 이하이면 '절대자산빈곤'에 해당된다고 정의한 뒤, 그 추정결과를 논의하고 있다.

Short and Ruggles(2004)는 Haveman and Wolff(2001)가 제시한 자산빈곤의 정의를 이용하여 노인 여성의 자산빈곤을 분석하였고, Gornick, Sierminska, and Smeeding(2009)은 Haveman and Wolff(2001)의 정의 중에서 '일정 기간'을 3개월에서 6개월로 확대하여 노인 여성의 자산빈곤을 분석하였다. Brandolini, Magri, and Smeeding(2010)[2]은 전기의 순자산이 예비적 저축률과 소득빈곤선의 곱보다 작으면 자산빈곤으로 규정하여 소득충격으로 인해 줄어드는 소득을 얼마만큼 자산으로 대체할 준비가 되어 있는지를 평가하였다. 그들은 기준 상대소득빈곤선은 균등화된 가처분

2) 이들은 자산빈곤을 정의할 때 빈곤(poverty)보다는 취약성(vulnerability)이라는 용어를 사용하였다.

소득(equivalent disposable income) 중위값의 50%로 규정하였고, 연소득빈곤선의 1/4을 절대적 자산빈곤 기준으로 정의하여 계산하였다.

다음으로 국내의 자산빈곤 관련 연구를 살펴본다. 이태진 · 신영석 · 김미곤 · 노대명(2005)은 자산빈곤선을 추출하고 적용하기 위해 필요한 기준자산을 순자산이라 정의한 뒤, "부동산+동산+금융자산–부채" 방식으로 계산하고, 자산빈곤선을 기준자산에 대한 중위자산의 50%로 설정하였다.[3)]

남상호(2009)는 소득빈곤에 적용되는 절대와 상대의 개념을 자산빈곤에 동일하게 적용하였다. 우선 자산을 가구의 총자산에서 총부채를 뺀 순자산으로 정의한 뒤, 절대자산빈곤을 순자산이 최저생계비 6개월 금액에 미달하는 가구로 정의하였다. 절대자산빈곤율은 「복지패널」 2차 자료는 13.3%, 3차 자료는 12.4%로 산출되었다. 상대자산빈곤은 상대소득빈곤의 소득을 순자산으로 대체하여 순자산 중위값의 40%, 50%, 60%에 미달하는 가구로 각각 정의하여 보였다.

6.3 유형별 소득과 빈곤율 측정결과

6.3.1 유형별 소득

본 연구의 주제가 소득빈곤과 자산빈곤의 연계성 분석이므로, 먼저 소득빈곤 산출의 기준인 소득의 유형을 논의하는 것이 필요하다. 본 연

3) 이들은 자산빈곤선을 획일적으로 적용하기는 힘들므로 4인 가구를 표준가구로 설정한 뒤, OECD 기준의 가구균등화지수를 적용하여 산출하였다.

표 6-1 「재정패널」의 소득기준과 OECD 기준 소득기준의 비교

<table>
<tr><th colspan="4">재정패널</th><th colspan="5">OECD</th></tr>
<tr><td rowspan="6">소득</td><td>비경상 소득</td><td colspan="2">경조소득 등</td><td colspan="5">–</td></tr>
<tr><td rowspan="5">경상 소득</td><td colspan="2">근로소득</td><td>wage and salary income</td><td rowspan="3">1차 소득 (primary income)</td><td rowspan="4">시장 소득 (market income)</td><td rowspan="5">총소득 (gross income)</td><td rowspan="8">가처분 소득 (dispos-able income) = 총소득 –사회보험료 분담금 –조세</td></tr>
<tr><td colspan="2">사업소득</td><td>self-employment income</td></tr>
<tr><td colspan="2">부동산 임대소득</td><td>property income</td></tr>
<tr><td rowspan="2">기타 소득</td><td>사적</td><td>occupational pension & private transfer</td><td>–</td></tr>
<tr><td>공적</td><td>social insurance & assistance & cash benefit</td><td>–</td><td>–</td></tr>
<tr><td rowspan="5">가계지출</td><td rowspan="4">비소비 지출</td><td colspan="2">공적 연금 보험료</td><td colspan="4" rowspan="2">사회보험료 분담금</td></tr>
<tr><td colspan="2">사회보험료 (건강보험료, 고용보험료 등)</td></tr>
<tr><td colspan="2" rowspan="2">조세</td><td colspan="4">소득세</td></tr>
<tr><td colspan="5">재산세, 자동차세, 기타 조세</td></tr>
<tr><td>소비지출</td><td colspan="2"></td><td colspan="5">12개 지출항목(식료품, 보건, 의료 등)*</td></tr>
</table>

구는 OECD 기준 소득분류 기준에 근거하여 1차 소득, 시장소득, 총소득, 가처분소득 기준에 근거하여 빈곤율을 추계하며, 「재정패널조사(NaSTaB)」 2~4차년도(조사 대상 연도: 2008~2010년)를 활용하였다(〈표 6-1〉 참조). 다만, 「재정패널조사」는 고소득층 가구 및 저소득층 가구를 과대표

집(over sampling)하였다는 점을 유의해야 한다.[4)]

「재정패널조사」는 가구 자료에서 가구의 총소득을 찾을 수 없어 분석 대상 연도의 가구원 자료를 이용하여 가구소득을 집계하였다.[5)] 1차 소득은 가구원의 근로소득금액, 사업소득금액, 부동산 임대소득, 이자 및 배당소득금액 등을 합산하였다. 시장소득은 1차 소득에 가구 외부에서 받은 용돈, 생활비, 학비 등 그 외 기타 소득, 퇴직연금소득총액, 연금신탁 · 연금펀드 · 연금저축소득, 연금보험소득, 보장보험(질병 · 상해 · 사망)소득, 저축보험소득 등을 합산한 것이다. 총소득은 시장소득에 유형별 정부 지원 현금소득,[6)] 사회보조금 등을 합산한 것이다. 가처분소득은 총소득에서 사업장가입자 국민연금보험료, 지역가입자 국민연금보험료, 임의계속가입자 국민연금보험료, 특수직역연금보험료, 사업장가입자 건강보험료, 지역가입자 건강보험료, 연간 고용보험료, 근로소득세(결정세액), 종합소득세(결정세액)[7)] 등을 차감하여 산출하였다. 이상을 OECD 기준과 연계하여 제시한 것이 〈표 6-1〉이다.

6.3.2 소득빈곤 개념과 (소득)빈곤율 측정결과

빈곤 개념에는 절대빈곤과 상대빈곤이 있다. 절대빈곤 기준은 일반적으로 인간의 기초 욕구를 충족하기 위한 필수품 및 필수품 획득에 필

4) 「재정패널조사」는 저소득계층 표본 수가 적어 일반적인 방식의 표본추출로는 원하는 만큼의 표본을 얻어내기가 힘들 것으로 판단하여 고소득층 300가구, 저소득층 300가구 정도를 추가로 표집하였다. 이를 위해 다른 통계 자료를 바탕으로 고소득층 밀집주거지역과 저소득층 밀집주거지역을 선정하고, 이 지역에서 인구주택총조사 조사구를 과대표집하는 방식을 채택하였다(「재정패널조사」: 1~4차년도 조사자료 사용자 안내서, p. 17 참조).
5) 1~3차년도 가구 자료와 달리 4차년도 가구 자료는 새롭게 경상소득을 조사 · 보고하고 있다.
6) 이하의 설명은 4차년도 개인 자료에 근거한 것이며, 2~3차년도는 가구 자료에서 근거한 것이다.
7) 이는 3~4차년도에 국한되며, 2차년도의 경우 사업장, 지역, 임의, 특수직역연금을 구분하지 않고 국민연금보험료 총액으로 조사되었다. 이는 건강보험료에도 동일하게 적용되었다.

요한 자원으로 정의한다. 본 연구도 기존연구와 마찬가지로 절대빈곤의 기준을 최저생계비를 사용한다. 더 나아가 비빈곤이지만 사실상 빈곤이라고 볼 수 있는 차상위계층과 차차상위계층도 각각 최저생계비의 120%, 최저생계비의 150%를 기준선으로 하여 함께 제시한다.

상대빈곤율은 유형별 가구소득의 중위소득을 구한 뒤, OECD 기준에 따라 중위소득의 40%, 50%, 60%을 상대빈곤선 기준으로 하여 계산하였다. 두 빈곤선에 의한 빈곤율은 대표적인 빈곤지표인 빈곤율(head-count ratio) 공식으로 산출한다.[8)]

〈표 6-2〉에는 절대빈곤선 기준으로 사용되는 최저생계비를 2008년부터 2010년까지 제시하고, 더불어 소득유형별로 중위소득을 구한 뒤 그에 근거하여 상대빈곤선을 제시해 보았다.

〈표 6-2〉에 제시된 절대 및 상대빈곤선 기준에 근거하여 소득유형별 빈곤율을 제시한 것이 〈표 6-3〉이다. 먼저 소득유형별로 2008~2010년의 절대빈곤율을 살펴본다. 1차 소득 기준 빈곤율은 2008년 22.9%, 2009년 24.4%, 2010년 22.6%로 나타났는데, 2008년 말 금융위기로 인해 빈곤율이 높아졌다가 약간 하락하였다. 시장소득 기준 빈곤율은 2008년 21.6%, 2009년 22.4%, 2010년 20.4%로 나타났는데, 이 역시 2008년 말 금융위기로 인해 빈곤율이 높아졌다가 다시 회복되었음을 보여주지만, 2010년 빈곤율이 2008년에 비하여 더 낮아졌다. 시장소득 기준 빈곤율이 더 낮은 것은 기업연금과 사적 이전소득이 포함되었기 때문이다. 시장소득 관련 빈곤율을 전 가구(1인 가구 포함) 기준으로 보인 보건사회연구원(2011)의 통계에 따르면,[9)] 2008년 11.6%, 2009년 12.8%, 2010년 11.1%였다. 본 연구

8) 가구소득이 최저생계비에 미달하는 가구들로 계산한 빈곤율과는 다소 차이가 있을 수 있다.
9) 한국보건사회연구원(2011) 발표 수치는 통계청 발표 「가계동향조사」 자료를 이용한 수치이다.

표 6-2 **절대빈곤선 및 상대빈곤선과 기타 기준**

(단위: 만 원)

연도	구분	1차 소득	시장소득	총소득	가처분소득
2008	기초생계비	1,446.6			
	차상위	1,822.8			
	차차상위	2,278.5			
	중위소득의 40%	1,300.4	1,347.6	1,400.0	1,328.0
	중위소득의 50%	1,600.0	1,620.0	1,645.5	1,547.5
	중위소득의 60%	1,920.0	1,944.0	1,974.6	1,857.0
2009	기초생계비	1,519.0			
	차상위	1,736.0			
	차차상위	2,170.0			
	중위소득의 40%	1,558.5	1,611.1	1,668.0	1,571.6
	중위소득의 50%	1,625.5	1,684.5	1,750.0	1,660.0
	중위소득의 60%	1,950.6	2,021.4	2,100.0	1,992.0
2010	기초생계비	1,635.7			
	차상위	1,962.9			
	차차상위	2,453.6			
	중위소득의 40%	1,440.0	1,444.0	1,493.6	1,439.2
	중위소득의 50%	1,800.0	1,805.0	1,867.0	1,799.0
	중위소득의 60%	2,160.0	2,166.0	2,240.4	2,158.8

주: 최저생계비는 4인 가구 기준.

의 수치에 비하여 절반 수준에 불과하다. 총소득(OECD 기준 경상소득) 기준 빈곤율은 2008년 20.7%, 2009년 19.3%, 2010년 18.1%로 나타났는데, 이는 오히려 2008년 말 금융위기와 무관하게 계속 하락 추세를 보여주고 있어 보건사회연구원(2011)에서 제시한 총소득 기준 빈곤율의 추세, 즉 2008년 8.0%, 2009년 8.4%, 2010년 7.8%와 다소 차이가 있다. 특징적인 것은 가처분소득 기준 빈곤율인데, 이는 총소득 기준과 다르게 3개 연도에

표 6-3 소득유형별 빈곤율 측정결과

(단위: %)

구분			1차 소득 (A)	시장 소득 (B)	총소득 (C)	가처분 소득 (D)	빈곤감소 효과		
							A-B	B-C	C-D
2008	절대빈곤	최저생계비	22.9	21.6	20.7	21.3	1.3	1.0	-0.7
		차상위	28.6	26.9	23.7	25.5	1.8	3.2	-1.8
		차차상위	34.2	32.5	29.5	32.2	1.7	3.0	-2.7
	상대빈곤 (중위소득)	40%	21.6	20.0	17.4	18.4	1.6	2.6	-1.0
		50%	24.8	23.8	23.1	22.6	0.9	0.7	0.5
		60%	29.2	28.2	27.7	27.7	1.0	0.5	0.0
2009	절대빈곤	최저생계비	24.4	22.4	19.3	20.9	2.0	3.1	-1.6
		차상위	26.0	24.7	24.1	25.3	1.2	0.6	-1.2
		차차상위	33.3	32.2	31.3	32.8	1.2	0.8	-1.4
	상대빈곤 (중위소득)	40%	24.5	23.4	20.9	21.6	1.2	2.5	-0.7
		50%	25.3	24.0	21.9	22.5	1.4	2.0	-0.6
		60%	29.7	29.8	27.7	28.4	-0.1	2.1	-0.7
2010	상대빈곤 (중위소득) 절대빈곤	최저생계비	22.6	20.4	18.1	18.9	2.2	2.3	-0.8
		차상위	27.3	25.1	23.0	23.9	2.2	2.1	-1.0
		차차상위	34.2	32.3	30.1	31.0	2.0	2.2	-0.9
	상대빈곤 (중위소득)	40%	19.8	18.3	16.2	16.1	1.6	2.1	0.1
		50%	23.9	23.7	21.9	21.6	0.2	1.9	0.2
		60%	29.5	27.9	26.3	26.3	1.6	1.6	-0.1

서 모두 높게 나타났다. 이는 사회보험료 및 조세액이 크게 영향을 주어 더 많은 가구들이 최저생계비 기준선 이하에 위치하고 있음을 말해 준다. 이는 보건사회연구원(2011)의 발표수치(2008년 8.8%, 2009년 9.5%, 2010년 8.7%)와 추세가 동일하다. 한편, 비빈곤가구이지만 기초생계비 기준을 차상위, 차차상위 계층으로 확대 · 적용하였을 경우 소득유형과 무관하

게 기준선 이하에 위치하는 가구들이 더 많아지는 것으로 나타났다.

한편, 한국보건사회연구원(2011)에 제시된 「한국복지패널」 자료를 이용한 빈곤율을 보면, 시장소득 기준 2008년 19.6%, 2009년 18.5%, 경상소득 기준 2008년 15.6%, 2009년 14.3%, 가처분소득 기준 2008년 15.2%, 2009년 13.5%로 산출되어 본 연구의 추정치와 큰 차이가 없다.[10] 다음으로 소득유형별 2008~2010년의 상대빈곤율을 중위소득의 40% 기준에 의한 측정치로 설명한다. 1차 소득 기준 상대빈곤율은 2008년 21.6%, 2009년 24.5%, 2010년 19.8%로 나타났고, 시장소득 기준 빈곤율은 2008년 20.0%, 2009년 23.4%, 2010년 18.3%로 나타났다. 총소득 기준 빈곤율은 2008년 17.4%, 2009년 20.9%, 2010년 16.2%였고, 가처분소득 기준 빈곤율도 2008년 18.4%, 2009년 21.6%, 2010년 16.1%로 산출되었다. 이상에서 소득유형과 무관하게 2008년 말 금융위기가 빈곤율을 높이고 있음을 잘 보여주고 있다. 참고로 2008년은 총소득 기준보다 가처분소득 기준 빈곤율이 절대소득빈곤 기준에서는 높았지만, 2009년과 2010년은 상대빈곤율에서도 유사한 경우가 나타나고 있다.

보건사회연구원(2011)의 빈곤 통계를 이용하여 중위소득 40% 기준 상대빈곤율을 시장소득, 총소득(경상소득), 가처분소득 기준으로 2008년부터 2010년까지 제시해 보면 다음과 같다. 시장소득은 2008년 12.2%, 2009년 13.0%, 2010년 12.7%, 총소득은 2008~2010년 모두 9.4%, 가처분소득은 2008년 9.0%, 2009년 9.2%, 2010년 9.3%로 나타나서 본 연구의 산출결과의 1/2에 불과하였다.

10) 비록 연도는 다르지만, 한국보건사회연구원(2011)에 제시된 「한국노동패널」 자료를 이용한 2002년부터 2006년까지의 빈곤율이 27.0%, 26.8%, 24.6%, 21.8%, 21.8%로 본 연구의 추정치와 유사하게 산출되었다.

6.3.3 자산빈곤 개념과 (자산)빈곤율 측정결과

본 연구에서는 자산빈곤을 남상호(2009)와 같이 순자산이 최저생계비 6개월 금액에 미달하는 가구로 정의한다. 자산빈곤을 측정하기 위해서 「재정패널조사」에서 어떤 항목들을 자산과 부채로 조사하고 있는지를 확인한 결과, 부동산자산 및 관련 부채, 금융자산 및 관련 부채, 그리고 자동차 가격 등이 있었다. 첫째, 일반재산은 '가구원 거주주택의 전세 및 월세의 보증금', '가구원 비거주주택의 전세 및 월세의 보증금', '주택 이외 건물(상가 등)의 전세 및 월세의 보증금', '현재 거주주택 외 보유주택', '주택 이외의 보유 부동산(임야, 전답, 토지, 상가)', '보유 회원권(골프, 콘도 등)', '농기계, 가축', '선박, 건설중장비' 등이며, 재산가액은 이들 변수의 합계를 활용한다. 둘째, 금융재산은 '은행 등 금융기관 예적금', '펀드 가입 금액', '채권 보유 금액', '주식 보유 금액', '저축성 보험, 연금성 보험', '빌려준 돈', '기타 금융자산', '작년 한 해 주택마련 저축 또는 주택마련 펀드에 불입한 금액' 등을 합산하여 계산하였다. 셋째, 자동차 재산가액은 자동차의 조사 연도와 연식 차이에 연간 감가상각률을 5%로 할인하여 현가를 산출하고 각 가구가 보유(최대 6대)하고 있는 자동차 가치를 합산하였다.

한편, 부채는 '정부 지원 주택자금 대출금액', '금융기관 주택담보 대출', 그리고 '세입자에게 돌려주어야 할 전세금, 임대보증금' 등이며, 금융부채는 '금융재산에서 학자금 대출', '금융기관 대출', 그리고 '기타' 등을 이용한다. 참고로 「재정패널조사」 2차년도의 경우 금융기관 주택담보 대출과 금융기관 대출을 구별하지 않았으나, 3~4차년도에는 이를 구분하였다. 즉, 2차년도의 경우 금융부채의 규모가 3~4차년도에 비해 크게 조사되어 금융재산이 과소 추산될 가능성이 있다.

이상에서 살펴본 자산에서 부채를 차감한 순자산을 기준으로 2008년부터 2010년까지 자산빈곤율을 구한 결과, 2008년 32.3%, 2009년 32.8%, 2010년 28.9%로 산출되었다. 특징적인 것은 최저생계비 기준이 매년 상향 조정되었음에도 자산빈곤율은 점차 하락 추세를 나타내고 있어 비교적 긍정적인 경향을 보여주고 있다는 것이다. 이 수치는 남상호(2009)에서 제시한 수치(2006년 13.3%, 2007년 12.4%)보다 더 높다.

6.3.4 소득빈곤과 자산빈곤의 연계성 분석

본 장은 전술하였듯이 소득빈곤을 기준으로 소득빈곤가구가 자산빈곤에 처해 있는지를 판별하여 해당 가구들의 특성을 살펴보는 것에 연구목적이 있다. 먼저 소득빈곤 여부와 자산빈곤 여부를 가지고 행렬(matrix)을 작성하여 연도별로 어떤 변화를 보여주는지를 살펴보았다(〈표 6-4〉 참조).

먼저 소득비빈곤가구의 경우, 자산빈곤 여부와 무관하게 소득의 범위가 커지면서, 즉 1차 소득, 시장소득, 총소득(경상소득)으로 갈수록 그 비중이 증가하다가 가처분소득 기준에서 다소 하락하는 추세로 나타나고 있다. 이는 빈곤율 측정결과와 유사한 추세이다. 이에 반해 소득빈곤은 자산빈곤과 무관하게 소득이 경상소득(총소득)으로 갈수록 구성비가 하락하다가 가처분소득 기준에서 약간 높아지는 것으로 나타났다.

이제 1차 소득 기준으로 구성비를 비교해 보면, 소득빈곤과 자산빈곤에 모두 해당되지 않는 가구들을 보면, 2008년 54.9%, 2009년 53.6%로 미미하게 하락하였지만, 2010년에 다시 56.4%로 증가하였다. 소득빈곤

표 6-4 소득유형별 소득빈곤가구와 자산빈곤가구 구성비 비교

(단위: 가구, %)

구분	연도	자산비빈곤				자산빈곤			
		1차 소득	시장 소득	총소득	가처분 소득	1차 소득	시장 소득	총소득	가처분 소득
소득 비빈곤	2008	2,623 (54.91)	2,723 (57.00)	2,769 (57.97)	2,765 (57.88)	936 (19.59)	992 (20.77)	1,042 (21.81)	1,013 (21.21)
	2009	2,490 (53.58)	2,619 (56.36)	2,743 (59.03)	2,674 (57.54)	908 (19.54)	982 (21.13)	1,073 (23.09)	1,002 (21.56)
	2010	2,575 (56.38)	2,710 (59.34)	2,858 (62.58)	2,837 (62.12)	809 (17.71)	877 (19.2)	941 (20.6)	929 (20.34)
소득 빈곤	2008	612 (12.81)	512 (10.98)	466 (9.76)	470 (9.84)	606 (12.69)	550 (11.79)	500 (10.47)	529 (11.07)
	2009	632 (13.6)	503 (10.86)	379 (8.16)	448 (9.64)	617 (13.28)	543 (11.72)	452 (9.73)	523 (11.25)
	2010	674 (14.76)	539 (11.8)	391 (8.56)	412 (9.02)	509 (11.15)	441 (9.66)	377 (8.25)	389 (8.52)

이 아니면서 자산빈곤에 처한 가구들은 2008년 19.6%, 2009년 19.5%, 2010년에는 17.7%로 하락 추세를 보여주어 자산빈곤가구들이 점감하고 있는 것으로 나타났다. 소득빈곤가구인데 자산빈곤에 직면하지 않은 가구들은 2008년 12.8%, 2009년 13.6%, 2010년 14.8%로 증가하고 있음에 반해, 소득빈곤가구이면서 자산빈곤에 처한 가구 비중은 2008년 12.7%, 2009년 13.3%, 2010년 11.2%로 증가하다가 하락하고 있다.

다음은 시장소득 기준으로 소득빈곤과 자산빈곤에 모두 해당되지 않는 가구들을 보면, 2008년 57%, 2009년 56.4%로 미미하게 하락하였지만, 2010년에 다시 59.3%로 증가하였다. 둘째, 소득빈곤이 아니면서 자산빈곤에 처한 가구들은 2008년 20.8%, 2009년 21.1%, 2010년에는 19.2%로 다소 하락 추세를 보여주어 자산빈곤가구들이 점감하고 있는 것으로 나타났다. 셋째, 소득빈곤가구인데 자산빈곤에 직면하지 않은 가구들은 2008년 11.0%, 2009년 11.0%, 2010년 11.8%로 미미하지만 증가하고 있다. 넷째, 소득빈곤가구이면서 자산빈곤에 처한 가구 비중은 2008년 11.8%, 2009년 11.7%, 2010년 9.7%로 하락 추세를 나타내어 비교적 긍정적인 경향을 보여주고 있다. 정리하면, 소득빈곤과 자산빈곤에 모두 해당되지 않는 가구 비중이 2008년부터 2010년까지 증가하고 있으며, 소득빈곤이면서 자산빈곤인 가구 비중도 점차 감소하고 있어 긍정적인 모습을 보여주고 있다.

총소득(경상소득) 기준으로 구성비들을 비교해 보면, 소득비빈곤가구이면서 자산비빈곤가구의 비중은 2008년 58.0%, 2009년 59.0%, 2010년 62.6%로 계속 증가하고 있다. 소득비빈곤가구이면서 자산빈곤에 처한 가구들은 2008년 21.8%, 2009년 23.1%, 2010년에는 20.6%로 증가에서 하락 추세로 반전되고 있다. 소득빈곤가구인데 자산빈곤에 직면하지 않은 가구들은 2008년 9.8%, 2009년 8.2%, 2010년 8.6%로 하락하다가 증가하고 있음에 반해, 소득빈곤가구이면서 자산빈곤에 처한 가구 비중은 2008년 10.5%, 2009년 9.7%, 2010년 8.3%로 계속 하락하고 있어 비교적 긍정적인 모습을 보여주고 있다.

마지막으로 가처분소득 기준의 경우, 소득비빈곤가구이면서 자산비빈곤가구의 비중은 2008년 57.9%, 2009년 57.5%, 2010년 62.1%로 증가 추세를 보여주고 있다. 소득비빈곤가구이면서 자산빈곤에 처한 가구들은 2008년 21.2%, 2009년 21.6%, 2010년에는 20.3%로 증가하다가 하락하였다. 소득빈곤가구인데 자산빈곤에 직면하지 않은 가구들은 2008년 9.8%, 2009년 9.6%, 2010년 9.0%로 계속 하락하고 있지만, 소득빈곤가구이면서 자산빈곤에 처한 가구 비중은 2008년 11.1%, 2009년 11.3%로 미미하게 증가하였다가 2010년 8.5%로 다시 하락하고 있는 것으로 나타났다.

이상의 4개 유형 소득의 분석결과를 정리하면, 개략적으로 소득비빈곤가구이자 자산비빈곤가구의 비중이 2008년부터 2010년까지 증가 추세를, 소득빈곤가구이자 자산빈곤가구의 비중은 소득유형에 따라 약간의 차이는 있지만 2008년에 비해 2010년 수치가 하락하여 긍정적인 방향임을 추측하게 한다.

한편, 〈표 6-5〉는 2008~2010년 소득빈곤과 자산빈곤 여부를 2×2 매트릭스 형태로 나타낸 뒤, 각 유형별로 금융자산과 부채, 부동산 자산 및 부채 등을 제시한 것이다. 우선 소득과 자산이 모두 빈곤에 해당되지 않는 가구는 2008년 이후 모두 금융자산은 증가하고 있는 반면에 금융부채는 급격하게 감소하고 있다. 소득도 유형과 관계없이 2008년 이후 계속 증가하고 있다. 둘째, 소득비빈곤가구이면서 자산빈곤에 처한 가구들은 금융자산이 미미하게 증가하고 있지만, 금융부채가 그에 비하여 월등하게 많다. 또한 금융부채가 금융자산에 비하여 훨씬 큰 것으로 나타났다. 소득도 소득비빈곤-자산비빈곤가구에 비하여 상당히 낮게 나타났다. 셋째, 소득빈곤가구이면서 자산이 빈곤층에 속하지 않는 가구를 보면, 금융자산과 부채 규모가 소득비빈곤-자산비빈곤가구에 비하여 훨씬 크지만, 소득비빈곤-자산빈곤가구에 비해서는 금융자산의 규모는 크고 부채 규모는 작았다. 소득은 소득비빈곤가구에 비하여 현저하게 적었다. 넷째, 소득빈곤가구이면서 자산빈곤가구는 금융자산의 규모는 다른 3개 유형 가구에 비하여 현저하게 작고, 부채 규모는 소득빈곤-자산비빈곤가구에 비하여 더 크게 나타났다. 소득도 1차 소득과 시장소득의 경우 소득빈곤가구-자산비빈곤가구에 비하여 낮았지만, 2008년의 총소득은

표 6-5　소득빈곤-자산빈곤가구의 소득 및 자산 현황

(단위: 만 원)

구분		소득 및 자산유형	자산					
			비빈곤			빈곤		
			2008	2009	2010	2008	2009	2010
비빈곤	자산유형	금융자산	3,392.2	3,840.1	4,338.4	807.4	903.1	978.4
		금융부채	1,518.5	817.8	681.3	4,730.3	1,661.4	1,895.5
		부동산 자산	12,398.6	13,194.8	14,732.4	1,198.7	913.1	1,089.9
		부동산 부채	1,641.1	2,357.0	2,970.8	1,903.4	4,587.8	5,113.6
	소득유형	1차 소득	3,986.3	4,115.4	4,424.7	3,273.7	3,438.1	3,727.1
		시장소득	4,073.6	4,252.5	4,623.9	3,363.6	3,581.1	3,876.8
		총소득	4,091.6	4,342.6	4,718.0	3,387.7	3,663.2	3,934.5
		가처분소득	3,855.8	4,139.2	4,516.6	3,163.3	3,458.6	3,763.9
빈곤	자산유형	금융자산	1,923.1	2,268.2	2,338.1	167.4	136.3	172.0
		금융부채	624.5	522.6	542.8	1,470.7	917.9	793.1
		부동산 자산	6,986.3	6,908.9	8,386.1	283.3	562.1	393.4
		부동산 부채	800.2	958.5	1,759.3	619.5	1,651.9	1,127.8
	소득유형	1차 소득	362.1	393.6	457.1	330.7	357.7	397.1
		시장소득	454.9	504.6	579.2	436.2	476.3	542.6
		총소득	566.0	868.4	971.9	616.3	748.0	730.5
		가처분소득	638.7	699.5	935.1	497.8	540.9	708.8

주: 시장소득 기준.

소득빈곤-자산비빈곤가구에 비하여 높았지만 다른 연도와 다른 유형의 소득은 모두 낮은 것으로 나타났다.

부동산 자산과 부동산 부채의 경우, 소득비빈곤-자산비빈곤가구가 자산 규모가 월등하게 커 1억 원 이상이며 그 규모도 2008년 이후 매년 증가하고 있다. 그러나 소득비빈곤가구이면서 자산빈곤가구의 경우, 부동산 자산의 규모는 감소하지만 부채 규모는 현저하게 증가하고 있었다. 소득빈곤가구이면서 자산비빈곤가구의 경우, 부동산 자산의 규모는 연도가 지나면서 점증하지만, 부동산 부채 규모는 그에 비하여 훨씬 더 빠르게 증가하고 있는 것으로 나타났다. 소득빈곤-자산빈곤가구의 경우, 부동산 자산의 규모도 지나치게 작지만, 부동산 부채가 자산에 비하여 훨씬 많았다.

한편, 순자산 개념에 근거하여 설명해 보면, 첫째 소득비빈곤-자산비빈곤가구의 경우 금융 순자산과 부동산 순자산은 지속적으로 양(+)의 값을 보여주고 있다. 둘째, 소득비빈곤-자산빈곤가구의 경우 금융 및 부동산 순자산은 음(–)의 값으로 나타났다. 셋째, 소득빈곤-자산비빈곤가구의 경우 금융 순자산과 부동산 순자산은 양(+)이었고, 넷째 소득과 자산이 모두 빈곤인 가구는 두 유형의 순자산이 모두 음(–)으로 나타났다. 이상에서 자산비빈곤가구의 경우, 금융자산과 부동산 자산의 순계, 즉 순자산은 모두 양이고, 자산빈곤가구는 순자산이 모두 음이어서 만약에 소득빈곤에 처할 경우, 빈곤 상태가 지속될 수 있음을 시사해 준다.

이제 소득빈곤가구 중에서 자산빈곤과 자산비빈곤가구로 구분하여 가구주 특성별 차이를 설명해 본다. 첫째, 여성 가구가 자산빈곤가구인 비중이 더 높게 나타났다(〈표 6-6〉 참조). 또한 임금근로자가 비임금근로자에 비하여 자산빈곤가구에 상대적으로 더 많이 포함되었다. 성별로는 연도별로 증가하고 있으나, 임금근로자의 경우는 하락하는 추세를 보이고 있다.

둘째, 연령별로 자산빈곤 및 비빈곤가구를 비교하면(〈표 6-7〉 참조), 자산빈곤가구가 연령이 더 높은 것으로 나타났는데, 50세 이상의 가구주 비율을 보면 자산빈곤가구가 2008년과 2009년에는 더 높았지만 2010년에는 자산빈곤가구에서 50세 이상이 차지하는 비율이 다소 낮았다.

표 6-6 가구주 성 · 근로형태별 자산빈곤 및 비빈곤가구 비교

구분	연도	남자	여자	비임금근로	임금근로
자산빈곤	2008	59.2	40.8	76.7	23.3
	2009	58.7	41.3	80.4	19.6
	2010	57.4	42.6	79.2	20.8
자산비빈곤	2008	67.8	32.2	80.7	19.3
	2009	67.7	32.3	80.4	19.6
	2010	70.2	29.8	84.1	15.9

표 6-7 가구주 연령별 자산빈곤 및 비빈곤가구 비교

구분		연도	~25세 미만	~30세 미만	~35세 미만	~40세 미만	~45세 미만	~50세 미만	~55세 미만	~60세 미만	~65세 미만	~70세 미만	~70세 이상	합계
소득빈곤	자산빈곤	2008	0.8	0.7	1.3	3.0	5.9	7.3	7.8	3.5	7.8	14.2	47.9	100.0
		2009	0.2	0.5	2.3	3.9	5.8	7.5	7.0	4.1	8.1	12.5	48.3	100.0
		2010	0.4	0.4	2.4	3.5	7.7	6.5	5.1	3.5	7.9	14.5	48.1	100.0
	자산비빈곤	2008	0.5	1.3	3.1	4.1	6.2	6.2	3.9	5.4	9.3	11.6	48.4	100.0
		2009	0.2	1.7	2.4	4.9	8.4	5.5	4.4	4.0	11.7	13.1	43.7	100.0
		2010	0.0	1.2	2.7	3.9	5.2	6.1	5.5	5.0	12.0	14.7	43.8	100.0

셋째, 학력별로 비교해 보면(〈표 6-8〉 참조), 무학가구주와 초졸 및 중졸가구주는 자산빈곤가구에 속한 비중이 더 높았지만 고졸 이상 가구주들은 자산비빈곤에 속하는 비중이 더 높았다. 이로써 학력이 높을수록 자산빈곤가구에 속하지 않을 가능성이 더 높다고 볼 수 있다. 이는 대학원 석사와 박사학위 소지자들은 소득빈곤에 속하는 비중이 현저하게 낮다는 사실에서 잘 확인된다.

넷째, 직업별로 자산빈곤 여부를 비교해 본다(〈표 6-9〉 참조). 당연히

표 6-8 가구주 학력별 자산빈곤 및 비빈곤가구 비교

구분		연도	안 받았음	초등 학교	중학교	고등 학교	전문 대학교	대학교	대학원 석사	대학원 박사	합계
소득 빈곤	자산 빈곤	2008	18.2	29.2	17.5	23.9	2.3	8.9	0.0	0.0	100.0
		2009	18.3	30.3	13.1	26.4	1.6	9.2	0.8	0.2	100.0
		2010	19.8	28.9	14.9	24.8	2.9	7.5	1.2	0.0	100.0
	자산 비빈곤	2008	15.0	25.3	11.1	27.6	4.6	14.2	1.6	0.5	100.0
		2009	11.2	24.5	14.1	28.6	4.3	15.7	1.6	0.0	100.0
		2010	11.9	26.0	13.6	27.3	3.1	16.0	1.6	0.4	100.0

표 6-9 가구주 직업별 자산빈곤 및 비빈곤가구 비교

구분		연도	행정 관료직	전문 직	사무 직	판매/ 서비스직	기능 직	노무 직	농림 어업	군인	기타 취업	전업 주부	무직 (퇴직)	학생	합계
빈곤	자산 빈곤	2008	0.5	0.7	1.0	11.7	8.1	13.2	6.4	0.0	1.5	10.1	45.5	1.3	100.0
		2009	0.3	1.6	1.9	12.3	7.0	11.5	5.5	0.0	2.3	15.1	41.5	0.6	100.0
		2010	0.4	1.0	2.9	11.6	5.1	12.8	5.5	0.0	1.6	11.2	47.7	0.2	100.0
	자산 비빈곤	2008	0.3	2.1	2.6	13.1	6.7	7.4	15.5	0.0	3.3	7.7	40.7	0.7	100.0
		2009	0.2	2.1	3.6	14.2	8.1	6.0	14.4	0.0	1.7	9.7	39.1	0.5	100.0
		2010	0.1	2.2	3.4	13.4	7.4	7.1	16.3	0.0	1.5	8.2	40.1	0.3	100.0

무직(퇴직)인 가구주들이 소득빈곤이면서 자산빈곤에 속한 비중이 상대적으로 높았다. 전업주부와 노무직이 자산빈곤에 속한 비중이 더 높았다. 반면에 농림어업과 판매 및 서비스직 가구주들은 자산비빈곤에 속하는 비중이 더 크게 나타났다. 행정관료직, 전문직과 사무직은 상대적으로 자산빈곤가구에 속한 비중이 현저하게 낮았고, 군인은 전혀 없는 것으로 나타났다.

6.4 빈곤의 결정요인 추정

이제 가구의 특성이 다양한 소득, 소득-자산, 그리고 자산빈곤의 결정에 어떠한 영향을 미치는지 살펴본다. 먼저 프로빗모형(probit model)을 사용하여 각 소득항목별 빈곤 확률 결정요인과 그 크기를 파악하고, 다항로짓(multinomial logit)모형 추정을 통해 연도별 소득, 자산 모두 비빈곤가구를 기준으로 소득빈곤가구, 소득빈곤이면서 동시에 자산빈곤인 가구 등의 3개 범주를 사용하여 빈곤에 영향을 미치는 요인들을 찾아낸다.

6.4.1 추정모형

본 연구에서는 가구특성 변수들이 소득, 소득-자산, 그리고 자산빈곤의 결정에 어떠한 영향을 미치는지 결정요인과 그 크기를 알아보고자 한다. 우선 프로빗모형을 사용하여 빈곤 확률 결정요인과 그 크기를 파악한다.

$$\Pr(y_i=1 \mid X)=F(X_i\beta)$$
$$\Pr(y_i=1 \mid X)=\Phi(X_i\beta)=\int_{-\infty}^{X_i\beta}\frac{1}{\sqrt{2\pi}}\exp\left(\frac{-z^2}{2}\right)dz$$

여기서 X_i는 독립 변수들의 벡터이다. $F(\cdot)$는 표준정규분포함수(standard normal distribution)이며, 표준정규 변환된 $\Phi(\cdot)$은 0과 1 사이에 확률 값을 갖게 된다.

본 연구에 사용된 데이터는 「재정패널」 2차(2008년), 3차(2009년), 4차(2010년)의 3개 연도별 횡단면 자료이다. 본 연구는 1차적으로 빈곤 규모를 파악하는 것을 목적으로 하여 신규 조사자, 분가가구 등을 제거하지 않고, 각 연도의 자료를 사용하였기 때문에 연도별로 표본 수가 2008년은 4,777가구, 2009년 4,647가구, 2010년 4,567가구로 달랐다. 종속 변수는 소득항목별 빈곤 여부(빈곤가구=1, 비빈곤가구=0)와 자산빈곤 여부(순자산기준, 자산빈곤가구=1, 자산비빈곤가구=0)가 사용된다. 독립 변수는 가구의 빈곤 결정요인을 설명하는 가구의 특성, 구체적으로 가구주의 교육수준, 성별, 취업 형태, 직업, 연령, 취업가구원 수와 가구원 수를 사용하였다. 모형 1과 모형 2의 차이는 모형 2가 취업가구원 수와 가구원 수를 추가로 통제하고 있다는 것이다.

6.4.2 추정결과

2008~2010년 빈곤요인을 결정하는 변수들의 주요한 특징은 다음과 같다. 우선 가구주의 교육수준이 높아짐에 따라, 여성 가구주일수록, 그리고 가구 내 취업자가 많아지면 소득, 소득 · 자산빈곤 확률을 감소시키는 것으로 나타났다. 반면에 가구주의 직업[11]이 불안정하거나 비경제활동인구일 때 빈곤의 확률을 높이고, 가구원 수가 많아지면 빈곤가구일 확률이 높아지는 것으로 나타났다.

특징적인 결과는 2008년과 2009년에 가구주의 취업 형태가 임금근로자일 경우 소득, 소득 · 자산기준 빈곤일 확률이 감소하는 것으로 나타났으나, 2010년에는 가구주가 임금근로자이면 소득, 소득 · 자산빈곤일

11) 본 연구에서 활용된 직업은 변수 값이 클수록 직업의 안정성이 낮다고 볼 수 있다(〈표 6-9〉의 직업유형 참조). 따라서 가구주 직업의 회귀계수가 모두 통계적으로 유의하면서 부호가 양(+)으로 나타났다는 것은 직업 안정성이 낮을수록 빈곤 확률이 커지고 있다는 것을 의미한다. 다만 2009년의 경우, 양(+)의 부호를 갖지만 통계적으로 유의하지 않았다.

확률이 높아지는 것으로 나타났다는 점이다. 반면 2008년에는 가구주가 임금근로일 경우 순자산 기준의 빈곤 확률이 높은 것으로 나타났으나, 2010년에는 임금근로 가구주 가구일 경우 자산빈곤일 가능성이 오히려 낮아지는 것으로 확인되었다. 즉, 2008~2010년 기간 동안 가구주의 임금근로 여부가 자산빈곤 결정에 미치는 영향이 뒤바뀐 것이다.[12)]

2008년, 2009년, 그리고 2010년 결과에서 가구주의 교육수준은 소득, 소득 · 자산, 자산빈곤 기준에 불문하고 교육수준이 증가함에 따라 빈곤 확률을 감소시키는 것으로 나타났다(〈표 6-10〉~〈표 6-12〉 참조). 또한 공통적으로 취업가구원 수와 가구원 수를 통제했을 때 빈곤감소 효과가 크게 나타났으며, 이는 연도별로 개별 변수들의 한계효과(marginal effect)를 계산한 〈표 6-13〉~〈표 6-15〉에서 확인할 수 있다. 가구주의 성별(남성=1, 여성=2)은 여성 가구주일 때 빈곤일 확률이 높게 나타나고 있으며, 소득 기준이 1차 소득에서 총소득으로 가면서 확률 크기는 작아지고 있다. 반면에 순자산을 기준으로 빈곤 여부에 미치는 영향은 여성 가구주일 때 소득기준으로 가구주의 성별이 미치는 영향보다는 다소 줄어드는 것으로 나타났다. 더불어 모형에서 가구원 수 및 취업가구원 수를 통제할 경우 두 변수는 빈곤 결정에 서로 반대의 영향을 미치는 것으로 나타났다. 예로 동일한 소득 및 자산수준을 보유하지만 가구원 수가 많을 경우 절대빈곤선의 비대상인 가구균등화 소득은 적어지며, 반면에 취업가구원 수의 증가는 가구소득을 증가시켜 빈곤선 이하일 가능성을 낮춘다는 것은 당연한 결과라고 볼 수 있다.

전술한 〈표 6-3〉의 빈곤율 추정결과에서 2009년은 2008년에 비해 소

12) 이에 관해서는 비정규직 증가 여부가 주요 요인인지를 파악할 필요가 있을 것으로 판단되는데, 이는 향후 연구 과제로 넘긴다.

표 6-10 빈곤 결정요인 추정결과(2008년)

변수	1차 소득		시장소득		총소득		가처분소득		순자산	
	모형 1	모형 2	모형 3	모형 4	모형 5	모형 6	모형 7	모형 8	모형 9	모형 10
가구주 교육수준	−0.104***	−0.170***	−0.131***	−0.190***	−0.107***	−0.159***	−0.189***	−0.251***	−0.114***	−0.125***
	[0.0194]	[0.0206]	[0.0192]	[0.0203]	[0.0193]	[0.0202]	[0.0192]	[0.0203]	[0.0159]	[0.0162]
가구주 성별 (남성=1)	0.599***	0.537***	0.361***	0.322***	0.305***	0.263***	0.367***	0.369***	0.108**	0.244***
	[0.0623]	[0.0707]	[0.0611]	[0.0684]	[0.0610]	[0.0679]	[0.0595]	[0.0666]	[0.0530]	[0.0573]
취업 형태 (임금근로자=1)	−0.316***	−0.241***	−0.357***	−0.289***	−0.390***	−0.328***	−0.361***	−0.297***	0.0975**	0.117**
	[0.0550]	[0.0572]	[0.0559]	[0.0579]	[0.0568]	[0.0587]	[0.0552]	[0.0573]	[0.0459]	[0.0463]
가구주 직업	0.233***	0.128***	0.189***	0.0929***	0.177***	0.0860***	0.143***	0.0523***	0.0534***	0.0586***
	[0.0124]	[0.0143]	[0.0123]	[0.0144]	[0.0123]	[0.0145]	[0.0122]	[0.0144]	[0.0106]	[0.0118]
가구주 연령	0.0173***	0.0191***	0.0129***	0.0148***	0.0112***	0.0128***	0.00641***	0.00850***	0.000284	0.00186
	[0.00233]	[0.00248]	[0.00232]	[0.00245]	[0.00233]	[0.00245]	[0.00230]	[0.00242]	[0.00190]	[0.00193]
취업가구원 수		−0.887***		−0.757***		−0.701***		−0.719***		−0.0782**
		[0.0571]		[0.0543]		[0.0541]		[0.0529]		[0.0336]
가구원 수		0.103***		0.139***		0.130***		0.165***		0.139***
		[0.0239]		[0.0241]		[0.0241]		[0.0237]		[0.0184]
상수항	−3.104***	−1.649***	−2.340***	−1.262***	−2.281***	−1.267***	−1.531***	−0.658**	−0.452***	−1.026***
	[0.207]	[0.269]	[0.202]	[0.265]	[0.203]	[0.266]	[0.199]	[0.261]	[0.171]	[0.206]
관측치	4,777	4,777	4,777	4,777	4,777	4,777	4,777	4,777	4,777	4,777

주: 1) [ ]는 표준오차.
2) *** $p<0.01$, ** $p<0.05$, * $p<0.1$.

표 6-11 빈곤 결정요인 추정결과(2009년)

변수	1차 소득		시장소득		총소득		가처분소득		순자산	
	모형 1	모형 2	모형 3	모형 4	모형 5	모형 6	모형 7	모형 8	모형 9	모형 10
가구주 교육수준	−0.0798***	−0.168***	−0.129***	−0.207***	−0.169***	−0.239***	−0.185***	−0.257***	−0.113***	−0.134***
	[0.0193]	[0.0210]	[0.0193]	[0.0208]	[0.0203]	[0.0216]	[0.0198]	[0.0211]	[0.0163]	[0.0167]
가구주 성별 (남성=1)	0.545***	0.429***	0.295***	0.193***	0.238***	0.150**	0.284***	0.196***	0.114**	0.219***
	[0.0601]	[0.0689]	[0.0593]	[0.0673]	[0.0600]	[0.0677]	[0.0588]	[0.0662]	[0.0528]	[0.0574]
취업 형태 (임금근로자=1)	−0.476***	−0.499***	−0.467***	−0.486***	−0.479***	−0.498***	−0.496***	−0.519***	0.041	0.0454
	[0.0539]	[0.0561]	[0.0553]	[0.0574]	[0.0579]	[0.0599]	[0.0556]	[0.0576]	[0.0464]	[0.0467]
가구주 직업	0.179***	0.0913***	0.128***	0.0455***	0.0962***	0.0186	0.103***	0.0261**	0.0381***	0.0299***
	[0.0113]	[0.0128]	[0.0113]	[0.0130]	[0.0117]	[0.0134]	[0.0114]	[0.0131]	[0.0102]	[0.0111]
가구주 연령	0.0177***	0.0182***	0.0140***	0.0146***	0.00607**	0.00610**	0.00656***	0.00687***	−0.000168	0.00143
	[0.00233]	[0.00249]	[0.00234]	[0.00249]	[0.00243]	[0.00255]	[0.00235]	[0.00248]	[0.00194]	[0.00198]
취업가구원 수		−0.786***		−0.670***		−0.607***		−0.609***		−0.167***
		[0.0457]		[0.0444]		[0.0457]		[0.0437]		[0.0313]
가구원 수		0.133***		0.150***		0.143***		0.142***		0.153***
		[0.0234]		[0.0237]		[0.0244]		[0.0234]		[0.0187]
상수항	−2.729***	−1.235***	−1.914***	−0.725***	−1.250***	−0.17	−1.172***	−0.0912	−0.319*	−0.655***
	[0.203]	[0.264]	[0.201]	[0.264]	[0.208]	[0.271]	[0.202]	[0.262]	[0.172]	[0.208]
관측치	4,647	4,647	4,647	4,647	4,647	4,647	4,647	4,647	4,647	4,647

주: 1) [ ]는 표준오차.
2) *** p<0.01, ** p<0.05, * p<0.1.

표 6-12 빈곤 결정요인 추정결과(2010년)

변수	1차 소득		시장소득		총소득		가처분소득		순자산	
	모형 1	모형 2	모형 3	모형 4	모형 5	모형 6	모형 7	모형 8	모형 9	모형 10
가구주 교육수준	−0.0863***	−0.159***	−0.0974***	−0.157***	−0.156***	−0.210***	−0.162***	−0.216***	−0.0979***	−0.125***
	[0.0196]	[0.0211]	[0.0195]	[0.0206]	[0.0205]	[0.0215]	[0.0203]	[0.0213]	[0.0167]	[0.0172]
가구주 성별 (남성=1)	0.465***	0.330***	0.243***	0.151**	0.211***	0.175**	0.187***	0.163**	0.105*	0.211***
	[0.0622]	[0.0702]	[0.0617]	[0.0689]	[0.0620]	[0.0690]	[0.0616]	[0.0685]	[0.0544]	[0.0590]
취업 형태 (임금근로자=1)	0.445***	0.522***	0.441***	0.497***	0.482***	0.527***	0.501***	0.547***	−0.147***	−0.158***
	[0.0563]	[0.0585]	[0.0579]	[0.0598]	[0.0604]	[0.0621]	[0.0591]	[0.0609]	[0.0483]	[0.0487]
가구주 직업	0.166***	0.0822***	0.134***	0.0592***	0.0907***	0.0238*	0.0891***	0.0238*	0.0540***	0.0401***
	[0.0112]	[0.0127]	[0.0112]	[0.0128]	[0.0115]	[0.0132]	[0.0114]	[0.0131]	[0.0101]	[0.0111]
가구주 연령	0.0200***	0.0206***	0.0151***	0.0164***	0.00592**	0.00798***	0.00461*	0.00703***	−0.00258	−0.000478
	[0.00245]	[0.00262]	[0.00245]	[0.00260]	[0.00252]	[0.00267]	[0.00249]	[0.00263]	[0.00203]	[0.00208]
취업가구원 수		−0.735***		−0.603***		−0.531***		−0.525***		−0.210***
		[0.0470]		[0.0451]		[0.0459]		[0.0449]		[0.0326]
가구원 수		0.0823***		0.118***		0.151***		0.161***		0.167***
		[0.0244]		[0.0246]		[0.0253]		[0.0248]		[0.0194]
상수항	−3.639***	−2.216***	−3.051***	−2.065***	−2.260***	−1.630***	−2.118***	−1.572***	−0.214	−0.493**
	[0.204]	[0.258]	[0.202]	[0.258]	[0.208]	[0.266]	[0.205]	[0.261]	[0.169]	[0.205]
관측치	4,567	4,567	4,567	4,567	4,567	4,567	4,567	4,567	4,567	4,567

주: 1) [ ]는 표준오차.
2) *** $p<0.01$, ** $p<0.05$, * $p<0.1$.

표 6-13 주요 변수의 한계효과(2008년)

변수	빈곤 여부(1차 소득)		빈곤 여부(시장소득)		빈곤 여부(총소득)		빈곤 여부(가처분소득)		빈곤 여부(순자산)	
	모형 1	모형 2	모형 3	모형 4	모형 5	모형 6	모형 7	모형 8	모형 9	모형 10
가구주 교육수준	−0.0274***	−0.0438***	−0.0309***	−0.0434***	−0.0235***	−0.0338***	−0.0440***	−0.0556***	−0.0407***	−0.0444***
가구주 성별	0.157***	0.138***	0.0850***	0.0732***	0.0669***	0.0557***	0.0853***	0.0817***	0.0384**	0.0868***
취업 형태	−0.0839***	−0.0625***	−0.0854***	−0.0666***	−0.0873***	−0.0705***	−0.0851***	−0.0667***	0.0346**	0.0416**
가구주 직업	0.0612***	0.0329***	0.0445***	0.0212***	0.0390***	0.0182***	0.0332***	0.0116***	0.0190***	0.0208***
가구주 연령	0.00456***	0.00491***	0.00304***	0.00338***	0.00247***	0.00270***	0.00149***	0.00188***	0.000101	0.000662
취업가구원 수		−0.228***			−0.172***		−0.148***		−0.159***	−0.0278**
가구원 수		0.0265***			0.0316***		0.0275***		0.0366***	0.0495***

주: *** p<0.01, ** p<0.05, * p<0.1.

표 6-14 주요 변수의 한계효과(2009년)

변수	빈곤 여부(1차 소득)		빈곤 여부(시장소득)		빈곤 여부(총소득)		빈곤 여부(가처분소득)		빈곤 여부(순자산)	
	모형 1	모형 2	모형 3	모형 4	모형 5	모형 6	모형 7	모형 8	모형 9	모형 10
가구주 교육수준	−0.0226***	−0.0465***	−0.0321***	−0.0492***	−0.0354***	−0.0473***	−0.0439***	−0.0583***	−0.0404***	−0.0482***
가구주 성별	0.155***	0.119***	0.0733***	0.0459***	0.0498***	0.0296**	0.0671***	0.0446***	0.0409**	0.0785***
취업 형태	−0.136***	−0.140***	−0.117***	−0.117***	−0.102***	−0.101***	−0.119***	−0.120***	0.0147	0.0163
가구주 직업	0.0509***	0.0253***	0.0317***	0.0108***	0.0201***	0.00368	0.0244***	0.00592**	0.0137***	0.0107***
가구주 연령	0.00502***	0.00504***	0.00347***	0.00347***	0.00127**	0.00121**	0.00155***	0.00156***	-6.02E-05	0.000511
취업가구원 수		−0.218***		−0.159***		−0.120***		−0.138***		−0.0599***
가구원 수		0.0367***		0.0356***		0.0282***		0.0322***		0.0548***

주: *** p<0.01, ** p<0.05, * p<0.1.

표 6-15 주요 변수의 한계효과(2010년)

변수	빈곤 여부(1차 소득)		빈곤 여부(시장소득)		빈곤 여부(총소득)		빈곤 여부(가처분소득)		빈곤 여부(순자산)	
	모형 1	모형 2	모형 3	모형 4	모형 5	모형 6	모형 7	모형 8	모형 9	모형 10
가구주 교육수준	−0.0226***	−0.0465***	−0.0321***	−0.0492***	−0.0354***	−0.0473***	−0.0439***	−0.0583***	−0.0404***	−0.0482***
가구주 성별	0.155***	0.119***	0.0733***	0.0459***	0.0498***	0.0296**	0.0671***	0.0446***	0.0409**	0.0785***
취업 형태	−0.136***	−0.140***	−0.117***	−0.117***	−0.102***	−0.101***	−0.119***	−0.120***	0.0147	0.0163
가구주 직업	0.0509***	0.0253***	0.0317***	0.0108***	0.0201***	0.00368	0.0244***	0.00592**	0.0137***	0.0107***
가구주 연령	0.00502***	0.00504***	0.00347***	0.00347***	0.00127**	0.00121**	0.00155***	0.00156***	−6.02E−05	0.000511
취업가구원 수		−0.218***		−0.159***		−0.120***		−0.138***		−0.0599***
가구원 수		0.0367***		0.0356***		0.0282***		0.0322***		0.0548***

주: *** p<0.01, ** p<0.05, * p<0.1.

득, 자산기준 빈곤율이 공통적으로 증대된 양상을 보이는 것으로 나타났다. 이와 같은 배경하에서 2009년 빈곤 결정요인의 변화를 살펴보면, 첫째 소득(시장소득)기준으로 가구주의 교육수준이 빈곤 확률에 미치는 영향은 가구원 수 및 취업가구원 수를 통제했을 경우 빈곤 감소 영향이 커진 반면, 통제하지 않았을 경우 오히려 작아진 것으로 나타났다. 또한 가구주의 성별이 여성, 가구주의 직업이 불안정적이라는 요인이 빈곤에 미치는 영향은 줄어든 반면, 가구주의 취업 형태가 임금근로인 경우 빈곤가구가 아닐 확률은 오히려 증가하였다. 2009년에 비해 2010년은 소득, 자산기준 빈곤율이 다시 하락하였는데, 이때 각각 2008~2009년 감소했던 한계효과는 2010년 다시 증가하고, 2008~2009년 증가했던 한계효과는 2010년 다시 감소하여 빈곤이 악화될 경우 가구주의 교육수준, 취업형태, 연령 등은 빈곤 악화 시 빈곤 확대에 미치는 영향이 큰 주요한 변수라는 점을 확인할 수 있다. 둘째, 자산기준 빈곤의 경우 2008~2009년 기간 중 가구주의 교육수준이 높을수록 자산빈곤에 처할 확률이 낮아지고, 취업가구원 수가 많은 경우 자산빈곤에 처할 가능성은 더욱 낮아지며, 가구원 수가 많을 경우 자산빈곤일 확률이 더 높아지는 것으로 나타났다.

〈표 6-16〉은 빈곤 유형에 대한 다항로짓 추정결과이다. 가구주의 교육수준은 소득과 자산 모두 비빈곤가구와 비교할 때, 가구주의 학력수준이 높으면 소득빈곤 또는 소득빈곤이면서 자산빈곤일 가능성이 낮아짐을 의미한다. 가구주의 성별은 소득빈곤가구와 소득 및 자산빈곤가구에서 여성일 가능성을 더 크게 하는 것으로 확인된다.

표 6-16 빈곤 유형에 대한 다항로짓 추정결과

변수	2008				2009				2010			
	모형 1		모형 2		모형 1		모형 2		모형 1		모형 2	
	소득빈곤 가구	소득 · 자산 빈곤가구	소득빈곤 가구	소득 · 자산 빈곤가구	소득빈곤 가구	소득 · 자산 빈곤가구	소득빈곤 가구	소득 · 자산 빈곤가구	소득빈곤 가구	소득 · 자산 빈곤가구	소득빈곤 가구	소득 · 자산 빈곤가구
가구주 교육수준	−0.156*** [0.0415]	−0.319*** [0.0437]	−0.265*** [0.0439]	−0.447*** [0.0471]	−0.136*** [0.0414]	−0.328*** [0.0448]	−0.267*** [0.0439]	−0.497*** [0.0484]	−0.0897** [0.0395]	−0.300*** [0.0482]	−0.178*** [0.0416]	−0.431*** [0.0512]
가구주 성별 (남성=1)	0.476*** [0.133]	0.735*** [0.127]	0.341** [0.150]	0.804*** [0.146]	0.345*** [0.129]	0.569*** [0.123]	0.0439 [0.147]	0.512*** [0.144]	0.159 [0.132]	0.615*** [0.134]	−0.0493 [0.147]	0.558*** [0.154]
취업 형태 (임금근로자=1)	−0.891*** [0.139]	−0.299** [0.138]	−0.814*** [0.143]	−0.156 [0.144]	−0.934*** [0.137]	−0.634*** [0.139]	−0.971*** [0.140]	−0.680*** [0.143]	−1.083*** [0.141]	−0.318** [0.158]	−1.169*** [0.143]	−0.403** [0.163]
가구주 직업	0.288*** [0.0270]	0.376*** [0.0283]	0.105*** [0.0332]	0.184*** [0.0346]	0.199*** [0.0264]	0.265*** [0.0280]	0.0464* [0.0273]	0.0866*** [0.0291]	0.173*** [0.0230]	0.304*** [0.0272]	0.0646** [0.0265]	0.126*** [0.0324]
가구주 연령	0.0263*** [0.00529]	0.0202*** [0.00535]	0.0271*** [0.00558]	0.0277*** [0.00579]	0.0284*** [0.00535]	0.0207*** [0.00557]	0.0268*** [0.00548]	0.0272*** [0.00586]	0.0369*** [0.00538]	0.0177*** [0.00605]	0.0362*** [0.00566]	0.0217*** [0.00652]
취업가구원 수			−1.332*** [0.133]	−1.501*** [0.134]			−1.063*** [0.102]	−1.330*** [0.108]			−0.832*** [0.0960]	−1.420*** [0.126]
가구원 수			0.145*** [0.0560]	0.392*** [0.0558]			0.103* [0.0557]	0.440*** [0.0548]			0.0797 [0.0553]	0.374*** [0.0613]
상수항	−4.716*** [0.448]	−4.899*** [0.466]	−2.180*** [0.611]	−3.443*** [0.630]	−4.188*** [0.440]	−3.876*** [0.462]	−1.424** [0.577]	−2.277*** [0.605]			−2.354*** [0.560]	−2.608*** [0.665]
관측치	4,777				4,647				4,567			

주: 1) [ ]는 표준오차.
2) *** $p<0.01$, ** $p<0.05$, * $p<0.1$.

취업 형태는 소득빈곤과 소득빈곤이면서 자산빈곤인 가구 모두 1% 유의한 수준에서 음(-)의 값을 나타낸다. 이는 소득 및 자산항목이 모두 비빈곤인 가구에 비해 임금근로 가구주의 경우 소득빈곤일 가능성이 낮아지는데 반해, 소득빈곤이면서 자산빈곤인 경우 그 크기가 작아진다는 것을 의미한다.[13)] 가구주의 직업과 연령은 양(+)의 값을 가지며, 소득빈곤인 가구와 소득빈곤이면서 자산빈곤인 가구주 직업이 불안정해지고 더불어 연령이 증가함에 따라 소득과 자산이 모두 비빈곤인 가구와의 차이가 더 커지는 것으로 나타나고 있다. 다시 말해서, 소득빈곤 및 소득빈곤이면서 자산빈곤인 가구의 경우 가구주 직업이 불안정하고, 연령이 증가함에 따라서 빈곤이 심화될 가능성이 더 커진다고 해석할 수 있다.

가구의 특성 중 취업가구원 수와 가구원 수를 통제할 경우 그렇지 않았을 경우에 비해 가구주의 성별과 직업이 미치는 영향이 줄어드는 것으로 보인다. 취업가구원 수의 증가는 소득빈곤 및 소득빈곤이면서 자산빈곤인 가구와 모두 비빈곤인 가구의 차이를 줄이는 것으로 나타나고 있으며, 2008년의 경우 취업인원의 증가는 소득빈곤인 가구일 확률을 0.065 낮출 뿐만 아니라, 소득 및 자산이 모두 빈곤인 가구는 0.79 만큼 빈곤 확률이 감소하는 것으로 나타났다.[14)] 반면에 가구원 수의 증가는 소득빈곤가구일 확률을 0.00052 만큼, 소득빈곤이면서 자산빈곤일 확률을

13) 다항로짓모형에서 계수 값의 의미 해석에 주의할 필요가 있다. 예를 들어, 2008년 소득빈곤가구에서 취업 형태는 -0.891이라는 것은 소득과 자산이 모두 비빈곤인 가구와 소득빈곤가구의 차이(log-odds)가 줄어든다는 것이며, 소득빈곤이면서 자산빈곤인 가구의 경우 -0.299로서 역시 임금근로일 경우 소득과 자산이 모두 비빈곤인 가구와 그 차이가 줄어든다는 것을 의미한다. 단, 계수의 크기를 해석하는 것은 확률의 차이 또는 부분효과(partial effect)를 계산함으로써 가능하다. 본 연구에서 계산한 바에 따르면 소득빈곤인 경우 가구주 직업이 임금근로자일 때 소득빈곤일 확률은 -0.06624 만큼 줄어들고, 소득빈곤이면서 자산빈곤인 경우 임금근로자가구이며 그 확률은 -0.00031 만큼 줄어드는 것으로 나타났다. 즉, 임금근로자 여부는 소득빈곤이면서 자산빈곤가구일 확률에 미미한 영향을 준다는 것을 알 수 있다.

14) 평균 한계효과는 다항로짓 추정 후 델타 방식(Delta-method)을 통해 산출된 결과이며, 이에 대해 별도로 기술하지 않는다.

0.263 만큼 감소시키는 것으로 나타났다. 취업가구원 수 및 가구원 수의 통제 여부와 관계없이 이상의 결과는 연도를 불문하고 유지되고 있는 것으로 확인되었다.

6.5 요약 및 정책적 시사점

지금까지 「재정패널」 자료 2~4차년도 자료로서 소득유형별 소득빈곤율과 자산빈곤율을 제시하고, 소득빈곤가구의 자산빈곤 여부로 두 집단으로 나누어 그 특성을 살펴보았으며, 마지막으로 프로빗모형 및 다항로짓모형을 이용하여 빈곤 결정요인 등을 추정해 보았다.

주요 분석결과를 정리하면, 첫째 소득유형과 무관하게 2008년 말 금융위기로 인해 소득빈곤율이 높아져 빈곤가구가 증가한 것으로 나타났다. 또한 소득범위가 커질수록 소득빈곤율은 하락하고 있지만, 가처분소득 기준 빈곤율은 총소득(경상소득) 기준 빈곤율보다 높았다.

둘째, 절대자산빈곤율은 2008년 32.3%, 2009년 32.8%, 2010년 28.9%로 산출되어 하락 추세를 보여주고 있다. 이 수치 역시 연도는 다르지만, 남상호(2009)가 제시한 수치인 13%보다 훨씬 크게 나타났다.

셋째, 소득유형과 무관하게 소득비빈곤 및 자산비빈곤가구 비중은 분석 대상 기간 내내 증가 추세를, 소득빈곤 및 자산빈곤가구 비중은 1차 소득을 제외하고는 모두 하락 추세를 보여주고 있다. 이상의 분석결과에서 추세로 보아 소득빈곤과 자산빈곤 모두 하락하고 있다고 볼 수 있다.

넷째, 특히 소득빈곤가구 중에서 자산빈곤가구를 별도로 추출하여

Chapter 7

지출빈곤 문제

우리나라는 저출산과 고령화 등 인구구조의 변화와 더불어 앞 장에서 살펴본 소득분야의 빈곤 문제와 함께 교육, 의료, 에너지, 금융 등 특정 지출분야의 빈곤 해소에 대한 사회적 관심이 커지고 있다. 특히, 저출산의 주요 원인으로 항상 제기되고 있는 것이 교육비 부담인데, 이로 인하여 사교육비 절감이 사회적 해결 과제로 떠오르고 있다. 또한 우리나라는 급속한 산업화로 인한 빈부격차의 심화로 인하여 저소득층의 의료서비스 이용에 대한 형평성 문제도 꾸준히 제기되고 있다. 고령화의 급속한 진행 속에서 노인빈곤은 의료서비스 혜택에 대한 불평등을 더욱 심화시키고 있다. 이는 2010년 건강보험 재정에서 지출한 65세 이상 노인들의 의료비 총액이 13조 7,847억 원으로 전체 의료비 43조 6,570억 원의 31.6%를 차지하고 있다는 사실에서 확인되고 있다(통계청, 2011 고령자 통계, 2011.9.29). 한편, 교육 · 의료의 빈곤 문제 이외에도 2008년 금융위기 여파와 국제 에너지 가격 상승에 따라 에너지 · 금융 등에 대한 문제도 심화되고 있다.[1)]

이상에서 우리나라의 가구들이 직면하는 지출빈곤(expenditure poor)은

1) 참고로 2010년 빈곤실태조사 기준을 파악한 기초생활보장수급자는 88만 가구(155만 명)이다. 한편, 기초생활보장수급자 이외에 사각지대에 속한 가구도 2010년 빈곤실태조사 자료에 기초하여 파악한 바에 따르면, 소득인정액이 최저생계비 100% 이하인 비수급빈곤층(66만 가구, 117만 명, 이 수치는 2006년 61만 가구, 103만 명에서 증가한 것임)과 소득인정액이 최저생계비 120% 이하 차상위계층(36만 가구, 68만 명) 등에 이른다고 한다(최현수, 2012).

일상생활에서 교육비, 보건의료비, 그리고 에너지 · 금융 등 기초생계와 관련된 지출을 어떻게 적절히 유지하느냐의 문제로 귀결된다. 특히, 2012년 대통령 선거정국과 관련하여 문제가 된 것은 지방자치제 도입 이후 분출된 지역주민들의 복지수요 증가, 저출산 문제 해결을 위한 각종 양육수당 및 보육수당, 그리고 직장 내에서의 출산휴가 및 대체인력 고용에 대한 보조금 지급 욕구 증가, 노인과 빈곤층 등의 취약계층에 대한 최저생활 보장을 위한 복지 욕구 증대이다. 그 밖에도 정치권에서 이슈가 되었던 복지 확대 공약, 예를 들어 반값등록금 등 교육비 부담 완화, 취약근로계층을 위한 각종 사회보험료 지원과 추가적인 지원 약속, 정부 재정이 불가피하게 투입될 수밖에 없는 건강보험의 무상의료 논쟁, 이미 시행되고 있는 초중등학교의 무상급식 문제, 노인빈곤을 해결하기 위한 기초노령연금의 확대 요구, 기초생활보장수급자에서 배제되고 있는 사각지대 해결을 위한 요구 등 다양한 복지 요구가 분출되고 있는 실정이다. 이렇게 다양한 계층에서 불거지고 있는 각종 복지 수요 폭발은 소득계층별로 요구하는 것이 다를 수밖에 없을 것이다(김승래 · 전영준 · 임병인, 2012, p. 126).

본 장에서는 이러한 문제 의식하에서 교육, 의료, 에너지 등 소득 및 복지 관련 소비지출의 불평등도와 지출빈곤의 실태를 파악해 보고 그 결정요인을 살펴보며, 지출빈곤을 해소하기 위하여 현재 시행 중이거나 시행 예정인 정부 정책의 정책 과제를 알아본다.

본 장에서는 소득계층별 교육, 의료, 에너지 등 분야의 소비지출 행태를 분석하기 위해 통계청의 「가계동향조사」 원시 자료를 이용한다(이하는 김승래 · 전영준 · 임병인, 2012, pp. 131~132에서 인용). 동 자료는 매월 전국 가계의 소득 및 지출을 조사원이 가구단위로 개별 가구에게 가계부

표 7-1 「가계동향조사」 자료의 소비지출 분류

소비지출 분류	통계청 「가계동향조사」 항목명
식료품 · 비주류음료	곡물, 곡물가공품, 빵 및 떡류, 육류, 육류가공품, 신선수산동물, 연검수산동물, 기타 수산동물가공, 유제품 및 알, 유지류, 과일 및 과일가공품, 채소 및 채소가공품, 해조 및 해조가공품, 장류 및 과자류, 조미식품, 기타 식품, 커피 및 차, 주스 및 기타 음료
주류 및 담배	소주, 맥주, 담배 등대 및 맥기타주류(과일주, 증류주, 기타 주류)
의복 및 신발	직물 및 외의, 내의, 기타 의복, 의복 관련 서비스, 신발, 신발서비스
주거 및 수도광열	실제 주거비(월세 등), 주택 유지 및 수선, 상하수도 및 폐기물 처리, 연료비, 기타 주거 관련 서비스
가정용품 및 가사서비스	가구 및 조명, 실내장식, 가구, 조명 및 장식서비스, 가정용 섬유(수건, 커튼 등), 가전 및 가정용 기기(냉장고, 에어컨, 세탁기 등), 가전 관련 서비스, 주방용품, 가정용 공구 및 기타, 가사소모품(세탁용세제, 전구), 가사서비스
보건	의약품, 의료용 소모품, 보건의료용품 및 기구, 외래의료서비스, 치과서비스, 기타 의료서비스, 입원서비스
교육	초중등교육(납입금, 교재비), 고등교육(대학), 학원 및 보습교육, 성인학원교육, 기타 교육
오락 및 문화	영상음향기기, 사진광학장비, 기록매체, 악기 기구, 캠프 및 운동 관련 용품, 화훼 관련 용품, 애완동물 관련 서비스, 문화서비스 및 관련 용품, 복권, 서적, 기타 인쇄물
교통	자동차 구입, 기타 운송기구 구입, 운송기구 유지 및 수리, 운송기구 연료비, 기타 개인교통서비스, 철도운송, 육상운송, 기타 운송, 기타 교통 관련 서비스
통신	우편서비스, 통신장비, 통신서비스
음식숙박	식사대(일반식당, 배달음식, 이동식 음식점), 숙박비(호텔, 여관, 콘도, 기타 숙박시설)
기타 상품 및 서비스	이 · 미용서비스, 이 · 미용기기, 위생 및 이 · 미용용품, 시계 및 장신구, 기타 개인용품, 보험, 기타 금융, 사회복지

자료: 통계청, 「가계동향조사」.

형식으로 기장하도록 조사하여 이를 집계 후 분기별로 「가계수지 동향」으로 공표하고 연간 단위로 『가계동향조사연보』를 통해 발표하고 있다.

「가계동향조사」의 목적은 가구의 수입과 지출을 조사하여 가구의 생활 실태와 변동 사항을 파악하여 관련 정책의 기초 자료로서 활용하기 위해서 1963년 1월부터 통계청에서 조사업무를 담당하기 시작하여 8차례에 걸쳐 표본 개편을 한 후 현재에 이르고 있다. 통계청의 「가계동향조사」는 2003년까지는 도시 지역의 비농가만 조사하는 「도시가계조사」로 조사되다가 2004년부터 조사 대상을 읍면 지역의 2인 이상 비농가까지 확대하여 전국에 걸친 「가계조사」로 실시되었고, 2006년부터는 1인 가구까지도 조사하여 발표하고 있다. 따라서 「가계동향조사」 자료는 모집단의 대표성 문제가 있음에도 불구하고, 우리나라 가구의 소득분배 현황에 대하여 기초 자료의 일관성이 보장되는 공신력 있는 자료로서 유일하기 때문에 관련 연구에서 중요한 자료로 널리 활용되고 있다.

본 장의 구성은 다음과 같다. 1절과 2절에서는 각각 교육과 의료분야의 빈곤 실태, 결정요인 및 정책 과제를, 3절에서는 에너지빈곤의 실태, 결정요인 및 정책 과제를 살펴본다.

7.1 교육빈곤 문제

7.1.1 교육빈곤의 정의 및 실태분석

본 절에서는 가계소득보다 지출이 많은 적자가구이면서, 총지출 중 자녀교육비 지출을 제외하면 흑자가 되는 가구를 교육빈곤층(edu-poor)이라고 정의한다. 이러한 정의에 따라 통계청의 「가계동향조사」를 이용하여 우리나라의 교육빈곤을 추계하고 그 추이를 살펴보면 〈표 7-2〉와

표 7-2 우리나라 교육빈곤 추이

연도	흑자가구		적자가구				총계
			자녀교육비 제외해도 적자		자녀교육비 제외하면 흑자		
	가구 수	비율(%)	가구 수	비율(%)	가구 수	비율(%)	
1990	6,925	75.94	1,779	19.51	415	4.55	9,119
1991	6,685	76.86	1,556	17.89	457	5.25	8,698
1992	6,960	77.81	1,527	17.07	458	5.12	8,945
1993	11,598	77.52	2,568	17.16	795	5.31	14,961
1994	8,231	77.81	1,814	17.15	533	5.04	10,578
1995	8,001	77.06	1,765	17.00	617	5.94	10,383
1996	7,799	77.04	1,736	17.15	588	5.81	10,123
1997	7,352	77.53	1,594	16.81	537	5.66	9,483
1998	7,515	74.35	1,957	19.36	636	6.29	10,108
1999	6,587	67.32	2,411	24.64	787	8.04	9,785
2000	4,260	66.75	1,567	24.55	555	8.70	6,382
2001	4,294	67.95	1,509	23.88	516	8.17	6,319
2002	4,287	70.34	1,343	22.03	465	7.63	6,095
2003	5,410	69.39	1,768	22.68	618	7.93	7,796
2004	5,092	68.35	1,796	24.11	562	7.54	7,450
2005	6,288	68.16	2,218	24.04	720	7.80	9,226
2006	5,658	67.39	2,038	24.27	700	8.34	8,396
2007	5,016	68.60	1,714	23.44	582	7.96	7,312
2008	4,968	67.36	1,768	23.97	639	8.66	7,375
2009	2,787	68.08	764	18.66	543	13.26	4,094
2010	2,723	67.35	747	18.48	573	14.17	4,043
2011	2,641	66.56	717	18.07	610	15.37	3,968
전 기간	131,077	72.56	36,656	20.29	12,906	7.14	180,639

자료: 통계청, 「가계동향조사」.

같다.

이와 관련하여 현대경제연구원(2012)의 발표 자료를 주목할 필요가 있다. 현대경제연구원(2012)에 따르면, 가계수지가 적자 상태인데도 불구하고 자녀교육비를 평균 이상 쓰는 가구를 '교육빈곤층'이라고 정의한 뒤 그 규모를 추정하였다.[2] 이에 따르면 2011년 현재 교육빈곤층은 82만 4,000가구(305만 명)로 지난해 자녀교육비 지출이 있는 것으로 조사된 전체 632만 6,000가구의 13%를 차지하는 것으로 분석하였다. 교육빈곤층의 가계지출 현황을 보면, 2010년 월평균 313만 원을 벌어 평균 86만 8,000원을 자녀교육비로 쓴 것으로 나타났는데, 이는 소득의 28.5%에 해당되는 것이다. 교육빈곤층은 한 달에 313만 원을 벌고 381만 5,000원을 지출해 매달 68만 5,000원씩 적자를 보고 있었다. 이 가구가 교육비로 전체 가구의 평균 교육비(51만 2,000원)만큼만 쓴다면 매달 적자를 절반으로 줄일 수 있다고 분석하였다. 참고로 교육비 지출이 있는 전체 가구의 평균 소득은 433만 4,000원이고 평균 51만 2,000원을 교육비로 지출해 교육비 비중이 18.1%인 것과 차이가 난다. 특히, 눈에 띄는 결과는 교육빈곤층의 73%가 중산층에 해당된다는 것이다. 학력수준은 교육빈곤층에서 대졸 이상 학력의 40대 중산층은 31.7%를 차지하는 것으로 조사되었다. 결국 이들이 이와 같은 지출구조를 유지한다면 장기적으로 저소득층으로 추락할 가능성을 배제할 수 없다는 점이다.

본 절에서 정의된 가계소득보다 지출이 많은 적자가구이면서 총지출 중 자녀교육비 지출을 제외하면 흑자가 되는 가구인 교육빈곤층의 과거 추이를 살펴보면, 교육빈곤층이 1990년 4.55%에서 꾸준히 증가하

2) 현대경제연구원(2012)의 교육빈곤층 정의에 따르면 도시에 거주하는 2인 이상 가구로 자녀교육비 지출이 있으며, 자녀교육비 지출이 있는 가구의 평균보다 교육비 지출이 높고, 비소비지출 중 이자비용 또는 기타 지출 중 부채감소를 위한 지출이 있는 가구이면서, 가계소득보다 지출이 많은 적자가구이다.

표 7-3 도시근로자가구의 소비지출 구성비(2인 이상)

(단위: %)

구분	1982	1985	1990	2000	2005	2010
식료품	41.3	37.7	32.7	27.5	26.4	25.0
주거	4.4	4.7	4.6	3.3	2.9	3.0
광열 · 수도	7.8	7.4	4.5	5.1	4.7	4.9
가구집기가사용품	4.3	4.9	5.7	3.7	4.1	6.3
피복 및 신발	8.1	7.6	8.3	5.7	5.4	5.8
보건의료	6.0	5.4	5.1	4.1	4.7	5.9
교육	6.2	6.8	7.5	10.9	12.1	11.9
교양오락	3.7	3.6	4.6	5.3	4.9	5.4
교통 · 통신	6.6	6.6	8.6	16.4	17.6	17.4
기타 소비지출	11.6	15.2	18.5	18.0	17.1	14.3

자료: 김승래 · 전영준 · 임병인(2013), p. 136 〈표 3〉에서 발췌, 인용.

여 최근 2011년 15.37%로 계속 증가하여 교육빈곤 문제가 점차로 심각해지고 있음을 알 수 있다.

우리나라 가구의 주요 지출항목의 총소비지출 대비 비중의 추이를 살펴보면, 교육비 지출액이 총소비지출에서 차지하는 비중이 점증해 온 것으로 나타났다. 이를 〈표 7-3〉에 제시된 교육비 지출 비중 추이를 통하여 자세히 살펴보면, 1982년 6.2%였던 도시근로자가구의 교육비 지출 비중은 1997년 10.3%로 10%를 넘어선 이후 2010년 11.9%의 비중을 차지하여 매년 우리나라 가구의 교육비 지출 비중은 증가 추세를 보이고 있다.

또한 「가계동향조사」 자료의 소득 10분위 소득계층별로 총소비지출액에서 차지하는 교육비의 비중은 〈표 7-4〉와 같이 소득수준이 높을수록 커지는 것으로 나타났다. 이를 자세히 살펴보면 소득계층별로 교육비의 비중 격차는 1990년대 중반 이후 더욱 벌어지기 시작하였다. 이는 우리나라의 최근 사교육비 지출 급증현상과 맞물려 있다고 판단된다.

표 7-4 교육비 지출의 연도 · 소득분위별 지출 비중 추이

(단위: %)

연도＼분위	I	II	III	IV	V	VI	VII	VIII	IX	X
1979	4.0	3.8	4.0	4.6	4.7	5.3	5.9	7.0	7.9	8.6
1980	2.9	3.4	3.6	4.7	4.5	5.2	5.8	6.9	7.4	7.8
1981	3.3	3.9	3.9	4.0	4.4	5.1	6.0	7.4	7.5	8.2
1982	3.9	4.3	4.8	4.5	5.4	4.8	6.5	7.0	7.5	8.3
1983	4.0	3.8	4.3	4.5	5.8	5.7	6.7	7.6	7.2	8.3
1984	5.2	4.4	5.1	4.5	6.1	6.0	6.3	7.0	8.1	9.2
1985	5.8	4.6	4.1	5.3	5.4	6.4	6.5	6.8	8.3	9.2
1986	6.1	5.3	5.0	6.2	5.9	6.8	6.0	8.4	8.6	9.1
1987	5.8	5.3	5.0	5.2	6.2	6.4	7.1	8.2	8.3	9.8
1988	5.1	5.0	5.4	5.5	6.0	6.4	7.5	7.8	7.9	8.2
1989	6.0	6.0	5.2	6.5	7.5	6.9	8.0	7.9	8.7	7.5
1990	6.7	5.6	7.0	6.7	7.1	7.4	7.9	8.4	8.3	7.9
1991	6.1	6.3	7.5	7.3	7.9	7.9	8.4	8.6	8.4	7.4
1992	7.1	7.0	7.5	7.5	8.4	9.2	9.3	8.8	9.1	9.2
1993	7.2	6.4	7.7	8.9	9.0	9.6	9.2	9.5	8.9	8.8
1994	6.5	6.8	7.9	7.8	8.9	9.1	9.2	10.1	9.6	8.3
1995	7.4	8.2	8.7	9.1	9.4	9.4	10.3	10.0	10.6	8.8
1996	8.1	7.4	9.3	9.1	9.3	10.2	10.5	11.2	11.2	9.3
1997	8.2	8.6	9.4	9.5	10.0	10.3	10.9	11.4	11.7	10.2
1998	8.7	8.5	7.8	9.1	9.0	11.5	11.2	11.9	12.4	12.1
1999	7.6	8.4	9.6	10.3	9.5	9.9	10.4	11.8	14.1	10.7
2000	7.4	8.5	9.0	10.0	10.8	10.6	11.6	12.6	11.1	12.2
2001	7.6	9.3	8.2	9.5	10.0	11.2	12.2	12.4	11.7	11.3
2002	8.1	8.8	9.1	10.3	10.5	10.1	12.6	12.3	12.3	10.9
2003	8.3	9.1	9.4	11.4	10.6	11.9	11.9	12.3	12.3	12.6
2004	7.4	9.6	9.8	10.7	11.6	12.0	11.5	12.6	12.1	12.4
2005	9.9	9.5	10.0	8.8	12.3	12.6	12.5	13.4	13.5	13.5
2006	5.6	7.5	8.3	9.9	12.4	12.1	11.5	12.4	12.7	13.3
2007	4.5	8.7	9.9	9.6	10.0	11.7	13.4	12.9	14.4	12.2
2008	6.6	8.7	8.1	10.9	11.2	11.6	12.1	15.0	14.9	14.3
2009	6.7	7.1	10.5	9.9	12.1	13.6	12.6	15.3	14.6	14.4
2010	5.1	6.7	8.6	8.9	11.0	12.3	14.4	13.3	14.3	14.2

자료: 김승래 · 전영준 · 임병인(2012).

특히, 소득 6분위 이상의 소득계층들은 총소비지출 대비 교육비 비중이 1990년대 중반부터 10%를 넘어섰는데, 이 추세가 2000년대에 들어서 3~5분위 계층에서도 동일하게 나타나고 있다.

7.1.2 교육빈곤의 소득계층별 특성과 주요 결정요인

다음으로 우리나라의 교육빈곤과 소득수준의 상관관계를 살펴보기 위하여 앞에서 정의한 교육빈곤율을 소득분위별로 분석하였다. 「가계동향조사」 자료를 이용하여 분석한 〈표 7-5〉의 소득분위별 교육빈곤율 추이를 살펴보면 다음과 같다. 1990년에는 저소득층일수록 대체로 교육빈곤율이 높았으나 이후 전체 평균 교육빈곤율이 지속적으로 증가하여 왔으며, 소득수준별로도 2000년대 이후 3~6분위의 중소득층의 교육빈곤율이 사교육 부담의 확대로 인하여 상대적으로 급격히 늘어난 특징을 보이고 있으며, 교육비 지출로 인한 가계의 빈곤이 심화되어 왔음을 보여주고 있다.

또한 가구의 소득수준 이외에도 가구주 성별, 나이, 교육수준, 가구원 수, 취업가구원 수, 맞벌이 여부, 가계지출이나 소득지출 등 기타 소비자의 특성을 반영하여 우리나라 교육빈곤의 결정요인을 〈표 7-6〉에서와 같이 통계청의 1990~2011년 「가계동향조사」 자료를 이용하여 로짓(logit)분석하였다. 분석결과에 의하면, 교육빈곤율의 주요 결정요인들은 약간의 차이는 있으나 예상한 바와 같이 가구의 소득수준 이외에도 가구주 나이, 가구원 수, 취업가구원 수 등이 교육비 지출과 교육빈곤율을 결정하는 주요 요인으로 파악되고 있다.

표 7-5 소득분위별 교육빈곤율 추이

(단위: %)

분위 / 연도	I	II	III	IV	V	VI	VII	VIII	IX	X	평균
1990	7.19	5.13	4.45	4.79	3.58	4.35	4.34	3.68	3.44	4.74	4.55
1991	8.56	5.38	6.25	5.63	4.67	5.05	3.65	4.33	5.78	3.41	5.25
1992	7.57	6.55	6.17	3.37	4.88	3.22	5.2	4.66	5.3	4.42	5.12
1993	8.63	6.21	5.72	5.06	5.84	5.1	5.16	4.36	3.83	3.49	5.31
1994	9.85	5.84	5.7	4.32	5.06	5.16	3.75	4.31	4.39	2.33	5.04
1995	7.19	9.59	7.89	5.84	5.9	5.42	5.51	5.49	4.56	2.27	5.94
1996	5.93	8.02	8.43	7.65	5.28	5.68	4.9	4.2	4	4.11	5.81
1997	7.67	7.96	6.55	6.54	7.58	4.47	5.31	4.59	3.21	3.01	5.66
1998	4.98	9.16	7.87	7.63	7.12	6.1	6.63	5.47	4.38	3.6	6.29
1999	6.0	10.02	10.62	9.71	9.56	7.38	9.67	7.96	5.21	4.32	8.04
2000	5.79	12.26	11.58	11.53	11.88	9.06	7.94	7.03	5.94	3.9	8.7
2001	3.87	11.94	9.48	11.87	10.24	10.11	7.72	6.78	5.2	4.42	8.17
2002	5.7	10.67	12.81	7.54	11.78	7.53	8.17	4.41	5.23	2.45	7.63
2003	2.8	9.12	12.89	11.52	11.25	10.4	6.48	6.99	4.8	3.04	7.93
2004	2.4	8.24	11.62	10.53	10.04	10.52	9.22	5.01	4.35	3.23	7.54
2005	2.35	8.38	9.36	11.68	11.44	9.64	8.6	6.99	5.58	3.67	7.8
2006	0.98	4.14	8.04	10.94	11.16	11.46	11.12	8.36	6.48	4.82	8.34
2007	0.38	4.44	9.57	10.62	12.13	8.88	10.99	7.81	6.43	3.21	7.96
2008	0.34	4.73	10.43	11.55	14.66	10.71	9.92	8.99	5.85	4.06	8.66
2009	1.3	14.38	23.26	21.74	18.51	18.18	11.66	10.99	7.72	6.83	13.26
2010	0.1	13.82	24.03	21.68	21.14	18.11	14.18	11.93	10.81	4.95	14.17
2011	1.89	12.5	20.94	25.3	21.34	21.87	17.96	13.97	8.661	6.35	15.37

표 7-6 교육빈곤 로짓 실증분석 추정결과

변수	전 기간 pooled	1990	1991	1992	1993	1994	1995	1996	1997	1998	1999	2000
가구주 성별 (남성=1)	-0.468***	-0.829***	-0.638***	-0.624***	-0.774***	-0.853***	-0.699***	-0.694***	-0.380***	-0.427***	-0.492***	-0.420***
가구주 나이	0.153***	0.046	0.106***	0.112***	0.065***	0.103***	0.187***	0.175***	0.125***	0.172***	0.138***	0.056**
가구주 나이제곱	-0.002***	-0.000	-0.001***	-0.001***	-0.000*	-0.001***	-0.002***	-0.002***	-0.001***	-0.002***	-0.002***	-0.001**
가구주 교육수준 (고졸=1)	0.049*	0.122	-0.050	0.186	-0.011	-0.133	-0.182	0.207*	0.225*	-0.011	0.228**	0.053
가구주 교육수준 (대졸 이상=1)	0.117***	0.320**	0.068	0.454***	0.047	0.036	0.217	0.356**	0.190	-0.120	0.171	0.098
근로자가구 여부 (근로자가구=1)	-0.095***	0.039	-0.017	-0.077	0.123	-0.036	-0.054	0.145	-0.158	-0.189**	-0.341***	-0.168*
가구원 수	0.281***	0.254***	0.198***	0.291***	0.310***	0.278***	0.310***	0.344***	0.318***	0.248***	0.258***	0.337***
취업가구원 수	-0.364***	-0.296***	-0.533***	-0.404***	-0.471***	-0.524***	-0.502***	-0.377***	-0.445***	-0.251***	-0.190***	-0.280***
맞벌이 여부	0.198***	0.014	0.169	0.031	0.113	0.188	-0.070	0.117	0.144	-0.063	-0.176	-0.062
경상소득 로그값	-0.668***	-0.822***	-1.024***	-0.885***	-0.925***	-0.854***	-1.129***	-1.132***	-1.210***	-0.645***	-0.357***	-0.500***
가계지출 로그값	-2.244***	-1.415***	-1.189**	-1.548***	-1.567***	-1.511***	-1.315***	-0.940**	-1.812***	-1.889***	-3.071***	-3.121***
소비지출 로그값	3.489***	2.526***	2.585***	2.708***	2.969***	2.768***	2.790***	2.397***	3.331***	3.202***	3.927***	4.084***
상수항	-13.837***	-7.970***	-9.556***	-9.288***	-10.780***	-10.155***	-11.233***	-11.371***	-9.699***	-15.257***	-11.942***	-9.832***
관측치 수	179,945	9,073	8,666	8,914	14,857	10,537	10,339	10,089	9,444	10,051	9,747	6,370

표 7-6 **계속**

변수	2001	2002	2003	2004	2005	2006	2007	2008	2009	2010	2011
가구주 성별 (남성=1)	−0.071	−0.316**	−0.145	−0.190	−0.100	−0.410***	−0.374***	−0.339***	−0.350**	−0.300**	−0.213
가구주 나이	0.120***	0.132***	0.170***	0.109***	0.272***	0.272***	0.330***	0.377***	0.212***	0.190***	0.159***
가구주 나이제곱	−0.001***	−0.001***	−0.002***	−0.001***	−0.003***	−0.003***	−0.004***	−0.004***	−0.002***	−0.002***	−0.001***
가구주 교육수준 (고졸=1)	−0.192	0.152	−0.100	−0.219	0.100	0.077	0.045	0.145	0.194	−0.065	0.436**
가구주 교육수준 (대졸 이상=1)	−0.284*	0.235	−0.115	−0.245	0.028	0.189	0.105	0.283*	0.370*	0.075	0.362*
근로자가구 여부 (근로자가구=1)	−0.320***	−0.281***	−0.110	−0.011	−0.137	0.008	−0.208**	−0.094	0.031	−0.046	−0.017
가구원 수	0.338***	0.313***	0.269***	0.274***	0.255***	0.384***	0.453***	0.432***	0.053	0.080	0.002
취업가구원 수	−0.241***	−0.341***	−0.233***	−0.374***	−0.320***	−0.424***	−0.466***	−0.568***	−0.046	−0.101	−0.023
맞벌이 여부	0.034	0.054	0.104	0.248*	0.176	0.409***	0.399***	0.420***	−0.205	−0.064	−0.153
경상소득 로그값	−0.526***	−0.702***	−0.685***	−0.488***	−0.456***	−0.550***	−0.506***	−0.591***	−0.493***	−0.899***	−0.795***
가계지출 로그값	−2.895***	−2.641***	−4.059***	−4.039***	−3.137***	−2.495***	−3.014***	−4.074***	−1.940***	−1.165**	−1.269***
소비지출 로그값	3.991***	3.751***	5.500***	5.423***	4.421***	3.838***	4.241***	5.521***	2.875***	2.604***	2.647***
상수항	−12.651***	−10.790***	−16.332***	−17.035***	−20.077***	−19.954***	−20.268***	−23.157***	−13.430***	−14.034***	−14.141***
관측치 수	6,304	6,079	7,762	7,432	9,200	8,364	7,283	7,352	4,082	4,037	3,963

주: 1) *는 10%, **는 5%, ***는 1%의 수준하에서 유의미함.
2) 전 기간 분석결과는 pooled OLS 추정결과로 연도별 더미를 고려하여 추정함.

7.1.3 교육빈곤 해결을 위한 정책 과제

우리나라는 소득양극화 해소와 더불어 교육부문에서 고교무상교육을 비롯하여 대학교 반값등록금, 사교육비 억제, 교육비 소득공제 확대 등 각종 교육비 지원 정책을 통하여 교육기회 불평등 해소 및 교육빈곤 타파를 위한 정책적 배려를 더욱 강화해 나갈 필요성이 커지고 있다. 따라서 실질적인 저소득층 복지 향상 및 소득재분배 기능 강화를 위해서 보편적인 일괄 지원 방식보다는 소득계층별 소비 패턴 및 가구 특성을 충분히 감안하여 선별적이고 차등적인 정부 지원제도를 신중하게 설계하는 것이 필요할 것이다.

우리나라 교육 관련 주요 재정 정책을 살펴보면, 교육비 소득공제 적용 및 교육비 지원 등이 있다. 먼저 교육비 지출에 대한 소득공제제도를 알아보면 〈표 7-7〉과 같다. 교육비 한도액의 경우, 2002년은 유치원생 100만 원, 초중고생 150만 원, 대학생 300만 원, 2003~2007년은 유치원생 150만 원, 초중고생 200만 원, 대학생 500만 원, 2008년에는 유치원생 및 초중고생 200만 원, 대학생 700만 원, 2009년부터는 유치원생 및 초중고생 300만 원, 대학생 900만 원이었다.[3)]

최근 연구에 따르면 이러한 우리나라의 현행 교육비 특별공제는 소득분배 개선 측면에서 고소득층에 유리하게 작용하는 것으로 파악되고 있다(김승래 · 전영준 · 임병인, 2012).[4)] 이는 소득이 높을수록 소비지출 대비 교육비 지출 비중이 크므로 소득세제 혜택도 역시 고소득층이 더 크다

3) 각종 지출항목의 공제한도액을 인상하는 것은 우리나라 소득세제가 물가연동형이 아니기 때문이다. 임금상승에 따라 과세표준 계산에 적용되는 각종 공제항목의 한도액이 조정되지 않으면 근로자들의 세부담증가율이 소득증가율보다 더 커진다. 이런 이유로 우리나라에서는 소득공제항목의 상한액을 일정 주기마다 상향 조정하고 있다.

4) 이는 소득불평등지수인 지니계수의 변화에서 현행 교육비 특별공제제도를 적용하지 않았을 경우에 소득재분배 효과가 더욱 크게 나타났고, 현행 교육비 특별공제가 상대적으로 고소득층에게 유리함을 시사해 주고 있다.

표 7-7 소득세법상 현행 교육비 특별공제 내역

소득공제		공제항목	공제한도액
교육비	본인	대학원, 시간제 과정, 직업능력개발훈련시설 등	전액
	취학 전 아동	보육시설, 학원, 체육시설	1명당 연 300만 원
	초 · 중 · 고등학생	등록금, 입학금, 급식비, 교과서 대금	1명당 연 300만 원
	대학생	등록금, 입학금	1명당 연 900만 원
	장애인	장애인 재활교육비	전액

자료: 국세청(2010년 기준).

는 점을 의미한다. 따라서 소득공제 확대보다는 근본적으로 보편적 서비스로서 저소득층의 교육기회 확대 및 교육빈곤층 축소를 위한 사회정책 및 교육 정책의 병행이 더욱 중요하다고 판단된다.

우리나라는 공교육 지출 가운데 민간의 부담 비율은 상당히 높은 편이고 자녀의 사교육비도 가구 소비지출에서 차지하는 비중이 커지고 있어, 이를 완화해 주기 위한 교육재정의 확충이 필요하다. 국내 가구의 과다한 교육비 부담을 완화하기 위해서는 공교육의 내실화와 교육재정의 확충이 지속되어야 하고, 자녀의 사교육비 부담이 크다는 점을 감안하여 공교육 내실화와 불필요한 사교육 부담을 줄여가는 정책이 강화되어야 할 것으로 보인다. 특히, 자녀에 대한 과다한 교육비 부담의 증가로 교육빈곤층으로 전락하는 가구도 많아 소득계층에 상관없이 교육기회가 균등하게 제공될 수 있도록 교육부문에 특정한 현물 급여성 정책이 더욱 강화되어야 한다. 사교육의 억제를 위해서는 정규교육에 대한 내실을 더욱 강화하고 입시위주의 교육 정책도 개선할 필요가 있다. 이와 더불어 정부는 교육기회 불평등도 개선 및 교육빈곤층 축소를 위하여 가구의 소득 대비 과다한 교육비 부담을 완화시킬 수 있도록 교육재정을 지속적으로 확충하고 교육 취약계층에 대한 맞춤형 재정 지원이나 융자를 더욱 실효성 있게 강구하여야 할 것이다.

7.2 의료빈곤 문제

최근 글로벌 금융위기 이후 우리나라의 빈부격차가 심화되고 있는 반면, 인구구조의 고령화, 웰빙(well-being) 욕구의 증대 등 사회 여건의 변화에 따라 의료서비스 수요는 지속적으로 증가하고 있다. 그러나 의학적 필요에 의한 의료서비스 이용이라는 공적 의료보장제도의 특성 등으로 저소득층의 의료욕구에 대한 충분한 보장이 이루어지지 않아 소득에 따른 의료이용 형평성을 개선할 여지가 많이 존재한다.

이러한 상황에서 의료서비스는 소득수준과 상관없이 의료 안전망을 확보하고 건강권을 확보하는 차원에서 공급되어야 할 보편적 서비스로서 역할이 중요하다. 더욱이 여러 가지 여건상 급여 수급권자가 아니면 의료 안전망에서 제외되거나 의료 사각지대에 놓이는 상황도 존재한다. 특히, 특정한 상황으로 가구 구성원의 질병이 발생할 경우 과다한 의료비로 인하여 의료빈곤층으로 전락하는 경우가 많이 존재하며, 소득충격이나 실업으로 건강보험료를 납부할 수 없는 소득계층이 존재하는 것이 현실이다.

이러한 현실은 저소득층일수록 충분한 의료혜택에 대한 수요가 부족하며, 건강검진 수검률도 낮고 의료비 지출부담도 더 높아 소득의 불평등은 또 다른 지출 측면의 의료 불평등을 낳고 있다. 이를 해결하기 위해서는 앞 절의 교육빈곤 문제와 같이 우리나라의 의료빈곤에 대한 실태와 문제점을 파악하고, 해결 방안에 대한 모색이 필요하다. 최근 국민들의 복지수요의 확대에 따라 특히 의료빈곤 해소를 위하여 의료 안전망의 사각지대를 줄이고 사회 · 경제적인 위기에도 국민의 의료수요를 보장하는 의료 안전망을 확대하는 방안이 중요해지고 있다.

7.2.1 의료빈곤의 정의 및 실태분석

의료빈곤계층은 의료가 필요하나 지불능력 등의 제한으로 의료수요를 하지 못하는 상태의 계층을 포괄한다. 정형선(2004)에 따르면, 질병으로 의료수요가 있음에도 불구하고 지불능력의 제한으로 미충족 의료수요(unmet need)를 가지고 있는 계층을 의미한다. 이준영(2005)은 의료수요의 측면에서 여러 가지 이유로 자신의 힘으로는 기본적인 욕구를 충족할 수 없음에도 불구하고, 공적 보장체계로부터 배제되거나 급여 부족으로 의료수요 부족 상태로 남아 있는 상태를 가지고 있다. 현실적으로 〈그림 7-1〉에서와 같이 의료 안전망으로 건강보험이나 의료급여에서 자

그림 7-1 **의료빈곤 관련 일반적 개념도**

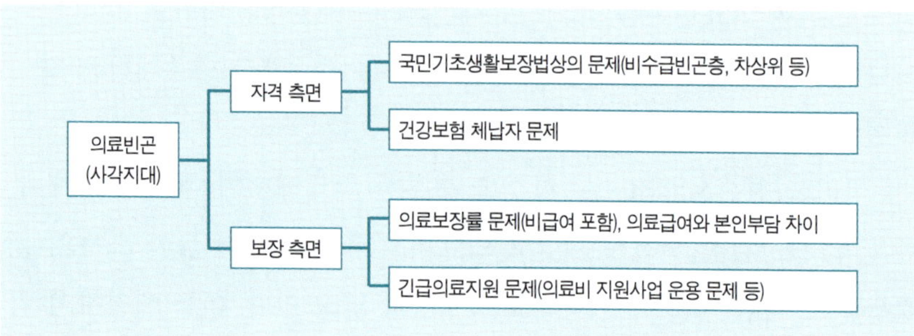

자료: 신형웅(2009).

격 측면이나 보장 측면에서 사각지대가 존재하므로 의료빈곤의 문제가 지속되고 있다. 가령 자격 측면에서 최소생계비 이하인 저소득층으로 의료급여에 포함되어야 하나 포함되지 못하여 의료이용에 제약을 받는 계층과 건강보험료를 납부할 능력이 없어 체납하여 자격정지되는 사각지대가 계속 존재하고 있다. 보장 측면에서도 의료급여나 건강보험 수준이 낮아 비급여로서 본인부담이 과다하여 의료수요를 포기하는 사각지대가 상존하고 있다. 특히, 2008년 이후 경제위기로 일시적 실업, 휴폐업 등으로 체납세대 증가, 일시적인 가계채무 증가 등으로 의료이용에 제약을 받는 의료 사각계층으로 의료빈곤층이 확대될 것으로 전망되고 있다(신현웅, 2009).

한편, 통계청의 「가계동향조사」 자료를 이용한 분석에 따르면, 〈표 7-8〉에서와 같이 우리나라 가구의 보건의료비는 1981년까지는 소득이 높을수록 총소비지출에서 차지하는 보건의료비 지출액의 비중이 높았는데, 이는 당시에 건강보험이 일반화되어 있지 않아 저소득층은 의료수요가 매우 제한되어 있었기 때문이다.[5] 1982년부터 1986년까지는 소득 크기와 무관하게 비중이 비슷하였으며, 1987년부터는 소득이 높을수록 비중이 낮아지는 것으로 나타났다. 이는 1989년 도시 지역으로 의료보험이 확대 실시되면서 전 국민 의료보험이 실현된 것과 밀접하게 관련된다고 판단된다.[6] 1987년 이후에는 저소득층의 총소비에서 차지하는 의료비의 지출 비중이 고소득층에 비하여 지속적으로 커지고 있다.

본 절에서는 지출빈곤의 일환으로서 앞 절의 교육빈곤층의 정의와

5) 의료보험은 1963년 12월 「의료보험법」이 제정된 지 14년이 지난 뒤인 1977년 7월 500인 이상 사업장 근로자를 대상으로 의료보험을 실시하면서 본격적으로 시행되었다.
6) 의료보험은 1989년 전 국민 의료보험 확대 이후 2000년 7월 단일보험자로 건강보험시대를 열며 이행되었으며, 건강보험과 함께 시행된 의료급여제도는 건강보험에서 보장하지 못하는 취약계층에 대한 최소한의 의료보장을 제공하여 왔다.

표 7-8 보건의료비 지출의 연도 · 소득분위별 지출 비중 추이

(단위: %)

분위 / 연도	I	II	III	IV	V	VI	VII	VIII	IX	X
1979	5.0	5.6	5.7	5.4	6.1	6.1	5.9	6.1	5.7	7.4
1980	5.3	5.7	5.6	5.8	6.4	6.3	6.5	6.2	6.0	8.4
1981	5.5	5.1	6.1	6.6	6.2	6.3	6.6	6.6	6.7	10.5
1982	5.5	5.7	5.8	5.6	6.6	7.1	5.8	6.0	6.1	5.6
1983	5.4	5.5	5.5	6.0	5.8	5.6	5.5	6.1	5.9	5.5
1984	5.1	5.2	5.5	5.7	5.3	6.5	5.7	5.5	5.1	4.8
1985	5.7	4.6	5.7	5.7	6.0	5.7	5.7	5.5	5.1	5.1
1986	5.1	5.5	6.3	5.6	5.4	5.7	5.6	6.0	5.4	5.4
1987	6.0	5.6	5.9	5.5	5.3	5.5	5.8	5.2	5.0	5.2
1988	6.0	5.8	5.2	5.5	5.2	5.6	5.0	5.1	5.2	5.2
1989	6.4	6.1	5.7	5.7	5.5	5.6	5.6	5.9	5.7	4.5
1990	5.4	5.6	5.5	5.8	5.3	5.4	5.4	4.7	5.0	4.2
1991	5.4	6.1	5.9	5.8	5.5	5.2	5.4	5.0	4.8	4.3
1992	5.8	5.6	5.5	5.8	5.4	5.4	4.9	4.9	5.2	4.6
1993	6.2	5.6	5.9	5.6	5.3	5.1	4.8	5.0	4.5	4.3
1994	6.3	5.4	5.1	4.9	4.6	4.6	4.6	4.4	4.6	4.2
1995	6.0	5.6	5.0	4.5	4.7	4.6	4.5	4.2	4.0	4.1
1996	6.3	5.5	5.2	4.8	4.5	4.2	4.1	4.1	4.1	3.8
1997	6.0	4.9	4.7	4.5	4.8	4.4	4.5	4.2	3.9	4.2
1998	5.5	5.3	5.2	4.8	4.2	4.6	4.5	4.4	4.2	3.6
1999	5.6	5.5	5.2	4.5	4.2	5.0	4.2	4.1	4.5	3.7
2000	4.8	4.6	4.6	4.9	4.2	3.7	4.0	4.0	4.2	3.7
2001	5.3	4.4	4.5	4.7	4.4	4.5	4.0	3.8	3.6	3.8
2002	5.5	5.1	5.1	4.4	4.2	4.1	4.1	4.3	3.8	3.9
2003	6.1	4.8	5.2	4.9	4.6	4.5	4.7	4.1	4.4	4.4
2004	5.2	4.9	4.9	4.5	4.3	4.3	4.8	4.2	4.8	4.1
2005	5.3	5.6	4.7	5.2	5.0	5.2	4.4	4.5	4.2	4.0
2006	6.9	5.8	5.5	5.2	5.4	4.4	4.4	4.1	4.1	4.7
2007	7.4	5.4	4.6	4.2	4.5	4.9	5.1	4.3	4.5	4.5
2008	9.0	5.4	5.2	5.6	4.9	4.6	4.2	5.3	4.6	4.5
2009	7.5	6.5	7.0	5.7	5.7	5.5	5.8	4.9	5.6	5.4
2010	9.8	7.1	6.0	6.5	5.9	5.3	5.2	5.2	5.8	5.8

자료: 김승래 · 전영준 · 임병인(2012), p. 139 〈표 5〉 인용.

일관성을 유지하기 위하여 분석의 편의상 가계소득보다 지출이 많은 적자가구이면서 총지출 중 의료비 지출을 제외하면 흑자가 되는 가구를 의료빈곤층(medical-poor)이라고 정의한다. 다음 절에서 이 정의에 따라 통계청의 「가계동향조사」를 이용하여 우리나라의 의료빈곤 추이를 살펴본다.

7.2.2 의료빈곤의 소득계층별 특성과 주요 결정요인

우리나라의 의료빈곤과 소득수준의 상관관계를 파악하기 위하여 앞 절에서 정의한 의료빈곤율을 소득분위별로 알아보았다. 「가계동향조사」 자료를 이용하여 분석한 〈표 7-9〉의 소득분위별 의료빈곤율 추이를 살펴보면 다음과 같다. 건강보험제도의 도입 및 확산에도 불구하고 1990년에는 저소득층일수록 대체로 의료빈곤율이 높았다. 그리고 소득수준별로 1999년 이후에는 상대적으로 2~7분위의 의료빈곤율이 급격히 늘어난 특징을 보이고 있으며, 전체 평균으로도 의료비 지출로 인한 가계의 빈곤이 심화되어 왔음을 보여주고 있다.

또한 가구의 소득수준 이외에도 가구주 성별, 나이, 교육수준, 가구원 수, 취업가구원 수, 맞벌이 여부, 가계지출이나 소득지출 등 기타 소비자의 특성을 반영하여 우리나라 의료빈곤의 결정요인을 살펴보면 다음과 같다. 이를 위하여 〈표 7-10〉에서와 같이 통계청의 1990~2011년 「가계동향조사」 자료를 이용하여 의료빈곤의 결정요인을 로짓분석하였다. 분석결과에 의하면, 의료빈곤율의 주요 결정요인들은 약간의 차이는 있으나 가구 소득수준 이외에도 가구주 나이, 가구원 수, 취업가구원 수 등이 의료빈곤율을 결정하는 주요 요인으로 파악되고 있다.

표 7-9 소득분위별 의료빈곤율 추이

(단위: %)

연도＼분위	I	II	III	IV	V	VI	VII	VIII	IX	X	평균
1990	6.77	6.48	6.41	5.33	4.64	3.89	3.12	3.34	3.34	2.48	4.57
1991	7.25	6.83	7.4	5.47	4.65	3.98	3.63	3.29	3.29	2.6	4.83
1992	6.2	6.71	3.88	4.00	4.53	3.1	2.54	3.21	3.55	2.54	4.02
1993	8.07	6.58	5.9	4.48	3.7	3.68	3.29	2.37	2.31	1.97	4.23
1994	9.92	6.34	4.4	4.68	4.2	3.55	2.15	2.52	2.15	1.12	4.09
1995	9.97	7.08	5.13	4.76	4.37	3.32	2.95	2.94	1.71	1.7	4.37
1996	8.57	6.01	6.46	4.70	3.32	3.12	1.85	2.15	1.65	2.24	4.00
1997	8.19	6.17	3.57	4.86	4.00	2.7	3.34	2.5	1.77	1.04	3.8
1998	6.46	7.11	5.39	4.10	4.00	4.59	2.63	2.64	1.85	2.52	4.12
1999	6.35	8.11	6.98	5.97	3.94	3.41	5.13	4.24	3.41	1.61	4.91
2000	9.67	10.34	7.02	6.85	6.71	4.84	3.74	3.74	3.12	2.81	5.88
2001	6.94	9.48	7.1	6.78	6.47	5.99	3.62	4.26	2.36	2.21	5.52
2002	8.82	9.66	8.52	6.06	6.54	5.07	3.92	2.94	3.59	1.31	5.64
2003	6.41	8.24	6.81	6.13	5.04	4.88	3.49	3.43	2.04	1.87	4.73
2004	7.29	8.37	8.49	7.07	5.91	4.79	4.8	2.31	1.79	1.36	5.11
2005	6.54	8.4	6.71	7.10	5.97	5.12	3.58	2.99	3.2	1.49	5.01
2006	7.76	10.47	8.1	7.37	6.76	5.01	4.67	2.84	3.52	2.04	5.31
2007	7.14	9.88	8.53	7.07	7	4.74	5.01	3.23	3.8	1.28	5.27
2008	6.13	10.56	1.00	7.16	6.86	5.77	4.04	3.54	2.65	1.81	5.38
2009	6.55	8.95	9.1	7.58	5.97	5.07	3.78	3.24	1.98	2.36	5.07
2010	4.82	15.31	8.51	7.98	6.28	5.91	4.21	3.42	3.67	1.93	5.83
2011	4.18	12.07	8.68	8.41	5.84	7.17	6.04	4.25	2.63	1.34	5.74

표 7-10 의료빈곤 로짓 실증분석 추정결과

변수	전 기간 pooled	1990	1991	1992	1993	1994	1995	1996	1997	1998	1999	2000
가구주 성별 (남성=1)	0.137***	0.347**	0.712***	0.036	0.095	-0.010	0.179	0.028	0.181	0.110	-0.024	0.315**
가구주 나이	-0.039***	0.022	0.004	0.027	-0.029	-0.048*	0.002	-0.064**	0.015	-0.003	-0.115***	-0.022
가구주 나이제곱	0.001***	-0.000	-0.000	-0.000	0.001**	0.001***	0.000	0.001***	-0.000	0.000	0.001***	0.000
가구주 교육수준 (고졸=1)	-0.159***	-0.114	-0.126	0.002	-0.200*	-0.219	-0.202	-0.100	0.025	-0.028	0.141	-0.251*
가구주 교육수준 (대졸 이상=1)	-0.188***	-0.210	-0.178	0.049	0.064	-0.140	0.068	-0.160	-0.226	0.002	0.036	-0.287*
근로자가구 여부 (근로자가구=1)	0.086***	-0.142	0.044	0.215*	0.372***	0.195*	0.118	0.015	-0.121	-0.077	-0.030	0.066
가구원 수	-0.012	0.094*	-0.007	-0.031	0.004	-0.020	-0.053	0.086*	-0.084	-0.027	-0.014	-0.014
취업가구원 수	-0.294***	-0.099	-0.204**	-0.237**	-0.287***	-0.343***	-0.267***	-0.079	-0.363***	-0.317***	-0.160**	-0.233**
맞벌이 여부	-0.265***	-0.452**	-0.425**	-0.373*	-0.496***	-0.457**	-0.675***	-0.482***	-0.492**	-0.305*	-0.392**	-0.505***
경상소득 로그값	-0.451***	-0.890***	-1.222***	-0.847***	-0.891***	-0.817***	-1.052***	-0.996***	-0.901***	-0.507***	-0.334***	-0.354***
가계지출 로그값	-1.263***	-0.917**	0.028	-0.147	-1.050***	-0.804*	-0.239	-0.510	-0.608	-0.306	-1.144***	-1.572***
소비지출 로그값	2.015***	2.024***	1.334***	1.247***	2.046***	1.770***	1.285***	1.510***	1.698***	1.089***	1.722***	2.052***
상수항	-5.588***	-5.682***	-4.816***	-6.881***	-3.715***	-3.567***	-2.672**	-1.918	-5.212***	-6.522***	-3.387***	-3.623**
관측치 수	190,948	9,169	8,757	8,976	15,037	10,628	10,451	10,194	9,533	10,151	9,861	6,396

표 7-10 계속

변수	2001	2002	2003	2004	2005	2006	2007	2008	2009	2010	2011
가구주 성별 (남성=1)	0.035	0.417***	−0.021	0.271*	−0.037	0.175	0.009	0.215	0.155	0.072	0.559***
가구주 나이	−0.037	−0.014	−0.032	−0.101***	−0.020	−0.025	−0.004	−0.094***	−0.091***	−0.065**	−0.073**
가구주 나이제곱	0.001*	0.000	0.000*	0.001***	0.000	0.000	0.000	0.001***	0.001***	0.001***	0.001***
가구주 교육수준 (고졸=1)	0.177	−0.066	−0.102	−0.048	−0.032	−0.558***	−0.238	−0.682***	−0.216	−0.167	−0.435***
가구주 교육수준 (대졸 이상=1)	−0.006	−0.016	−0.228	−0.296*	−0.215	−0.317**	−0.393**	−0.700***	−0.138	−0.259	−0.774***
근로자가구 여부 (근로자가구=1)	−0.009	0.009	0.181	0.011	0.002	0.216*	0.253**	0.034	0.306**	0.272**	0.249**
가구원 수	0.097*	−0.085	0.032	−0.019	−0.040	0.120**	0.056	−0.096	−0.171**	0.027	0.007
취업가구원 수	−0.124	−0.103	−0.328***	−0.214**	−0.369***	−0.539***	−0.389***	−0.239**	−0.382***	−0.465***	−0.493***
맞벌이 여부	−0.312*	−0.535***	−0.109	−0.285	−0.006	0.167	−0.129	−0.271	−0.209	−0.091	0.233
경상소득 로그값	−0.406***	−0.536***	−0.292***	−0.340***	−0.218***	−0.212***	−0.273***	−0.231***	−0.140**	−0.237***	−0.283***
가계지출 로그값	−1.520***	−2.294***	−2.109***	−1.599***	−1.538***	−1.829***	−2.147***	−1.730***	−1.503***	−1.431***	−1.830***
소비지출 로그값	1.992***	2.987***	2.702***	2.143***	2.107***	2.145***	2.722***	2.507***	2.149***	2.110***	2.604***
상수항	−3.047*	−4.087**	−6.001***	−2.866*	−6.800***	−3.380**	−6.647***	−7.361***	−7.212***	−7.377***	−7.428***
관측치 수	6,325	6,099	7,803	7,473	9,274	8,439	7,350	7,414	7,258	7,226	7,134

주: 1) *는 10%, **는 5%, ***는 1%의 수준하에서 유의미함.
2) 전 기간 분석결과는 pooled OLS 추정결과로 연도별 더미를 고려하여 추정함.

7.2.3 의료빈곤 해결을 위한 정책 과제

우리나라의 보건의료비의 지출 비중 추이를 살펴보면, 건강보험제도의 도입 및 확산과 밀접하게 관련되어 있으며, 고령화와 웰빙문화 확산 등 의료욕구의 증가로 인하여 의료빈곤 문제는 점진적으로 커지고 있음을 확인할 수 있었다. 그럼에도 불구하고 최근 경제위기 이후로 건강보험료 체납 증가, 본인부담 증가로 인한 의료이용 제약 등 의료빈곤층에 대한 부담이 증가하고 있는 실정이다. 이에 따라 의료부문에서 건강보험료 납부 유예나 보험료 지원 등을 통한 의료비용 지원, 긴급의료지원사업과 대불금 지원 확대, 의료필요에 대한 맞춤형 보장성 확대 등의 필요성이 커지고 있다. 따라서 의료부문에 대한 실질적인 저소득층 복지 향상을 위해서 소득계층별 소비 패턴 및 가구 특성을 충분히 감안하여 선별적이고 차등적인 정부 지원제도를 신중하게 설계하는 것이 필요할 것이다. 특히, 각종 경제적 여건에 따른 소득빈곤으로 인하여 의료빈곤층으로 전락할 위기계층 중에서 의료욕구가 있는 계층에 대한 법정 본인부담률을 경감시키는 국가재정에 의한 복지 지원이나 본인부담 상한제 정책은 매우 중요하다.

또한 현행 의료급여 수급자 선정기준에 따르면, 국민기초생활보장 수급자는 자동으로 의료급여 수급자가 되고 있다. 문제는 재산의 소득환산에서 재산의 기초공제액이 너무 낮아 자기소유 집이 있거나 대도시 전세보유의 경우 소득에 상관없이 수급자 대상에서 제외되거나 가구균등화지수를 이용한 수급기준도 의료위험을 정확하게 반영하지 못하고 있다는 것이다. 중장기적으로 건강보험의 급여율이 선진국 수준으로 근접하면 의료급여는 건강보험에 통합시키는 것이 필요하다고 사료된다.

이와는 별도로 경제적 빈곤계층인 저소득 취약계층에 대한 의료이용의 접근성을 향상하고 중소득층의 경우에도 기초 의료보장이나 의료욕구 충족의 사회적 형평성을 더욱 강화하여야 할 것으로 보인다. 특히, 의료급여 수급자 중에서 근로 무능력자와 유능력자의 급여 차등에 대한 논의도 필요하다. 근로를 통한 탈빈곤을 유도하고 의료수급의 도덕적 해이를 방지하기 위하여 근로능력에 따른 다소간의 차등도 필요할 것으로 판단된다.

7.3 에너지빈곤 문제

7.3.1 에너지빈곤의 정의 및 실태분석

에너지 관련 비용의 지출 과다는 저소득층이 거주하고 있는 주택의 냉 · 난방을 어렵게 하여 거주자의 건강에 좋지 않은 영향을 주며, 음식료품과 같은 생존에 필수적인 항목에 대한 지출액을 감소시켜 '삶의 질'을 떨어뜨린다. 구체적으로 살펴보면, 에너지 관련 비용의 급증은 가구원 중에 노인, 어린이, 장애인, 만성질환자 등에게 겨울철에 춥고 습한 주거환경에 처하게 하여 호흡기질환과 심장질환을 유발하고, 난방이 부족한 주택은 천식을 유발하는 곰팡이와 진드기 번식을 촉진시킬 수도 있다. 이로 인해 가구의 의료비를 증가시켜 사회 전체적으로 의료비 부담을 증가시킨다. 이와 같은 측면에서 각 소득계층별로 에너지에 대한 지출 비중이 어느 정도인지를 파악하는 것이 중요하다. 따라서 가구의 지출액 중에서 얼마나 많은 금액이 에너지 관련 비용에 사용되고 있는

지를 파악하기 위한 적절한 기준이 필요한데, 그에 가장 부합되는 것이 에너지빈곤(energy-poor) 개념이다. 에너지빈곤가구는 일반적으로 가구소득의 10% 이상을 난방, 취사, 조명 등과 같은 광열비로 지출하는 가구로 정의된다(박은철, 2008). 이러한 에너지빈곤에 대한 가구분석은 저소득층 또는 빈곤층을 위한 중요한 정책적 시사점을 소득재분배 또는 형평성 측면에서 제공해 준다.[7]

우리나라에서 에너지빈곤에 대한 논의가 제기된 것은 '에너지는 인간다운 삶을 유지하기 위한 필수재'라는 인식과 사회적 약자를 위한 '에너지 복지 프로그램'의 필요성에 대한 공감대가 점증하고 있기 때문이다. 이에 반해 영국의 정의는 온도 유지가 거주환경, 예를 들어 주택의 종류, 냉·난방에 사용되는 기기 등에 의해 영향을 받기 때문에 객관적인 기준을 찾기가 어렵다는 점에서 우리나라의 정의가 보다 현실적이라고 판단된다.

이제 에너지빈곤이 발생하는 원인이 무엇인지를 여러 가지 측면에서 살펴본다. 먼저 에너지빈곤의 대표적 원인은 낮은 가구소득이다. 이는 에너지빈곤이 광열비를 소득으로 나누어 정의되기 때문에 당연하다. 일반적으로 지출수준은 하방 경직적이기 때문에 소비는 일정한 수준을 유지하거나 지속적으로 상승하지만 소득은 상대적으로 변동이 심하다. 따라서 분모에 있는 소득이 떨어지면 에너지빈곤에 직면할 가능성이 높아진다.

둘째, 사회적으로 취약한 상황에 처할 때이다. 사회취약계층인 노

7) 에너지빈곤 개념은 본래 특정 가구가 적정 난방수준까지 실내온도를 맞추기 위해 가구소득의 일정 부분 이상을 난방비로 지출하는 것으로 정의한다. 같은 맥락에서 영국은 「2001 에너지빈곤전략(Fuel Poverty Strategy)」 보고서에서 에너지빈곤가구를 '거실의 온도 21℃, 거실 이외 방의 온도 18℃를 유지하기 위하여 가구소득의 10% 이상을 난방비로 사용하는 가구'로 정의하고 있다. 최저기준은 '거실의 온도 18℃, 거실 이외 방의 온도 16℃'로 규정하고 있다. 세계보건기구(WHO) 역시 적절 난방온도를 거실 21℃, 거실 이외의 방은 18도℃로 설정하고 있다.

인, 장애인, 가구주가 실업 상태인 가구, 편부모가구 등은 에너지빈곤에 처할 가능성이 높다. 이는 기본적으로 사회취약계층들은 노동기회 부족, 제한된 금액의 연금 및 급여를 수령하고 있어 기본적으로 낮은 소득에 처하기 쉽다. 또한 이들은 일반 근로자보다 집에 있는 시간이 길 수밖에 없어 냉 · 난방 수요도 많아 에너지 관련 지출액이 증가할 수밖에 없는 상황이다.

셋째, 낮은 품질의 주택을 들 수 있다. 단열시설이 미흡하거나 전무하여 쾌적한 주거기준에 못 미치는 저품질 주택에 거주하는 경우 낮은 가구소득 및 비효율적인 냉 · 난방 시스템과 연계되어 낭비요인이 많기 때문이다.

넷째, 비효율적인 광열시스템 때문이다. 발열량이 큰 백열등, 노후화된 보일러 또는 제한된 온도조절 장치, 비효율적인 가스 및 전기난로가 설치된 주택에 거주할 경우 광열비가 많이 소요된다. 비효율적인 냉 · 난방 시스템이 고비용을 야기할 수 있지만, 최고 전력사용 시간대에 사용되는 전기 냉 · 난방, 액화석유가스(LPG) 보일러와 같은 것도 에너지 관련 비용을 상승시킨다. 또한 에너지빈곤가구는 대체로 노후된 냉장고 및 조리기구 등과 같이 에너지 비효율적인 가전제품을 사용하고 있어 상대적으로 높은 에너지 사용료를 지불할 수밖에 없는 구조에 처해 있다.

다섯째, 높은 에너지 가격이다. 에너지원이 고갈된다는 예측과 함께 2007년 후반부터 급등하기 시작한 에너지 가격 상승으로 거의 모든 연료의 가격이 급격히 상승하였는데, 에너지 가격이 높아질수록 가구의 부담능력은 커지는 것이 당연하다. 영국의 일부 학자들은 에너지 가격이 1%씩 상승하면, 전체 가구의 0.05%씩 에너지빈곤가구가 증가한다는 연구결과를 발표한 바 있다(The City of Liverpool, 2007).

여섯째, 저비용 에너지원에 대한 접근성 부족이다. 저소득 · 빈곤층 밀집 지역에 거주하는 가구의 에너지 비용은 상대적으로 높은데, 이는 상대적으로 가격이 낮은 도시가스가 제공되지 못하여 불가피하게 전기 · 석탄 · 석유 · LPG 등과 같은 상대적으로 고비용 연료를 사용할 수

표 7-11 경상소득 대비 광열비 비중 10% 이상 가구 비율 추이

(단위: %)

분위 / 연도	I	II	III	IV	V	VI	VII	VIII	IX	X	평균
1990	19.59	1.95	1.08	1.4	0.65	0.54	0.54	0.11	0	0.32	2.61
1991	14.19	1.72	0.91	0.68	0.34	0.23	0.57	0.11	0.23	0	1.89
1992	16.52	1.77	1.11	0.44	0.11	0.22	0.22	0.11	0	0	2.04
1993	24.17	3.31	2.25	0.86	0.33	0.39	0.13	0.07	0.13	0	3.15
1994	15.86	0.84	0.37	0.28	0	0.09	0	0	0.09	0	1.74
1995	19.9	2.1	0.38	0.19	0	0	0	0	0	0	2.24
1996	22.8	2.44	0.78	0.88	0.2	0.19	0.49	0	0	0	2.77
1997	28.16	4.79	1.46	0.72	0.21	0	0	0.1	0	0	3.51
1998	44.54	9.44	3.99	3.02	1.17	1.07	0.19	0.1	0.19	0.1	6.34
1999	43.29	10.03	4.34	2.22	1.61	0.6	0.3	0.3	0	0.1	6.24
2000	38.65	7.03	1.41	1.25	0.31	0.16	0	0.16	0	0	4.89
2001	40.85	6.62	1.42	1.42	0.63	0	0.16	0	0	0	5.11
2002	37.15	3.6	0.98	0.65	0.98	0	0.33	0.16	0	0	4.38
2003	47.61	6.47	2.23	1.17	0.63	0.63	0.12	0.25	0	0	5.18
2004	41.3	7.1	2.16	0.53	0.26	0	0.39	0.13	0	0	4.57
2005	49.26	10.56	4.17	1.61	0.98	0.32	0.31	0.21	0	0.1	6.06
2006	74.4	28.7	11.04	4.8	1.52	0.85	0.31	0.39	0	0	6.64
2007	69.4	27.24	8.06	1.74	1.26	0.24	0.69	0.11	0	0	5.58
2008	71.97	30.53	8.87	3.56	1.75	0.61	0.23	0.22	0	0	6.49
2009	79.31	28.19	11.36	4.15	1.46	0.49	0.12	0.11	0.23	0	7.39
2010	83.23	32.55	11.36	3.29	1.25	0.49	0.59	0.35	0	0.33	7.78
2011	81.01	33	12.26	3.27	2.04	0.61	0.36	0	0.22	0	7.57

밖에 없기 때문이다. 영국의 「2001 에너지빈곤전략(Fuel Poverty Strategy)」 보고서에 의하면, 도시가스를 사용하지 않는 가구는 도시가스 사용 가구보다 40% 이상의 에너지 비용을 부담하고 있다고 한다.

일곱째, 정보의 부족이다. 선진외국뿐만 아니라 우리나라도 저소득 · 빈곤가구가 인간으로서의 건강한 삶을 유지할 수 있는 일정 수준의 에너지 공급을 보장하기 위해 정부 및 공공기관이 제공하는 에너지 복지 프로그램을 제공하고 있다. 우리나라에서는 에너지 복지 프로그램을 신청주의에 따라 제공하고 있는데, 에너지빈곤가구는 에너지 복지 프로그램이 있는지 잘 모르기 때문에 에너지 사용비용을 낮출 수 있는 기회를 놓친다는 것이다.

한편, 「가계동향조사」 자료의 소득 10분위 소득계층별로 총소비지출액에서 차지하는 광열비의 비중을 살펴보면 〈표 7-11〉과 같이 소득수준이 낮을수록 커지는 것으로 나타났다. 특히, 최저소득계층인 1분위의 소득 대비 광열비 비중과 다른 분위와의 격차는 더욱 커지고 있다.

7.3.2 에너지빈곤의 소득계층별 특성 및 주요 결정요인

여기서도 앞 절의 교육빈곤, 의료빈곤의 경우와 일관성을 유지하기 위하여 '가계소득보다 지출이 많은 적자가구이면서 총지출 중 에너지(광열비) 지출을 제외하면 흑자가 되는 가구'를 에너지빈곤층(energy-poor)으로 규정한다. 이에 따라 「가계동향조사」를 이용하여 에너지빈곤의 소득계층별 특성을 살펴본다.

〈표 7-12〉는 에너지빈곤과 소득수준의 상관관계를 알아보기 위하여 에너지빈곤율을 소득분위별로 제시한 것이다. 에너지빈곤율은 저소득

표 7-12 소득분위별 에너지빈곤율 추이

(단위: %)

분위 / 연도	I	II	III	IV	V	VI	VII	VIII	IX	X	평균
1990	6.86	4.54	4.22	2.91	2.27	2.6	1.61	2.59	1.3	1.19	3.01
1991	6.86	4.54	4.22	2.91	2.27	2.6	1.61	2.59	1.3	1.19	3.01
1992	5.69	3.66	3.32	2.66	3.23	1.33	1.33	1.66	2.33	0.99	2.62
1993	6.44	4.64	3.7	2.5	2.77	2.04	1.97	1.32	1.38	0.86	2.76
1994	6.04	4.69	2.72	2.99	2.15	2.43	1.31	1.22	1.21	0.47	2.52
1995	6.89	6.77	3.89	3.32	2.65	1.7	2.08	2	1.14	0.76	3.11
1996	7.63	5.77	4.21	3.31	2.34	1.95	1.46	0.59	0.88	1.46	2.96
1997	7.07	4.27	3.13	2.46	3.36	1.98	1.97	1.66	1.45	0.93	2.82
1998	7.77	7.69	5.74	3.51	3.5	3.02	2.62	1.94	1.46	1.26	3.85
1999	7.01	9.42	7.16	5.06	4.23	3.32	3.63	2.82	2.71	1.01	4.63
2000	8.92	9.69	6.42	6.07	5.93	4.06	3.75	2.96	2.03	1.56	5.14
2001	7.26	8.68	6.93	5.35	5.04	5.69	3.15	2.84	1.42	1.26	4.76
2002	7.69	7.36	8.02	5.23	5.88	4.25	3.27	1.63	2.12	0.98	4.64
2003	5.37	6.87	6.29	6	4.29	3.88	2.87	2.21	1.2	0.82	3.88
2004	6.21	5.68	7.68	5.87	3.02	4.26	3.9	1.41	0.64	0.87	3.86
2005	7.48	7.35	5.92	6.44	4.12	3.85	1.73	2.06	1.14	1.19	4
2006	5.65	8.02	7.81	5.85	5.97	4.58	3.97	2.75	2.76	1.11	4.46
2007	4.63	7.52	6.51	5.35	5.44	3.75	4.51	1.89	2.29	0.64	3.91
2008	2.23	7.79	8.12	6.46	4.99	4.91	2.99	2.54	1.43	0.64	3.97
2009	4.6	9.27	7.77	4.54	4.51	5.1	3.01	2.05	1.03	1.21	3.94
2010	4.04	10.07	8.22	5.52	5.74	3.77	3.56	3.02	3.27	0.67	4.51
2011	3.48	8.1	6.76	6.39	5.22	5.84	3.94	3.12	2.02	0.44	4.29

층일수록 높았으나, 최저 1분위의 경우 2006년 이후 정부의 최저계층 지원대책 확대에 따라 다소 완화되고 있는 추세를 보여주고 있다.

또한 가구의 소득수준 이외에도 가구주 성별, 나이, 교육수준, 가구원 수, 취업가구원 수, 맞벌이 여부, 가계지출이나 소득지출 등 기타 소

표 7-13 에너지빈곤 로짓 실증분석 추정결과

변수	전 기간 pooled	1990	1991	1992	1993	1994	1995	1996	1997	1998	1999	2000
가구주 성별 (남성=1)	0.003	−0.115	−0.207	0.432	−0.038	0.449	0.036	0.398**	0.225	−0.042	−0.070	0.019
가구주 나이	0.066***	0.053	0.077	0.095**	0.141***	0.020	0.062	0.139***	0.055*	0.054**	0.081***	0.005
가구주 나이제곱	−0.000***	−0.000	−0.001	−0.001*	−0.001***	0.000	−0.000	−0.001***	−0.000	−0.000	−0.001**	0.000
가구주 교육수준 (고졸=1)	0.179***	0.216	0.237	−0.044	1.038***	−0.131	0.186	−0.276	0.046	−0.002	0.183	0.302
가구주 교육수준 (대졸 이상=1)	0.215***	0.791***	0.741**	−0.351	0.880***	0.413	0.118	−0.250	−0.373	−0.185	−0.040	0.323
근로자가구 여부 (근로자가구=1)	−0.207***	−0.183	−0.068	−0.385*	−0.216	0.658**	0.109	−0.480**	0.025	−0.136	0.010	0.039
가구원 수	0.270***	0.379***	0.347***	0.123	0.216***	0.249**	0.212**	0.183**	0.281***	0.222***	0.386***	0.319***
취업가구원 수	−0.068**	−0.102	−0.177	−0.215	−0.252**	−0.232	−0.325	−0.364**	−0.453***	−0.061	−0.086	0.033
맞벌이 여부	−0.182***	−0.332	−0.482	−0.002	−0.496	−0.203	−0.266	−0.127	−0.055	−0.495**	−0.597**	−1.327**
경상소득 로그값	−3.895***	−3.366***	−3.382***	−3.757***	−3.408***	−4.134***	−4.013***	−3.878***	−3.610***	−3.227***	−3.556***	−4.508***
가계지출 로그값	0.754***	0.598	0.784	−0.491	0.459	1.070	1.881***	1.051*	1.476***	0.585	1.071***	2.349***
소비지출 로그값	0.507***	0.554	0.391	1.802*	0.529	0.293	−0.570	0.122	−0.478	0.310	−0.145	−1.085
상수항	27.617***	22.123***	21.869***	26.277***	24.304***	30.224***	30.257***	30.082***	30.390***	27.151***	29.786***	39.686***
관측치 수	191,637	9,203	8,756	8,984	15,051	10,636	10,489	10,215	9,569	10,194	9,872	6,391

표 7-13 계속

변수	2001	2002	2003	2004	2005	2006	2007	2008	2009	2010	2011
가구주 성별 (남성=1)	0.184	0.247	0.284	−0.044	−0.146	−0.104	−0.242	−0.189	−0.209	−0.006	0.197
가구주 나이	0.117***	0.079*	0.137***	0.048	0.031	−0.008	0.047	0.037	−0.010	0.042	0.023
가구주 나이제곱	−0.001***	−0.000	−0.001***	−0.000	−0.000	0.000	−0.000	−0.000	0.000	−0.000	−0.000
가구주 교육수준 (고졸=1)	0.183	0.350	−0.047	0.140	0.343**	0.197	0.106	−0.061	0.232	0.098	0.175
가구주 교육수준 (대졸 이상=1)	0.456*	0.191	0.064	0.457*	0.370*	0.408**	0.273	0.167	0.218	0.171	−0.064
근로자가구 여부 (근로자가구=1)	−0.372*	−0.135	−0.239	−0.460**	−0.332**	−0.467***	−0.499***	−0.274*	−0.474***	0.006	−0.173
가구원 수	0.272***	0.284**	0.107	0.134	0.369***	0.286***	0.268***	0.148*	0.195**	0.317***	0.250***
취업가구원 수	−0.161	−0.330*	0.017	0.004	0.199	0.201	0.122	0.007	0.138	−0.036	0.077
맞벌이 여부	−0.405	−0.304	0.064	−0.050	−0.367	−0.097	−0.576*	−0.018	−0.177	0.050	−0.305
경상소득 로그값	−5.097***	−4.481***	−4.382***	−4.736***	−4.135***	−4.172***	−4.051***	−4.053***	−3.847***	−4.356***	−4.098***
가계지출 로그값	0.335	−0.201	0.513	−0.273	0.546	0.696	0.613	0.332	0.480	1.277**	0.070
소비지출 로그값	1.380*	1.757**	1.263**	2.442***	0.802	0.843	0.839	1.183**	0.688	0.126	1.263**
상수항	40.068***	34.107***	29.188***	30.812***	34.182***	33.366***	31.727***	31.848***	34.877***	37.265***	35.693***
관측치 수	6,328	6,100	7,799	7,469	9,289	8,448	7,367	7,436	7,419	7,369	7,253

주: *는 10%, **는 5%, ***는 1%의 수준하에서 유의미함.

비자의 특성을 반영하여 에너지빈곤의 결정요인을 1990~2011년 「가계동향조사」 자료를 이용하여 〈표 7-13〉에서와 같이 로짓분석하였다. 이에 따르면 에너지빈곤율의 주요 결정요인들은 가구주 나이, 교육수준, 맞벌이 여부, 취업가구원 수 등의 사회적 요인보다는 가구경제의 규모를 의미하는 소득수준, 총소비지출, 가구원 수 등이 에너지빈곤율을 결정하는 주요 요인으로 나타나고 있다.

7.3.3 에너지빈곤 해결을 위한 정책 과제

정부는 2009년 「녹색성장 5개년계획」을 통해 에너지 저소득층을 '에너지 구입비용(난방, 취사, 조명 등 광열비 기준)이 가구소득의 10% 이상인 가구'로 정의한 바 있다. 이에 따르면 우리나라의 에너지빈곤가구 수는 약 130~150만 가구에 달할 것으로 추정하고 있다. 정부는 에너지빈곤가구의 비율을 2013년까지 전체 가구 수의 5% 수준으로 줄이고 2030년까지 에너지 저소득층 0% 달성이라는 목표를 제시하고 있다.

우리나라 에너지빈곤은 대체로 소득수준이 낮을수록 에너지 구입비용이 소득에서 차지하는 비중이 매우 높다. 이는 저소득층일수록 주거환경이 열악하여 난방에너지를 많이 소비하고, 에너지 가격의 상승폭이 크며, 에너지 가격이 상승할 경우 이를 완충해 주는 제도적 장치가 없는 에너지를 많이 소비한다는 점에서 기인한다. 또한 저소득층일수록 도시가스, 지역난방 등 저가 에너지의 공급망이 설치되지 않은 지역에 거주할 확률이 높아 등유, LPG 등 상대적으로 비싼 에너지를 사용하는 비중이 높다. 따라서 소득이 낮을수록 단위 열량당 에너지 구입비용이 높아지는 역진성의 문제가 발생한다(정의용, 2011).

표 7-14 에너지빈곤 지원 현황

(단위: 억 원, 가구)

구분	유형	예산(지원 가구 · 기관 수)				
		2008	2009	2010	2011	2012
공기업	요금할인 (전기, 가스, 열)	1,768 (1,895,184)	2,328 (2,743,955)	3,045 (2,869,477)	3,097 (2,968,435)	2,631 (3,039,972)
정부	난방비 지원 (등유, LPG, 연탄)	53 (67,812)	62 (39,663)	153 (94,090)	171 (97,440)	222 (109,116)
	시설제품 지원 (에너지 효율 개선, 설비 개선, 신재생 보급 등)	691 (272,292)	1,064 (277,484)	831 (204,216)	982 (278,789)	867 (268,735)
	정부 지원 합계	744 (340,104)	1,118 (317,147)	973 (298,306)	1,133 (376,229)	1,089 (377,851)
지원 총합계		2,512 (2,235,288)	3,446 (3,061,102)	4,018 (3,167,783)	4,230 (3,344,664)	3,720 (3,417,832)

주: 2012년은 추정치.

저소득층에 대한 에너지 지원 프로그램은 생계급여 중 광열비 지원, 연탄쿠폰, 긴급의료 지원 등 소득 관련 지원이나 전기나 도시가스 요금 할인과 같은 가격 지원이 있다. 기타 열요금 기본요금 면제나 연탄 가격도 가격고시를 통한 실질적인 가격할인을 해주고 있다. 그 외 에너지 효율 향상 지원사업이 있는데, 이는 2007년부터 한국에너지재단이 정부로부터 위탁받아 시행하는 사업으로 기초생활수급자 및 차상위가구를 대상으로 가구당 100만 원 이내에서 보일러 설치, 난방 탱크, 단열 창호시공 등 최소한의 에너지 이용기반을 제공하고 에너지 절감을 유도하는 사업이다. 그 외 전력이나 가스의 경우도 혹한기나 혹서기, 동절기 등에 기초생활보장수급자와 차상위계층을 대상으로 공급중단을 유예해 주고 있다.

표 7-15 미래의 에너지 가격 인상요인 구분

시나리오		내용
요인1	탄소세의 신규 도입	• 에너지원별 지구온난화를 유발하는 온실가스 중 대부분(89%)을 차지하는 CO_2 감축을 위해 에너지제품의 탄소함유량에 비례하여 신규로 세율 인상 • 조세연구원(2008)의 에너지제품별 탄소 배출의 사회적 비용 감안 시 기존 에너지 과세체계와는 별도로 석탄류 포함하여 에너지원별 34~96원(ℓ 또는 kg당) 세율 인상[1)]
요인2	기존 에너지 과세의 OECD 평균 세율 감안	• 유류에 대한 세금수준이 산업경쟁력 등에 미치는 영향을 감안하여 OECD 국가의 평균 세율을 기준으로 세율 조정 • OECD 평균 대비 우리나라 유류세는 휘발유 82%, 경유 76%, 등유 51%, 중유 25% 수준임
요인3	기존 에너지 과세의 물가상승률 감안	• 유류세는 종량세(VAT 제외)로서 휘발유는 2000년 1월(745원/ℓ), 경유는 2007년 7월(528원/ℓ) 이후, 현행 세율 유지 - 종량세 체제에서 물가상승에 따라 실질 세부담이 지속적으로 하락하므로 물가상승을 반영하여 세율 인상 필요 • 1, 2차 에너지세제 개편 이후(2007.7~2009.12) 소비자물가(CPI) 상승률(8.4%)을 감안하여 기존 세율 인상 고려
요인4	기존 에너지 과세의 유류 소비의 사회적 종합 비용 감안	• 조세연구원(2008)의 기존 유류 소비로 인한 외부불경제를 교정하기 위해 유류 소비의 사회적 비용을 감안하여 기존 에너지 세율체계 조정[2)] • 사회적 비용은 환경오염 비용(CO_2 제외)과 교통혼잡 비용으로 구성

주: 1), 2) 김승래 외(2008).
자료: 김승래(2011).

한편, 우리나라는 날로 강화되는 환경 규제와 녹색성장의 시대에 향후 많은 에너지세제와 가격의 인상요인을 가지고 있다. 김승래(2011)는 우리나라의 향후 에너지 가격 인상요인들을 종합하여 〈표 7-15〉와 같이 4가지의 주요 시나리오로 구분하여 제시하였다. 이러한 4가지 시나리오별로 〈표 7-16〉과 같이 소득계층의 10분위별로 후생 변화에 미치는 귀착효과를 일반균형모형을 이용하여 분석하였다. 그 분석결과에 따르면 탄

표 7-16 미래의 에너지 가격 인상요인별 귀착효과

소득계층별 추가 부담(천 원)	요인1	요인2	요인3	요인4	모두
1분위	159.2	139.2	22.6	213.1	498.5
2분위	197.5	177.8	29.0	270.9	633.6
3분위	252.4	235.6	38.9	357.3	832.4
4분위	281.6	267.3	44.4	405.9	944.8
5분위	308.8	302.6	50.4	457.9	1,066.4
6분위	343.1	339.2	56.5	514.3	1,195.2
7분위	369.7	368.4	61.5	559.0	1,299.5
8분위	403.6	408.0	68.2	616.7	1,432.6
9분위	446.1	450.9	75.3	683.8	1,590.4
10분위	599.2	612.8	102.0	928.7	2,169.1
평균	339.2	331.8	55.1	503.0	1,172.7
소득 지니계수 변화(%)	0.383	0.422	0.156	0.592	1.151

주: 김승래(2011).

소세 도입 등 각종 에너지과세의 강화는 에너지 가격을 상승시키고 시나리오별로 물가를 0.13~1.32% 정도 증가시킨다. 이에 따라 탄소세 도입 또는 기존 에너지세제 강화는 소득계층별 추가 부담을 유발할 것으로 예상된다. 여기서 추가 부담은 소득계층별로 대표가계의 에너지 소비 직접부담액과 비에너지상품 가격상승에 따른 간접부담액을 모두 합계한 총부담액을 의미한다. 가령, 별도의 보완조치가 없을 경우 사회적 비용수준의 탄소세 도입은 2007년 연평균 기준으로 소득 1분위는 15만 9,000원, 소득 10분위는 59만 9,000원, 그리고 가계 전체 평균은 33만 9,000원 정도의 추가 부담이 발생하며, 이러한 소비자의 세부담 변화의 귀착효과를 소득분포에 관한 불평등계수인 지니계수로 평가해 보면, 그 크기는 세전 0.3408에서 세후 0.3421로 약 0.383% 정도 다소나마 악화되는 것으로 나타나고 있다.[9] 그 외 에너지세제 강화요인들도 별도의 보완 조치가 없다고 하더라도 지니계수를 0.156~0.592% 정도 높이게 되어 소득분배를 다소 악화시키고 있다.

하지만 이러한 분석결과는 탄소세 도입 등 향후 에너지세제 강화에 따라 소득역진성에 미치는 부정적 효과가 다소 제한적으로 나타나고 있어, 저소득층에 대한 보전이나 역진성 완화를 위해서는 사전적인 세율 조정보다는 오히려 세출 측면에서 에너지 복지 등 기초 에너지 사용권 보장을 위한 효과적인 예산 운용과의 연계가 분배적 형평성 측면에서 더욱 중요할 수 있음을 보여주고 있다. 즉, 탄소세 도입 등 에너지세제의 강화는 비록 약간 역진적이나, 이로부터 조성되는 관련 세수의 일부가 저소득층 및 취약계층의 사회복지 지출증가나 세금감면 등에 효과적으로 사용될 경우에 소득재분배에 미치는 부정적 효과를 상당부분 완화할 수 있음을 암시하고 있다.

탄소세 등 향후 에너지 가격체계의 각종 친환경적 기능 강화는 에너지의 필수재적 성격으로 인하여 취약계층 등에 소득역진적으로 작용할 수 있다. 취약계층에 대한 보완 대책은 OECD나 EU Directive 권고와 같이 세입 측면의 사전적 세율조정이나 가격 지원보다는 사후적 재정 지원 및 직접 소득보조 등의 재정지출 수단을 에너지세제의 강화와 연계함이 중요하다. 에너지 복지의 경우, 에너지세제 강화에 따른 세수의 적절한 운용을 통하여 취약계층에 대한 소득보전 효과를 높일 경우, 기존 에너지세제 체계의 효율개선을 통한 파급효과는 더욱 커져 분배구조를 크게

9) 탄소세 도입 등 에너지세제 강화의 경우, 일반적으로 저소득층이 고소득층에 비하여 에너지 소비가 소득에서 차지하는 비중이 대체로 높으므로 다소 역진적인 성향을 보이게 된다.

악화시키지 않으면서 환경을 개선할 수 있게 된다(김승래, 2011).

향후 환경 문제 심화와 에너지 관련 규제가 강화됨에 따라 에너지빈곤 해소 및 에너지 복지의 강화 방안에 대한 중요성이 증가할 것으로 예상된다. 이와 관련하여 요금 지원의 경우 해당 에너지를 소비하는 가구에만 적용되므로 가격할인이 적용되지 않는 에너지를 사용하는 가구에는 지원되지 않는 문제점이 있을 수 있다. 즉, 도시가스나 전력 대비 석유나 LPG프로판과 같이 상대적으로 비싼 에너지를 소비하는 가구에 불리하게 작용할 수 있는 형평성의 문제가 있을 수 있다. 따라서 에너지빈곤 해소 및 에너지 복지 향상을 위해서 취약계층에 대한 직접적 소득 지원을 더욱 확대하고, 특히 적정 수준의 에너지 사용을 보증하는 에너지 바우처 등을 적극 활용할 필요가 있을 것으로 판단된다.

PART 04

탈빈곤(빈곤 타파) 문제

제8장 빈곤 타파를 위한 노동 정책

제9장 빈곤 타파를 위한 교육 정책

제10장 빈곤 타파를 위한 사회복지 정책

Chapter 8

빈곤 타파를 위한 노동 정책

8.1 실업급여제도

8.1.1 현행 제도

실업급여제도는 1995년 7월부터 시행된 '고용보험'제도의 일환으로 실행되고 있다. 고용보험제도는 1998년 10월부터 1인 이상 전 사업장으로 적용 대상이 확대되었으며, 2001년 11월부터 고용보험을 통해 모성보호급여(육아 및 산전산후 휴가급여)가 지급되기 시작하였으며, 2001년부터 일용근로자도 고용보험 적용대상자에 포함하는 내용의 고용보험법 개정이 이루어졌다.

표 8-1 적용확대 과정

구분	1995.7.1	1997.7.1	1998.1.1	1998.3.1	1998.7.1	1998.10.1	2004.1.1
실업급여	30인 이상	30인 이상	10인 이상	5인 이상	5인 이상	1인 이상	1인 이상
고용안정 · 직업능력 개발	70인 이상	70인 이상	50인 이상	50인 이상	5인 이상	1인 이상	1인 이상
건설업의 총공사금액	40억 원	44억 원	34억 원	34억 원	3억 4천만 원	3억 4천만 원	2천만 원

8.1.1.1 적용 대상

고용보험 적용대상자는 일용근로자를 포함한 모든 근로자들을 원칙으로 하지만 사업의 규모 및 산업별 특성을 고려하여 사업장 및 피보험자 관리가 매우 어렵다고 판단되는 다음의 일부 사업에 대해서는 적용을 제외한다.

- 농업, 임업, 어업 및 수렵업 중 법인이 아닌 자가 상시근로자 4인 이하를 고용하는 사업
- 총공사금액이 매년 고용노동부 장관이 고시하는 금액(2004년 2,000만 원) 미만인 건설공사
- 연면적 100제곱미터 이하인 건축물의 건축 또는 연면적이 200제곱미터 이하인 건축물의 대수선에 관한 공사
- 가사서비스업

고용보험은 적용 대상에 따라 일반적인 당연적용사업과 임의가입사업으로 구분된다. '당연적용사업'은 사업이 개시되거나 사업 적용 요건을 충족하게 되었을 때, 사업주 또는 근로자의 의사와 관계없이 자동적으로 보험관계가 성립되는 사업이다. '임의가입사업'은 위의 적용 제외 사업으로서 고용보험가입 여부가 사업주의 자유의사에 일임되어 있는 사업을 말한다. 이 경우 사업주는 근로자(적용 제외 근로자 제외) 과반수 이상의 동의를 얻어 고용보험 가입 신청서를 관할 근로복지공단에 제출하여 승인을 받아야 가입할 수 있다. 그러나 실업급여에 한하여 가입할 수는 없다.

고용보험은 모든 근로자에게 적용되나 다음의 근로자에 대해서는

적용을 제외하고 있다.

- 65세 이상인 자(고용안정/직업능력개발사업은 적용 대상, 실업급여는 적용 제외 대상)
- 1개월간 소정 근로시간 60시간 미만인 근로자(1주간 15시간 미만인 자 포함). 다만, 생업을 목적으로 근로를 제공하는 자 중 3개월 이상 계속하여 근로를 제공하는 자와 1개월 미만 동안 고용되는 일용근로자는 적용 대상임.
- 공무원(별정직, 계약직 공무원은 2008년 9월 22일부터 임의 가입 가능). 다만, 일용된 날부터 3개월 이내에 신청하여야 함.
- 사립학교교직원연금법 적용자
- 별정우체국 직원

고용보험사업의 재원 조달을 위해 부과되는 보험료는 실업급여사업을 제외하고는 사업주에게 부과되며 보험료율 수준은 기업체의 규모가 커질수록 높아진다. 실업급여사업의 경우 보험료는 근로자가 0.65%, 사업주가 0.65% 부담하도록 되어 있다.

실업급여제도는 실업에 대한 위로금이나 고용보험료 납부의 대가로 지급되는 것이 아니라, 실업이라는 보험사고가 발생하였을 때 취업하지 못하는 기간에 대해 적극적인 재취업 활동을 한 사실을 확인하고 실업급여를 지급하는 제도이다.

실업급여는 크게 구직급여, 취업촉진수당, 연장급여, 상병급여로 구분된다. 실업급여 중 가장 중요한 의미를 가지는 구직급여는 고용보험 적용 사업장에서 실직 전 18개월 중 피보험기간을 통산하여 180일 이상

표 8-2 고용보험료율

(단위: %)

구분		근로자	사업주
실업급여		0.65	0.65
고용안정사업 및 직업능력개발사업	150인 미만 기업	–	0.25
	150인 이상 기업(우선 지원 대상 기업)	–	0.45
	150인 이상~1,000인 미만 기업 (우선 지원 대상 기업 제외)	–	0.65
	1,000인 이상 기업 및 국가, 지방자치단체가 직접 행하는 기업	–	0.85

주: 2014년 현재 기준.

근무하고, 근로의사가 있고 적극적인 재취업 활동을 함에도 불구하고 취업하지 못한 '비자발적 실업자'에게 일정 기간 동안 지급하는 급여이다. 구직급여 지급액은 퇴직 전 평균 임금 50%에 소정 급여일수를 곱한 금액에 해당된다. 소정 급여일수는 연령과 가입기간에 따라 상이하게 규정되어 있다(〈표 8-4〉 참조). 소정 급여일수는 연령이 높을수록 그리고 고용보험 가입기간이 길수록 더 길게 규정되어 있다. 구직급여는 최고 금액은 1일 4만 원이고, 최저금액은 최저임금법상 시간급 최저금액의 90%에 1일 소정 근로시간(8시간)을 곱한 금액이다.

상병급여는 실업신고를 한 이후 질병, 부상, 출산으로 취업이 불가능하여 실업을 인정받지 못한 경우 지급되는 급여이며, 연장급여는 직업능력개발훈련, 생계 지원, 실업의 급증 등 요인으로 인해 실업급여를 연장 지급하는 급여이다. 취업촉진수당은 취업을 촉진하는 활동을 하는 조건으로 지급하는 급여를 의미한다. 이 활동에는 조기재취업, 직업능력개발훈련 참여, 거주지와 근거리에 떨어진 회사에 구직활동, 직업능력개발훈련을 받기 위한 이주 등이 포함된다.

표 8-3 실업급여의 종류 및 요건

<table>
<tr><th colspan="2">구분</th><th>요건</th></tr>
<tr><td colspan="2">구직급여</td><td>• 고용보험 적용사업장에서 실직 전 18개월 중 피보험 단위기간이 통산하여 180일 이상 근무하고
• 근로의 의사 및 능력이 있고(비자발적으로 이직), 적극적인 재취업 활동(재취업 활동을 하지 않는 경우 미지급)에도 불구하고 취업하지 못한 상태이며
※ 퇴직금 · 퇴직위로금 등 1억 원 이상을 지급받거나 지급받을 것이 확실시 되는 자는 실업신고일로부터 3개월간 실업급여의 지급이 유예됨.
※ 일용근로자로 이직한 경우 아래 요건 모두 충족하여야 함.
• 수급자격 제한사유에 해당하지 않아야 함.
※ 자발적으로 이직하거나, 중대한 귀책사유로 해고된 경우는 제외
• (일용) 수급자격신청일 이전 1개월간의 근로일수가 10일 미만이어야 함.
• (일용) 최종 이직일 이전기준 기간 내의 피보험 단위기간 180일 중 법 제58조의 수급자격의 제한사유에 해당하는 사유로 이직한 사실이 있는 경우에는 당해 피보험 단위기간 중 90일 이상을 일용근로자로 근로하여야 함.</td></tr>
<tr><td colspan="2">상병급여</td><td>• 실업신고를 한 이후 질병 · 부상 · 출산으로 취업이 불가능하여 실업의 인정을 받지 못한 경우
• 7일 이상의 질병 · 부상으로 취업할 수 없는 경우 증명서를 첨부하여 청구
• 출산의 경우는 출산일로부터 45일간 지급</td></tr>
<tr><td colspan="2">훈련연장 급여</td><td>• 실업급여 수급자로서 연령 · 경력 등을 고려할 때, 재취업을 위해 직업안정기관장의 직업능력개발훈련 지시에 의하여 훈련을 수강하는 자</td></tr>
<tr><td colspan="2">개별연장 급여</td><td>• 취직이 특히 곤란하고 생활이 어려운 수급자로서 임금수준, 재산 상황, 부양가족 여부 등을 고려하여 생계 지원 등이 필요한 자</td></tr>
<tr><td colspan="2">특별연장 급여</td><td>• 실업급증 등으로 재취업이 특히 어렵다고 인정되는 경우, 고용노동부 장관이 일정한 기간을 정하고 동기간 내에 실업급여의 수급이 종료된 자</td></tr>
<tr><td rowspan="4">취업촉진수당</td><td>조기재취업수당</td><td>• 대기기간이 경과하고 구직급여를 지급받을 수 있는 소정 급여일수를 30일 이상 남기고 6개월 이상 계속 고용(자영업을 영위할 것)될 것(자영업의 경우에는 1회 이상 자영업 준비활동으로 실업인정을 받아야 함)</td></tr>
<tr><td>직업능력개발수당</td><td>• 실업기간 중 직업안정기관장이 지시한 직업능력개발훈련을 받는 경우</td></tr>
<tr><td>광역구직활동비</td><td>• 직업안정기관장의 소개로 거주지에서 50Km 이상 떨어진 회사에 구직활동을 하는 경우</td></tr>
<tr><td>이주비</td><td>• 취업 또는 직업안정기관의 장이 지시한 직업능력개발훈련을 받기 위해 그 주거를 이전하는 경우</td></tr>
</table>

표 8-4 수급기간(소정 급여일수)

연령 및 가입기간	1년 미만	1년 이상 3년 미만	3년 이상 5년 미만	5년 이상 10년 미만	10년 이상
30세 미만	90일	90일	120일	150일	180일
30세 이상~50세 미만	90일	120일	150일	180일	210일
50세 이상~64세 및 장애인	90일	150일	180일	210일	240일

주: 1) 장애인은 수급자격 신청일 당시 「장애인고용촉진 및 직업재활법」에 따른 장애인으로 등록되어야 함.
2) 연령은 퇴사 당시의 만 나이임.

8.1.2 제도에 대한 평가

〈그림 8-1〉은 실업급여 지원의 최근 실적을 요약하고 있다. 실업급여 수혜율, 즉 실업자 대비 지급자 비율은 2009년 1월부터 40% 중반 수준에서 등락을 보이고 있다. 2013년 3월에는 지급률이 44.7%로 나타났다. 한국노동연구원(2010)에 의하면 실업급여 수급률은 2000년에 9.8%에서 2008년 39.6%로 급격히 상승하였다. 이러한 상승 추세는 2009년 이후 멈추고 그 수준이 40%대에서 등락을 보이고 있다. 이는 제도 적용 대상의 확대효과가 소진되고 고용의 불안정성으로 인해 실업급여 수급자격을 획득하지 못하는 다수의 근로자들의 존재로 인해 수급률의 상향 추세가 이어지지 못하고 있기 때문으로 사료된다.

〈표 8-5〉는 우리나라의 실업급여 임금대체율은 2006년 46.4%에서 소폭 상승하여 2011년에는 48.8%에 이르고 있다. OECD 회원국을 대상으로 임금대체율을 비교하면, 2007년도를 기준으로 우리나라는 1년차에 31%로 나타나 미국, 영국(28%)호 함께 하위수준에 머무르고 있는 것으로 나타났다(〈표 8-6〉 참조). OECD 회원국의 평균 임금 대비 실업급여 임금대체

그림 8-1 **실업급여 지원실적**

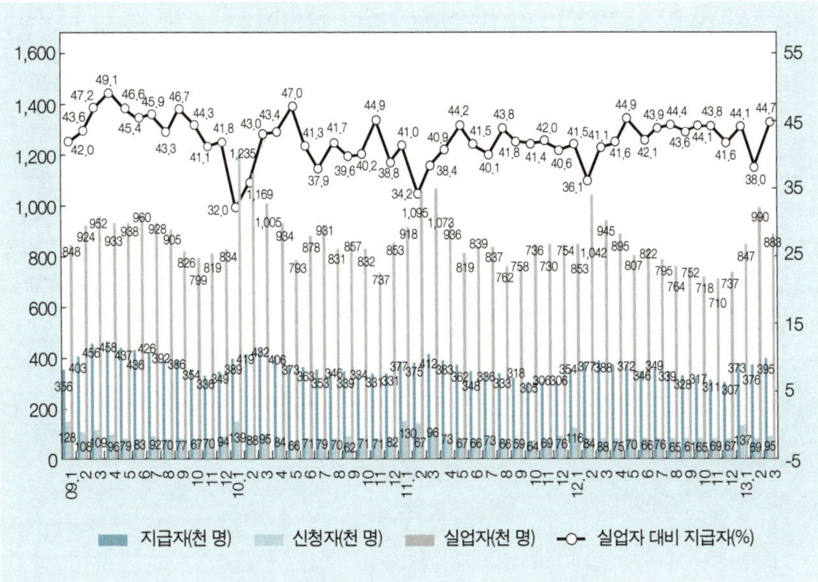

자료: 한국고용정보원, 「2013년 3월 고용보험통계현황」.

표 8-5 **실업급여 수급자격 인정자의 구직급여 임금대체율 추이**

(단위: 원, %)

구분	2006	2007	2008	2009	2010	2011
구직급여일액(A)	28,019	29,483	30,868	31,967	32,332	33,186
평균 임금일액(B)	60,435	60,845	62,538	64,431	64,644	67,955
임금대체율(A/B)	46.4	48.5	49.4	49.6	50.0	48.8

자료: 한국고용정보원, 『고용보험통계연보』, 2011.

율은 52%이며, 룩셈부르크가 87%로서 가장 높고 그 다음 스위스(80%), 포르투갈(79%), 노르웨이(72%), 네덜란드(71%)가 높은 수준을 보이고 있다.

실업급여 수급기간은 국가별로 큰 차이를 보이고 있다. 터키, 이탈

표 8-6 실업급여 임금대체율 국제 비교

(단위: %)

국가	1년	2년	3년	4년	5년	5년 평균
OECD(평균)	52	40	25	13	9	28
룩셈부르크	87	8	8	8	8	24
스위스	80	40	0	0	0	24
포르투갈	79	79	56	24	3	48
노르웨이	72	72	72	72	72	72
네덜란드	71	59	3	3	3	28
스페인	69	65	25	25	13	39
덴마크	68	68	68	68	9	56
프랑스	67	64	31	31	31	45
스웨덴	66	63	41	8	8	37
벨기에	65	63	63	63	63	63
독일	64	48	42	36	36	45
오스트리아	61	58	58	58	58	59
핀란드	60	58	33	33	33	43
아이슬란드	57	54	54	8	8	36
캐나다	52	14	14	14	14	22
아일랜드	50	50	50	50	50	50
헝가리	48	13	13	13	13	20
터키	46	0	0	0	0	9
일본	45	3	3	3	3	11
호주	42	42	42	42	42	42
폴란드	42	16	8	8	8	16
뉴질랜드	38	38	38	38	38	38
이탈리아	37	0	0	0	0	7
그리스	33	5	1	1	1	8
체코	33	11	11	11	11	15
슬로바키아	32	3	3	3	3	9
한국	**31**	**0**	**0**	**0**	**0**	**6**
미국	28	0	0	0	0	6
영국	28	28	28	28	28	28

자료: 한국노동연구원(2010).

리아, 미국, 우리나라의 경우 수급기간이 1년 미만인 반면, 스위스가 2년이고 그 밖의 대부분의 국가에서는 수급기간이 5년까지 연장되는 것으로 나타났다. OECD 회원국의 실업급여 5년 평균 임금대체율은 28%로서 우리나라는 미국과 더불어 가장 낮은 6% 수준을 기록하고 있다.

우리나라의 실업급여 수급률과 임금대체율 통계에 나타나는 특징은 실업급여 수급률이 대체적으로 낮은 수준이며 임금대체율도 OECD 회원국 중 가장 낮은 수준에 머무르고 있는 것으로 나타났다. 또한 수급기간도 OECD 회원국 중 가장 짧은 편에 속하는 것으로 나타났다. 실업급여 수급률이 낮은 이유는 비정규직 및 임시직 일용직이 노동시장에서 차지하는 비중이 높은 데서 찾을 수 있을 것이다.

실업급여의 임금대체율 수준과 실업급여 수급기간의 적정성 여부는 이들 제도 요소의 두 가지 측면을 함께 고려하여야 한다. 임금대체율이 높을수록, 실업급여 수급기간이 길수록, 실업기간과 취업기간 간의 가처분소득의 차이가 줄어들어 두 기간 동안의 소비수준 차이를 줄여줌으로써 근로자의 후생을 높여주는 역할을 한다. 이러한 현상을 소비평탄화(consumption smoothing)라고 한다. 반면, 임금대체율 수준이 높을수록, 실업급여 수급기간이 길수록, 실업자들의 구직을 위한 노력을 줄이는 문제점을 유발한다. 구직자 입장에서는 실업급여 수준이 높고 또한 수급기간이 길수록 구직을 해야 한다는 절실함이 줄어들어 구직의 강도가 줄어들 가능성이 높다는 것이다.

이러한 두 가지 측면의 예상효과 중 두 번째 측면에 대한 실증분석은 광범위하게 이루어졌다. 이 분야의 연구는 미국을 중심으로 한 외국에서 많이 이루어졌으며, 국내에서도 다수의 연구자에 의해 실증분석이 시도된 바 있다. 대표적인 국내 연구로 홍민기(2010)와 윤정향 · 이시균

(2010)이 있다. 홍민기(2010)는 구조적 모형을 이용하여, 실업급여 수급기간과 소득대체율 수준의 상향 조정에 대한 정책 실험을 실시하여, 소득대체율을 현행의 수준보다 10% 상향 조정할 경우 실업급여 평균 수급기간(평균 구직기간)이 현행 제도하에서보다 0.12~0.13% 증가하고 소득급여일, 즉 급여수급 허용기간을 2주 상향 조정할 경우 실업급여 평균 수급기간이 현행의 제도하에서보다 12.43% 증가하는 것으로 나타났다. 홍민기(2010)는 이러한 결과를 미국의 경우와 비교하여, 실업급여 수급기간이 미치는 효과는 미국에 비해 크고, 임금대체율의 효과는 미국에 비해 작은 것으로 평가하였다. 이러한 차이는 미국에 비하여 우리나라의 급여소진율, 즉 실업급여 수급기간을 초과하여 실업 상태에 있는 실업자의 비율이 미국에 비하여 높은 데 기인한다고 해석하였다. 다시 말하면, 실제 실업기간에 비하여 실업급여 수급기간이 짧은 데 기인한다. 위에서도 언급한 바와 같이 우리나라의 실업보험급여 기간이 OECD 회원국 중 가장 짧은 점을 감안하면 예상되는 결과라고 할 수 있다. 홍민기(2010)가 제시한 결과는 실업급여 수급기간의 연장이 근로자의 구직 노력을 줄이는 효과가 있다고도 해석할 수 있지만, 실업기간이 실제 실업기간보다 짧다는 것으로도 해석 가능하다. 따라서 실업보험 수급기간의 연장도 신중히 검토할 필요가 있다.

윤정향 · 이시균(2010)은 기존의 연구와 달리 경기변동 과정에서 나타나는 실업률, 실업기간 등을 통제하고 실업급여의 임금대체율과 실업급여 수급일수의 변화로 인한 효과를 분석하였다. 이 연구에 의하면 실업보험보장성(실업급여 수급일수, 소득대체율, 실업급여 수준) 효과는 실업자의 재취업에 부정적인 효과가 있는 것으로 나타났다.

위에서 언급한 바와 같이 실업급여 수준이 근로자의 후생수준에 미치는 영향을 분석함에 있어 소비평탄화 효과와 도덕적 해이 문제를 아울러 고려할 필요가 있다. 이러한 문제를 분석한 연구로 전영준(2009)이 있다. 이 연구는 일반균형모형을 이용하여 실업급여의 최적 임금대체율을 모색하였다. 본 절에서는 전영준(2009)에서 행한 정책 시뮬레이션 결과에 대해 언급하고자 한다. 최적 임금대체율에 영향을 미치는 다양한 요소가 존재하는데, 이에는 실업급여제도와 관련된 여타 정책을 들 수 있다. 관련 정책들에는 국민기초생활보장제도와 근로장려세제(Earned Income Tax Credit: EITC)를 들 수 있다. 〈표 8-7〉에 제시되어 있는 정책 시나리오 중 [1], [2], [3], [4]는 기초생보와 근로장려세제가 존재하지 않은 상태를 상정한 것이며, [5]와 [6]은 2009년 당시의 기초생보제도와 근로장려세제 제도를 상정하였다. 최적 임금대체율 결정에 영향을 미치는 또 다른 요인은 근로자의 도덕적 해이이다. 취업기회가 있음에도 불구하고 취업하지 않고 실업보험급여 수급자가 되는 경우, 다시 말하면 실업급여 부정수급 시 정부에 의해 부정수급이 적발되지 않고 실업급여를 받을 수 있는 가능성이 완전히 차단되어 (p_1=0)와 부정수급이 정부의 조사를 피해 갈 가능성(p_1)을 30%, 그리고 이 확률이 더 높은 경우(p_1=50%)를 상정하였다. p_1=0인 경우는 [1], [5]이며, [2], [3], [6]은 p_1=30%,[1] [4], [5]는 p_1=50%인 경우이다. 기초생보도 근로자의 도덕적 해이를 유발하는데, 기초생보의 부정수급의 가능성은 확률 p_2로 나타내는데, p_2=0은 [5]이며 [6]은 p_2=30%인 경우를 나타내고 있다. 경제 [1]과 [2]에서는 실업급여상한선을 설정하지 않은 상태에서 최적 임금대체율 수준을 모색하였으며, [3]은 실업급여상한선을 상정하여 그 효과를 살펴보았다.

1) 여기서 현실을 반영하는 p_1수준은 30%이다. 이에 대한 근거는 모형의 시뮬레이션 결과로 산출된 고용보험자 가입자 대비 구직급여자 비율이 실적치(약 4%, 6개월 기준)와 근접하게 하는 수준의 p_1을 설정하였다는 것이다.

표 8-7 시뮬레이션 시나리오

시나리오	정책 환경	정책 대안
[1]	기초생보 부재 근로장려세제 부재 p_1=0 실업급여상한선 없음.	1) 임금대체율 0% 2) 임금대체율 50% 3) 임금대체율 80% 4) 임금대체율 100%
[2]	기초생보 부재 근로장려세제 부재 p_1=0.3 실업급여상한선 없음.	1) 임금대체율 0% 2) 임금대체율 30% 3) 임금대체율 50% 4) 임금대체율 60% 5) 임금대체율 70% 6) 임금대체율 80%
[3]	기초생보 부재 근로장려세제 부재 p_1=0.3 임금대체율 60%	1) 실업급여상한선: 평균 노동소득의 70% 2) 실업급여상한선: 평균 노동소득의 80% 3) 실업급여상한선: 평균 노동소득의 100%
[4]	기초생보 부재 근로장려세제 부재 p_1=0.5	1) 임금대체율 10% 2) 임금대체율 20% 3) 임금대체율 30% 4) 임금대체율 50%
[5]	현행의 기초생보제도 현행의 근로장려세제 p_1=0, p_2=0	1) 임금대체율 0% 2) 임금대체율 50% 3) 임금대체율 60% 4) 임금대체율 70% 5) 임금대체율 80%
[6]	현행의 기초생보제도 현행의 근로장려세제 p_1=0.3, p_2=0.3	1) 임금대체율 0% 2) 임금대체율 10% 3) 임금대체율 20% 4) 임금대체율 30%

자료: 전영준(2009).

기존의 저소득층 지원정책이 존재하지 않고 근로자들의 도덕적 해이가 존재하지 않는 상황하에서는 실업급여의 최적 임금대체율이 100%라는 결과를 얻었다(시나리오 [1]). 임금대체율의 상승이 전 소득계층에 걸쳐 후생을 증진시키며, 후생증진 효과는 고소득층에 비하여 저소득층에 더 크게 나타나고 있다. 실업보험제도의 후생증진 효과는 비자발적 실업 시 소득감소로 인한 큰 규모의 소비감소를 방지하여 취업기간과 실업기간의 소비평탄화에 기인한다. 반면, 임금대체율 상승에 따라 실업보험료가 상승하고 이로 인해 초과부담(excess burden)이 유발된다. 경제 [1]을 상정하여 시뮬레이션을 행한 결과 임금대체율 상승에 따른 후생증진 효과가 실업보험료 상승에 따른 초과부담 증가보다 큰 것으로 나타났다. 초과부담이 낮은 것은 근로자의 실업급여 부정수급의 유인이 존재하지 않은 상황하에서는 임금대체율이 100%까지 상승하더라도 실업보험료 수준이 비교적 낮은 수준(약 3.4%)에 머무를 수 있기 때문이다.

경제 [1]에 도덕적 해이를 현재의 수준으로 도입한 경제 [2]를 상정한 상황에서 정책 시뮬레이션을 행한 결과, 임금대체율이 상당 수준 하락하는 것으로 나타났다. 최적 임금대체율 수준은 60%를 전후한 수준으로서 현행 제도하에서보다 다소 높게 나타났다. 임금대체율의 상승에도 실업수급자 비율에 변동이 거의 없던 경제 [1]과 달리 임금대체율의 상승에 따라 실업급여 수급자 비율이 큰 폭으로 상승하였다. 임금대체율 80%를 상정한 경제 [1]-3)과 [2]-6)을 비교하면 수급자 비율이 약 130%(3.4%p) 상승하고 근로자 1인당 실업급여액의 상승폭도 수급자 비율의 상승폭과 유사한 수준으로 나타나고 있다. 따라서 실업보험료의 대폭적인 상승이 불가피하며, 이에 따른 초과부담도 빠른 속도로 증가하게 하여 임금대체율 상승에 따른 소비평탄화 효과를 상당 부분 상쇄하여 최적 임금대체율이 경제 [1]에 비하여 낮은 수준인 60% 수준으로 나타나고 있다.

경제 [3]에서는 임금대체율을 경제 [2]에서 산출한 최적 임금대체율을 60%로 고정하고, 이에 급여상한선(평균 임금의 70%, 80%, 100%)을 설정한 상황을 상정하여 정책 시뮬레이션을 행하였다. 최적 임금대체율 수준에서 급여상한선은 현행의 급여상한선보다 다소 높은 평균 임금의 80%로 규정할 경우, 사회후생이 극대화되는 것으로 나타났다. 실업급여 제한은 고소득층의 후생수준에 직접적인 영향을 미친다. 평균 임금의 70%, 80%, 100%로 급여상한선을 설정할 경우 최고소득층(소득계층 Ⅰ)의 후생수준이 급여상한선이 설정되지 않은 경우보다 낮아지지만, 최고소득계층을 제외한 다른 계층의 후생수준이 상승하는 것으로 나타났다. 급여상한선이 없을 경우 급여액의 상당 부분이 최고소득층에게 지급되기 때문에 급여상한선 설정으로 인해 실업보험료의 하향 조정을 통해 대부분의 소득계층의 후생을 증진시킬 수 있다. 급여상한선을 낮게 설정할수록 고소득층의 후생수준은 상대적으로 낮아지는 반면, 급여상한선이 적용되지 않은 저소득층의 후생은 상승하는 경향이 있다.

경제 [4]는 경제 [2]에 비하여 도덕적 해이가 더 심각한 상황을 상정하였다. 부정수급이 적발되지 않고 실업급여를 수급할 확률을 30%에서 50%로 높일 경우, 최적 임금대체율이 20% 수준으로 하락하는 것으로 나타났다. 실업급여 수급 비율이 대폭적으로 증가하고 또한 근로자 1인당 실업급여 평균 급여액 수준이 대폭적으로 증가하여, 실업보험료도 큰 폭으로 증가하여 이로 인한 초과부담이 상승하였음을 알 수 있다.

현행의 기초생보제도와 근로장려세제 등 저소득층 지원정책이 시행되고 있는 상황에서는 실업보험의 최적 임금대체율이 현저히 낮아진다. 근로자의 도덕적 해이가 발생하지 않는 경우도(p_1=0, p_2=0), 최적 임금대체율이 기초생보와 근로장려세제를 도입하지 않은 상황에서의 최적 임금대체율 수준 100%보다 현저히 낮은 수준인 70%로 나타나고 있다. 임금상승률의 상승이 고소득층의 경우 후생증진 효과가 나타나고 있으나, 저소득층의 경우 후생증진 효과가 나타나지 않을 뿐만 아니라 오히려 후생의 감소가 나타나고 있다. 실업보험제도가 저소득층 근로자에게 혜택을 주지 못하는 것은 이들의 낮은 실업보험급여 수혜자 비율에 기인한다. 실업급여 수급자 비율은 저소득층의 경우 매우 낮은 수준에 머무르고 있는 것으로 나타났다. 반면, 고소득층의 경우 수급자 비율이 상대적으로 높게 나타나고 있다. 저소득층 근로자들의 실업급여 수급 비율이 낮은 이유는 기존의 기초생보제도의 존재에서 찾을 수 있다. 저소득계층의 경우 상당히 많은 사람이 기초생보를 통해 취업기간과 실업기간의 소비평탄화 효과를 이미 보고 있기 때문에 실업보험제도를 통한 추가적인 혜택이 크지 않다. 반면, 임금대체율이 높아짐에 따라 재정균형을 위하여 실업보험료가 상향 조정되어야 하며 이로 인해 후생비용이 상승하게 된다. 기초생보급여 수급자 비율이 낮은 고소득층의 경우 실업보험으로 인한 후생증진 효과가 상당 수준 나타나고 있다.

현행의 실업급여제도와 기초생보제도로 인해 발생하는 도덕적 해이를 고려할 경우(p_1=0.3, p_2=0.3), 최적 임금대체율은 대폭적으로 낮아지는 것으로 나타났다. 실제로 실업급여제도의 도입으로 사회 후생증진을 기대할 수 없는 것으로 보인다. 기존의 기초생보제도로 인해 저소득층의 후생증진 효과가 미미할 뿐만 아니라 도덕적 해이가 존재하지 않은 상황에서(p_1=0, p_2=0), 실업보험제도로 인한 후생증진이 상당 수준 있었던 고소득층의 경우도 후생증진폭이 미미한 것으로 나타나고 있다. 취업기회가 주어진 상태에서도 고의로 취업하지 않고 실업급여를 수급하더라

표 8-8 후생증진 효과

(단위: %)

구분	계층 I	계층 II	계층 III	계층 IV	계층 V	계층 VI	계층 VII	평균
시나리오 [1][1]								
[1]-2)	0.232	0.251	0.254	0.262	0.281	0.293	0.304	0.256
[1]-3)	0.315	0.350	0.367	0.384	0.406	0.425	0.448	0.364
[1]-4)	0.516	0.550	0.563	0.584	0.606	0.633	0.662	0.564
시나리오 [2][1]								
[2]-2)	0.140	0.150	0.162	0.163	0.174	0.177	0.185	0.157
[2]-3)	0.133	0.158	0.164	0.174	0.194	0.203	0.216	0.165
[2]-4)	0.138	0.163	0.176	0.186	0.207	0.221	0.235	0.174
[2]-5)	−0.006	0.024	0.036	0.054	0.073	0.093	0.116	0.036
[2]-6)	−0.055	−0.025	−0.004	0.016	0.036	0.055	0.080	−0.007
시나리오 [3][2]								
[3]-1)	−0.126	0.036	0.108	0.134	0.132	0.130	0.130	0.047
[3]-2)	−0.103	0.052	0.105	0.111	0.109	0.107	0.107	0.049
[3]-3)	−0.077	0.033	0.054	0.053	0.052	0.053	0.053	0.021
시나리오 [4][1]								
[4]-1)	0.049	0.055	0.061	0.062	0.061	0.064	0.065	0.057
[4]-2)	0.070	0.078	0.089	0.088	0.093	0.100	0.103	0.083
[4]-3)	0.052	0.068	0.075	0.081	0.091	0.094	0.102	0.073
[4]-4)	−0.303	−0.280	−0.263	−0.252	−0.236	−0.228	−0.215	−0.268
시나리오 [5][3]								
[5]-2)	0.3345	0.1707	−0.0922	−0.1641	−0.1678	−0.2766	−0.3565	0.0348
[5]-3)	0.3343	0.1977	−0.0690	−0.1565	−0.1776	−0.3569	−0.4967	0.0363
[5]-4)	0.4150	0.2767	0.0173	−0.0954	−0.1336	−0.3664	−0.5735	0.0996
[5]-5)	0.3345	0.2036	−0.0787	−0.1635	−0.1665	−0.4721	−0.7740	0.0169
시나리오 [6][4]								
[6]-2)	−0.0001	−0.0011	−0.0034	−0.0065	−0.0107	−0.0152	−0.0134	−0.0042
[6]-3)	0.0469	−0.0146	−0.0254	−0.0324	−0.0293	−0.0420	−0.0089	−0.0088
[6]-4)	0.1315	−0.0122	−0.0759	−0.1010	−0.1096	−0.1316	−0.0843	−0.0244

주: 1) 경제 [1]-2)에서의 평생기대효용 대비 효용수준 증가율(동등확정가치(certainty equivalent)로 환산).
2) 경제 [2]-4)에서의 평생기대효용 대비 효용수준 증가율.
3) 경제 [5]-1)에서의 평생기대효용 대비 효용수준 증가율.
4) 경제 [6]-1)에서의 평생기대효용 대비 효용수준 증가율.
자료: 전영준(2009).

도 30% 확률로 이러한 부정수급이 적발되지 않기 때문에, 임금대체율의 상승과 함께 실업급여 수급자도 대폭 증가하고 있다. 실업급여 수급자 증가로 인해 실업보험료가 상승하게 되고 이로 인한 초과부담이 상승하게 된다. 시뮬레이션에 의하면 근로자의 도덕적 해이로 인해 증가한 실업급여 지출로 인한 실업보험료 상승에 따른 후생비용이 실업급여 지급에 따른 후생증진 효과보다 큰 것으로 나타나고 있다.

8.1.3 제도의 빈곤 탈출효과

위에서 살펴본 바와 같이 실업급여제도의 빈곤 탈출효과는 근로자의 도덕적 해이의 강도, 기초생보, 근로장려세제와 같은 관련 제도와 상호작용과의 관련성 하에서 논의되어야 한다. 위에서 소개한 기존의 연구들에 의하면, 기초생보와 근로장려세제와 같은 관련 제도가 없고 근로자의 도덕적 해이가 없는 상태에서는 실업급여의 최적 임금대체율이 100%에 근접하는 것으로 나타났다. 또한 실업급여제도로 인한 후생증진 효과도 고소득층보다 저소득층에 더 높이 나타나고 있다. 이러한 현상은 저소득층 근로자의 고용 불안정성에서 찾을 수 있다. 저소득층 근로자의 고용 불안정성을 실업보험제도가 보완해 줄 가능성을 보이는 분석 결과라고 할 수 있다.

그러나 현실에서 발생하는 근로자의 도덕적 해이와 현재 시행되고 있는 기초생보와 근로장려세제 등의 제도를 고려하면 실업급여의 최적 임금대체율이 현저하게 낮아지며, 임금대체율 상향 조정이 저소득층 근로자의 후생을 증진시키는 효과는 거의 없거나 미미한 것으로 나타났다. 근로자의 도덕적 해이로 인해 실업기간이 늘어나 실업급여 지출액이 증가하며 이로 인해 실업보험료율이 증가하여 실업급여 지급액 증가로 인한 후생증가 효과가 상당 부분 상쇄되는 것으로 나타났다. 또한 저소득층의 경우 기초생보와 같은 제도에 의존하는 경향이 강하기 때문에 실업급여제도로 인한 저소득층의 후생증진 효과가 제한적으로 나타나고 있다.

따라서 근로자의 도덕적 해이를 방지하기 위한 실업보험제도의 관리운영 방식의 개선과 함께 저소득층 근로자의 기초생보제도에 과도하게 의존하는 경향을 줄이는 정책 개편이 이루어지지 않는다면, 이 제도를 통한 저소득층의 빈곤 탈출과 후생증진 효과는 매우 제한적일 가능성이 높다.

8.1.4 제도 개편 방향

본 절에서는 현행의 실업급여제도의 문제점과 실업급여제도의 보장성 강화(실업급여 수급기간 연장, 실업급여의 임금대체율 상향 조정 등)의 효과에 대한 기존의 연구결과들을 살펴보았다.

OECD 회원국과 비교하여 우리나라의 실업급여 수급률(실업자 대비 실업급여 수급자 비율)이 현저히 낮은 것으로 나타났다. 이는 무엇보다도 실업 상태에 있으면서도 실업급여 수급자격을 획득하지 못하는 실업자가 다수 존재함을 의미한다. 이러한 현상은 저소득근로자에게 주로 발생하는 문제라고 할 수 있다. 저소득근로자들이 다수 취업하는 소규모 사업장의 경우 실업보험제도 가입이 의무화되어 있음에도 불구하고 실업보험제도 가입을 기피하는 경향이 있으며, 또한 저소득근로자의 고용의 불안정성으로 인해 실업급여 수급자격을 획득하지 못하는 경우가 다수 존재한다. 실업급여 수급률을 제고하기 위해서는 무엇보다도 소규모

사업장의 고용보험제도 가입을 촉진하고 또한 실업급여 수급자격을 완화하는 조치가 필요하다고 사료된다.

또한 우리나라의 실업급여 수준을 현재 수준보다 높이고 실업급여 수급기간의 연장에 대해서도 검토가 이루어져야 한다. 그러나 이러한 조치가 취해지기 위한 전제조건이 있음도 명심하여야 할 것이다. 전영준(2009)의 분석에 의하면, 저소득근로자의 도덕적 해이가 존재하지 않은 경우 실업급여의 임금대체율이 100% 수준에 이르기까지 실업급여 임금대체율의 상향 조정으로 인해 근로자들의 후생증진이 이루어지며, 이러한 후생증진은 고용의 불안정성이 심각한 저소득근로자의 경우 후생증진 효과가 더 크게 나타나는 것으로 분석되었다. 그러나 저소득근로자의 도덕적 해이가 발생하고 저소득근로자가 기초생보제도에 지나치게 의존할 경우 이러한 후생증진 효과가 미미하게 나타나는 것으로 분석되었다. 이러한 점들을 감안하면 실업급여 보장성 제고를 통한 저소득근로자의 빈곤 탈출과 후생증진이 현실화되기 위해서는 실업급여제도의 운영관리의 효율성 제고와 기초생보제도 등 저소득가구의 지원정책이 시장친화적인 방향으로 개편되어야 할 것이다.

8.2 근로장려세제 제도

8.2.1 현행의 근로장려세제

근로장려세제는 근로빈곤가구에 대하여 근로소득에 따라 산정된 근로장려금을 지급함으로써 근로유인을 제고하고 실질소득을 지원하기

표 8-9 근로장려금 신청자격 요건

요건	세부 내용
① 가족	배우자 또는 18세 미만의 부양자녀가 있을 것
② 총소득	부양자녀 수 0명: 부부의 연간 총소득 합계액이 1,300만 원 미만 부양자녀 수 1명: 부부의 연간 총소득 합계액이 1,700만 원 미만 부양자녀 수 2명: 부부의 연간 총소득 합계액이 2,100만 원 미만 부양자녀 수 3명 이상: 부부의 연간 총소득 합계액이 2,500만 원 미만
③ 주택	무주택이거나 기준시가 6,000만 원 이하 주택 한 채 보유
④ 재산	세대원 전원의 재산 합계액 1억 원 미만

위한 근로연계형 소득지원제도이다. 근로장려금은 근로소득이 있는 가구 중 〈표 8-9〉에서 제시하고 있는 네 가지 요건을 모두 만족하는 경우 신청할 수 있다. 신청요건을 모두 만족하더라도 3개월 이상 국민기초생활보장급여 수급자(생계, 주거, 교육급여)이거나 외국인(내국인과 혼인한 외국인은 가능) 혹은 다른 신청자의 부양자녀에 해당된다면 근로장려금을 신청할 수 없다.

근로장려금은 기본적으로 배우자 혹은 18세 미만의 부양자녀가 있는 가구에 지급되도록 규정되어 있다. 여타 근로장려금 신청자격을 개별 요건별로 보다 자세히 살펴보면, 먼저 총소득 요건의 경우 총소득은 근로소득과 사업소득 등 다른 소득을 합산한 소득을 의미하며 소득세법상 비과세소득을 제외한 과세 대상 소득만을 합산하여 계산된다. 따라서 이자소득, 배당소득, 연금소득, 부동산 임대소득, 기타 소득 등도 총소득 계산에 포함된다. 수급자격에 영향을 미치는 부양자녀 수 산정 시 부양자녀는 거주자가 부양하는 자녀이거나 동거입양자 혹은 특별한 경우 손자녀와 형제자매도 부양자녀에 포함되며 연령의 제한을 받는다.

다만 중증장애가 있는 경우에는 연령의 제한을 받지 않는다. 주택요건의 경우 상속 또는 주거 이전을 위한 신규 취득으로 일시적으로 2주택이 되는 경우에 2주택을 소유한 것으로 보아 신청자격이 없게 된다. 또한 세대구성원이 주택 1채를 공동 소유하는 경우에는 세대원 전원이 1채를 소유하고 있는 것으로 판단하여 신청자격이 유지된다. 마지막으로 재산요건 평가를 위해 재산합계액에 포함되는 재산의 종류에는 주택을 포함한 토지 및 주택건축물, 승용자동차, 임차보증금을 포함한 전세금, 개인별 합계액이 500만 원 이상인 금융재산 · 유가증권, 골프회원권, 분양권 등의 부동산을 취득할 수 있는 권리가 포함된다. 여기에서 세대원이란 동일한 주소에서 생계를 같이 하는 거주자와 그 배우자의 직계존비속(그 배우자를 포함) 및 형제자매를 의미한다. 다만, 취학 · 질병의 요양, 근무상 또는 사업상의 형편으로 본래의 주소 또는 거소를 일시퇴거한 자를 포함하며 부부는 세대가 분리되어 있어도 동일세대로 간주한다. 세대원 판정일은 전년도 12월 31일을 기준으로 한다.

근로장려금은 신청기간인 종합소득세 신고기간(5월) 중에 주소지 관할 세무서장에게 근로장려금 신청서와 첨부서류를 제출하여야 한다. 근로장려금 신청 관련 첨부서류는 근로소득 원천징수영수증 등의 근로소득 증거서류와 해당되는 재산이 있는 경우 임대차계약서 사본 등의 재산 증거서류를 포함한다. 국세청에서는 근로장려금 신청기간 이전에 일정 수급권을 갖춘 근로장려금 신청안내를 실시하고 있다. 그러나 안내문을 받지 못한 경우에도 근로장려금 수급요건을 모두 갖춘 경우에는 근로장려금을 신청할 수 있다.

신청서는 주소지 관할세무서에 우편 또는 방문하여 제출하거나 또는 근로장려세제 홈페이지에 접속하여 전자신청을 할 수 있다. 부부 중

그림 8-2 **근로장려금 급여체계**

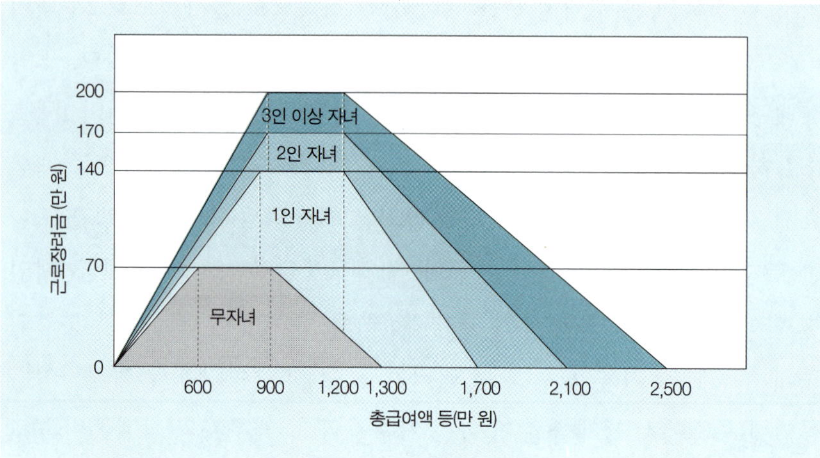

모두 근로소득이 있는 경우에는 총급여액이 많은 사람이 신청하여야 하며, 종합소득세 신고의무가 있는 경우(신청자 본인 및 배우자)는 반드시 종합소득세 신고를 이행하여야 근로장려금을 지급받을 수 있다.

근로장려금은 부부합산 연간 총급여액(비과세소득 제외)을 기준으로 산정된다. 다만, 배우자 · 직계존비속으로부터 지급받은 근로소득, 사업자등록증 또는 고유번호가 없는 자로부터 지급받은 근로소득 또는 법인세법에 따라 상여처분된 근로소득은 근로장려금 산정 근로소득에서 제외된다.

〈그림 8-2〉는 근로장려금 급여체계를 보여준다. 이를 산식으로 표현하면 〈표 8-10〉과 같다. 이와 같이 근로장려금 산식은 근로소득이 상승할수록 금액 또한 상승하는 점증구간과 근로소득금액과 상관없이 금액이 일정한 평탄구간, 그리고 근로소득이 증가함에 따라 금액이 감소하는 점감구간으로 구분된다. 근로장려금 수준은 자녀 수에 따라 차등 지

표 8-10 근로장려금 산식

부양 자녀 수	점증구간		평탄구간		점감구간	
	소득구간	급여수준	소득구간	급여수준	소득구간	급여수준
무자녀	0~600만 원	총급여액×7/60	600만 원~900만 원	70만 원	900만 원~1,300만 원	(1,300만 원-총급여액)×7/60
1인	0~800만 원	총급여액×7/40	800만 원~1,200만 원	140만 원	1,200만 원~1,700만 원	(1,700만 원-총급여액)×7/40
2인	0~900만 원	총급여액×17/90	900만 원~1,200만 원	170만 원	1,200만 원~2,100만 원	(2,100만 원-총급여액)×17/90
3인 이상	0~900만 원	총급여액×2/9	900만 원~1,200만 원	200만 원	1,200만 원~2,500만 원	(2,500만 원-총급여액)×2/13

급되고 있다. 이는 자녀 수가 증가함에 따라 생계비가 높아지는 점을 감안한 사항이다. 자녀 수가 많을수록 점증구간이 보다 넓고 점증구간의 급여증가율(점증률)이 높으며, 최고급여 수준이 높은 경향을 보이고 있다.

8.2.2 제도에 대한 평가

8.2.2.1 제도 도입 이후 실적[2)]

근로장려세제가 처음 적용된 2008년 귀속분 신고소득에 대해 59.1만 가구에게 4,537억 원의 근로장려금이 지급된 이래 지급가구와 총지급금액이 감소한 것으로 나타났다. 2009년(2010년) 귀속분 신고소득에 대해 56.6만(52.2만) 가구가 4,369억(4,020억) 원을 수급한 것으로 나타났다.

급여구간별 가구의 지급 현황을 살펴보면, 점증구간의 비중이 가장 높고 평탄구간, 점감구간 순으로 나타났다. 반면 수급금액은 평탄구간

2) 이하 내용은 전영준(2012)을 참조하여 작성하였다.

표 8-11 급여구간별 근로장려금 수급 현황

(단위: 천 가구, 억 원, %)

구분		전체	점증구간	평탄구간	점감구간
수급가구	2008년	591 (100.0)	286 (48.4)	165 (27.9)	140 (23.7)
	2009년	566 (100.0)	267 (47.3)	159 (28.1)	139 (24.6)
	2010년	522 (100.0)	243 (46.6)	147 (28.2)	131 (25.2)
총수급금액	2008년	4,537 (100.0)	1,660 (36.6)	1,975 (43.5)	902 (19.9)
	2009년	4,369 (100.0)	1,567 (35.9)	1,909 (43.7)	892 (20.4)
	2010년	4,020 (100.0)	1,412 (35.1)	1,764 (43.9)	844 (21.0)
가구당 평균 수급액	2008년	76.8만 원	58.1만 원	120.0만 원	64.3만 원
	2009년	77.2만 원	58.6만 원	120.0만 원	64.0만 원
	2010년	77.0만 원	58.0만 원	120.0만 원	64.0만 원

주: 괄호는 비율을 의미함.
자료: 국세통계연보(2010, 2011).

이 가장 많고 점증구간, 점감구간 순으로 지급되었다.

〈표 8-11〉은 급여구간을 근로장려금 산정기준인 총급여액을 기준으로 세분화하여 수급가구와 수급액을 제시한 것이다. 수급자 가구분포는 점증구간 중에서는 이 구간에서 상위 소득구간에 속하는 500만 원 초과 800만 원 이하 총급여구간과, 점감구간 중에서는 이 구간에서 하위 소득구간에 속하는 1,200만 원 초과 1,500만 원 이하 총급여구간에서 수급자 가구가 많은 것으로 나타났다.

〈표 8-12〉는 가구 총소득 규모에 따른 근로장려금의 소득증가 효과

표 8-12 총급여액 규모별 근로장려금 현황

(단위: 가구, %, 만 원)

총급여액	급여구간		수급가구	비율	가구당 평균 수급액
100만 원 미만	점증구간	2008년	38,899	6.6	7.9
		2009년	35,757	6.3	7.8
		2010년	33,415	6.4	7.8
100만 원 초과~ 200만 원 미만	점증구간	2008년	38,387	6.5	22.8
		2009년	34,956	6.2	22.9
		2010년	32,193	6.2	22.9
200만 원 초과~ 300만 원 미만	점증구간	2008년	37,183	6.3	37.5
		2009년	34,641	6.1	37.6
		2010년	31,725	6.1	37.6
300만 원 초과~ 400만 원 미만	점증구간	2008년	35,819	6.0	52.5
		2009년	33,269	5.9	52.6
		2010년	30,922	5.9	52.5
400만 원 초과~ 500만 원 미만	점증구간	2008년	36,256	6.1	67.9
		2009년	33,121	5.9	67.9
		2010년	29,944	5.7	67.8
500만 원 초과~ 800만 원 미만	점증구간	2008년	102,124	17.3	98.0
		2009년	98,439	17.4	97.5
		2010년	87,276	16.7	97.8
800만 원 초과~ 1,000만 원 미만	평탄구간	2008년	78,372	13.3	120.0
		2009년	71,847	12.7	120.0
		2010년	65,071	12.5	120.0
1,000만 원 초과~ 1,200만 원 미만	평탄구간	2008년	73,930	12.5	120.0
		2009년	74,534	13.2	120.0
		2010년	69,396	13.3	120.0
1,200만 원 초과~ 1,500만 원 미만	점감구간	2008년	100,939	17.1	87.6
		2009년	100,334	17.7	87.9
		2010년	95,883	18.4	88.1
1,500만 원 초과~ 1,700만 원 미만	점감구간	2008년	48,811	8.3	27.1
		2009년	49,482	8.7	26.9
		2010년	46,273	8.9	26.8

자료: 국세통계연보(2010, 2011).

표 8-13 총소득구간별 근로장려금의 소득증가 효과

(단위: 가구, %, 만 원)

총소득구간		수급가구	가구당 평균 수급액	소득증가율
100만 원 미만	2008년	23,713 (4.0)	7.9	15.8
	2009년	20,689 (3.7)	7.6	15.2
	2010년	19,231 (3.7)	7.6	15.2
100만 원 초과~ 200만 원 미만	2008년	28,695 (4.9)	20.6	13.7
	2009년	25,572 (4.5)	20.4	13.6
	2010년	23,382 (4.5)	20.5	13.6
200만 원 초과~ 300만 원 미만	2008년	31,219 (5.3)	33.3	13.3
	2009년	28,404 (5.0)	33.2	13.3
	2010년	25,786 (4.9)	33.1	13.3
300만 원 초과~ 400만 원 미만	2008년	32,137 (5.4)	46.1	13.2
	2009년	29,571 (5.2)	45.9	13.1
	2010년	27,169 (5.2)	45.8	13.1
400만 원 초과~ 500만 원 미만	2008년	33,855 (5.7)	59.7	13.3
	2009년	30,531 (5.4)	59.3	13.2
	2010년	27,895 (5.3)	58.9	13.1
500만 원 초과~ 800만 원 미만	2008년	102,624 (17.4)	86.6	13.3
	2009년	98,345 (17.4)	86.3	13.2
	2010년	87,854 (16.8)	85.5	13.2
800만 원 초과~ 1,000만 원 미만	2008년	79,208 (13.4)	110.9	12.3
	2009년	73,903 (13.1)	110.1	12.2
	2010년	67,046 (12.8)	109.8	12.2
1,000만 원 초과~ 1,200만 원 미만	2008년	79,226 (13.4)	114.4	10.4
	2009년	79,704 (14.1)	114.1	10.4
	2010년	73,637 (14.1)	114.1	10.4
1,200만 원 초과~ 1,500만 원 미만	2008년	115,300 (19.5)	92.0	6.8
	2009년	114,565 (20.2)	92.1	6.8
	2010년	108,805 (20.8)	92.0	6.8
1,500만 원 초과~ 1,700만 원 미만	2008년	64,743 (11.0)	41.9	2.6
	2009년	64,796 (11.4)	41.1	2.6
	2010년	61,293 (11.7)	41.5	2.6

주: 1) 괄호는 비율을 의미함.

2) 소득증가율은 소득구간별 가구당 평균 수급액에 구간별 평균 소득금액을 나누어서 계산한 결과임.

자료: 국세통계연보(2010, 2011).

를 개략적으로 살펴본 결과이다. 〈표 8-13〉의 마지막 열은 소득구간별 가구당 평균 수급액에 구간별 중간 값을 나누어서 계산하여 구하였다. 이에 따르면 소득금액이 낮을수록 소득증가 효과가 상대적으로 큰 것으로 나타났다. 특히, 점증구간에서는 근로장려금 수급으로 인하여 13% 이상의 소득증가 효과가 있어서 근로장려금이 저소득근로자의 빈곤 완화에 어느 정도 영향을 미쳤다고 생각해 볼 수 있다.[3)]

8.2.3 제도에 대한 기존연구

본 연구에서는 근로장려세제의 효과와 관련한 기존연구를 해외 연구와 국내 연구로 나누어 검토하였다. 해외 연구 중 특히 미국의 경우 오랜 기간 근로장려세제를 운영해 온 바, 그 효과와 영향에 대한 다양한 주제의 연구가 존재한다. 그에 반해 국내의 경우 제도가 도입된 지 얼마 되지 않았기 때문에 제도의 도입을 앞두고 시뮬레이션을 통한 효과 추정이 주를 이루고 있어 개별적으로 검토하는 것이 적합한 것으로 판단된다.

8.2.3.1 해외 연구

근로장려세제는 저소득 근로빈곤층을 대상으로 소득을 지원하는 동시에 근로의욕 제고를 통해 노동공급을 증가시키기 위한 제도이기 때문에, 노동공급에 미치는 영향에 대한 연구가 많이 이루어졌다. 근로장려세제가 노동공급에 미치는 효과를 분석한 기존연구는 크게 노동참가율

3) 그러나 이는 근로장려금 수혜대상자의 경우 나타난 효과이며, 저소득층 근로자 전반에 나타난 효과는 아니며, 제도의 도입에 따른 이들의 행동 변화를 고려하지 않는 점에 주의할 필요가 있다.

(labor force participation)에 대한 영향과 노동시간(hours of work)에 미치는 영향에 대한 분석으로 나누어진다. 많은 연구들이 근로장려세제의 도입·확대가 노동자들의 노동참가율을 높인다는 연구결과를 제시한 반면, 노동시간에 미치는 영향에 대해서는 다소 상이한 결과를 보이고 있다.

먼저 초기에 이루어진 연구들은 노동시간에 미치는 영향을 위주로 분석했는데, Hoffman and Seidman(1990)과 US General Accounting Office(1993)는 근로장려세제가 저소득근로자의 노동시간을 줄인다는 결과를 제시하였다.

노동시간뿐 아니라 노동참가율까지 함께 분석한 연구들도 다수 존재한다. 먼저 Keane(1995), Keane and Moffitt(1998)는 1984년부터 1996년까지의 근로장려세제 확대가 노동참가율과 노동시간에 미친 영향을 추정하였다. 추정결과 근로장려세제 확대는 근로자들의 노동참가율을 약 10.7%p 증가시켰으며, 평균 주당 근로시간도 24.1시간에서 26.5시간으로 증가시키는 것으로 나타나 근로장려세제가 근로유인 효과가 있음을 보였다.

Dicket, Houser, and Scholz(1995)는 1990년 SIPP(Survey of Income and Program Participation)를 이용하여 노동참여 탄력성(labor force participation elasticities)을 측정하였다. 세후임금이 10% 증가하는 경우 한 부모(single parents)의 노동참여율은 3.3%p 증가하는 것으로 나타났으며, 순소득에 대한 노동참여 탄력성(elasticity of labor force participation with respect to net income)은 약 0.85로 추정해, 근로장려세제로 인해 소득이 증가하는 경우 노동참여가 증가한다는 연구결과를 제시하였다.

근로장려세제가 여성 노동공급에 미치는 영향에 대하여 분석한 연구도 있다. Eissa and Liebman(1996), Meyer and Rosenbaum(1999)은

CPS(Current Population Survey)를 이용해 급여 자격이 있는 여성(자녀가 있는 경우)과 급여 자격이 없는 여성(자녀가 없는 경우)의 노동공급을 비교하였다. 먼저 Eissa and Liebman(1996)은 1986년에 이루어진 근로장려세제 확대가 여성 근로자들의 노동참여율과 노동시간에 미치는 영향을 분석하였다. DID 모형(Difference-in-Differences model)을 이용한 분석결과, 자녀가 있는 여성에게는 노동참여를 촉진시키고 자녀가 없는 여성에게는 노동참여를 감소시키는 효과를 가져 오는 것으로 나타났다. 즉, 근로장려세제 급여를 받는 여성의 노동참여가 증가하게 되는 것이다. 아울러 근로장려세제가 다른 복지 시스템(welfare system)에 비해 근로유인 왜곡효과를 적게 발생시킨다는 연구결과를 제시하였다. 그러나 노동시간은 통계적으로 유의한 영향을 미치지 못하는 것으로 나타났다. Meyer and Rosenbaum(1999)은 근로장려세제가 한부모 여성(single mother)의 노동시장 참가율과 노동시간에 미치는 영향에 대해 분석하였는데, 1984년부터 1996년까지 한부모 여성의 고용률 증가에 있어 근로장려세제에 기인하는 바가 60%임을 보였다. 또한 근로장려세제가 노동시간을 증가시키는 데에도 긍정적인 역할을 한다고 밝혔다.

한편, 근로장려세제가 가구 단위로 지급된다는 점에 주목해서 가구 내 남성과 여성의 노동참가율을 개별적으로 분석한 연구도 있다. Eissa and Hoyes(1998)는 1984년부터 1996년까지 근로장려세제 변화에 따른 부부의 노동공급 행태 변화를 분석하였다. 추정결과, 근로장려세제는 남성의 노동참가율을 미미하게 증가시키는 반면, 여성의 노동참가율은 크게 감소시키는 것으로 나타났다. 즉, 근로장려세제는 주된 소득자의 노동공급에는 긍정적인 영향을 미치지만, 이차적 소득자의 노동에는 부정적인 영향을 미친다는 것이다.

표 8-14 근로장려세제의 노동공급 효과 관련 해외 선행연구 결과 정리

연구자	분석 자료	분석 대상	분석결과
Hoffman and Seidman(1990)	PSID	저소득근로자	노동시간: (−)
U.S. General Accounting Office(1993)	CPS	저소득근로자	노동시간: (−)
Keane(1995), Keane and Moffitt(1998)	SIPP	저소득근로자	노동참여: (+) 노동시간: (+)
Dicket, Houser, and Scholz(1995)	SIPP	한부모(single parents)	노동참여: (+)
Eissa and Liebman(1996)	CPS	한부모 여성 및 독신여성 (single women)	노동참여: (+) 노동시간: 유의한 영향 없음
Eissa and Hoyes(1998)	CPS	부부(married couple)	노동참여: 남성은 (+), 여성은 (−) 노동시간: 남성, 여성 모두 (−)
Meyer and Rosenbaum(1999)	CPS	한부모 여성 (single mother)	노동참여: (+) 노동시간: (+)

자료: Hotz and Scholz(2003)를 정리함.

그 밖에도 근로장려세제의 빈곤 감소효과에 대한 연구도 있다. Burkhauser, Couch, and Glenn(1995)은 근로빈곤층에 대한 지원정책에 있어 최저임금제도의 유용성이 약화되고 있는 반면, 근로장려세제의 확대는 빈곤가구에게 더 많은 이익이 된다는 연구결과를 제시하였다. Neumark and Wascher(2000)는 근로장려세제가 빈곤층의 소득 향상과 빈곤 탈출에 긍정적 영향을 미치며, 특히 기존 취업자가 없는 가구에 더 크게 긍정적인 영향을 미친다는 것을 제시한 바 있다.

8.2.3.2 국내연구

근로장려세제가 도입된 지 얼마 되지 않은 우리나라의 경우, 근로장려세제의 효과를 실증분석한 연구는 많지 않다. Lee and Chun(2005)은 미국의 근로장려세제 제도(점증구간, 평탄구간, 점감구간, 점증률, 점감률, 최대급여 수준 등을 미국의 수준으로 설정한 제도) 도입이 저소득근로자의 노동참가율과 노동시장에 미치는 효과를 분석하였다. Lee, Maddala, and Trost(1980)의 방법으로 추정한 노동공급함수를 토대로 행한 정책 시뮬레이션 결과, 저소득층 근로자의 노동참가율을 소폭 증가시키는 효과가 있으나 노동시간에는 통계학적으로 의미 있는 변화를 유발하지 않는 것으로 나타났다. 이 연구는 엄밀히 말하면 제도 도입에 따른 저소득층 근로자의 행태 변화를 직접 관찰한 것이 아니라 추정된 노동공급함수를 토대로 행한 정책 시뮬레이션으로 해석되어야 한다(전영준, 2008에서 인용).

전영준(2007)은 일반균형모형(Computable General Equilibrium Model)을 이용한 정책 시뮬레이션으로 근로장려세제의 노동공급 효과를 추정하였다. 추정결과, 근로장려세제의 도입은 차상위계층의 근로활동을 다소 촉진하는 효과가 있지만 최저소득계층의 근로활동에는 별다른 영향을 미치지 못하는 것으로 나타났다. 전영준(2008)에서는 노동시장참가율뿐만 아니라 노동시간에 대한 근로장려세제의 효과까지 분석하였다. 일반균형모형을 이용한 정책 시뮬레이션 분석결과, 근로장려세제 도입으로 인해 거의 모든 계층에 걸쳐 노동참가율이 상승하지만 최저소득계층을 제외한 대부분 계층의 근로시간이 줄어드는 것으로 나타났다. 전영준(2008)은 근로장려세제가 저소득층 근로능력자들의 근로의욕을 증진하는 효과가 미미하다고 평가하였다. 한편, 전영준(2008)에서는 점증률과 급여최대보장 수준을 상향 조정할 경우 저소득근로자들에게 상당히 큰 규모의 유인을 제공할 수 있음을 보인바 있다.

전영준 · 남재량(2011)에서는 일반균형모형을 이용해 근로장려세제 뿐만 아니라 실업보험, 기초생활보장제도, 최저임금제 등 저소득근로자 지원정책의 후생증진 효과를 분석하였다. 정책 시뮬레이션 분석결과, 현행 근로장려세제는 전체적으로 노동시장참가율을 2.0~2.3% 증가시키며, 평균 노동시간은 0.2~0.6% 정도 증가시키는 것으로 나타났다. 노동시간 증가는 특히 최저소득계층의 노동시간 증가에 기인하였다. 노동시간에 비해 취업률의 변화는 크게 나타나는데, 근로장려세제의 도입 또는 제도 강화가 비경제활동인구의 노동시장 참여를 증가시키는 경향이 있는 반면, 노동시간의 경우 근로장려세제 평탄구간과 점감구간에서 줄어든다는 이론적 함의와 일치한다고 볼 수 있다. 전영준 · 남재량(2011)에서는 근로장려세제 점증구간에서 노동시간이 증가하는 현상도 확인할 수 있다. 근로장려세제 점증구간에 속하는 최저소득계층의 경우 대체적으로 취업률과 노동시간 모두 증가하고 있음을 보였다. 또한 근로장려세제가 거시경제 변수의 왜곡을 크게 유발하지 않고 분배 상태를 호전시키며, 저소득층 근로자의 후생복리 증진에도 기여할 수 있음을 밝혔다.

그러나 국내에서 행하여진 일반균형 분석의 문제점은 근로장려세제가 가구별로 적용되는 점을 반영하지 못하였다는 것이다. 기존의 모형에서는 근로자 1인을 가구와 동일시하여 근로자의 선택이 가구의 의사결정과 동일하다는 가정하에서 분석이 이루어졌다.

송헌재 · 전영준(2011)은 이러한 인식하에 가구 내의 부부, 즉 주소득자와 보조소득자의 근로참여 여부 및 근로시간에 대한 의사결정과 가구소비에 대한 의사결정을 모형화하였다는 점, 모형을 실제 제도에 근접한 상황을 상정하여 정책 시뮬레이션을 가능하게 하였다는 점에서 의미가 있다고 할 수 있다. 또한 근로장려세제의 실시에 따른 주소득자와 보조소득자의 행태 변화에 따른 기존(주로 미국의 제도에 대한)의 실증분석 결과를 반영할 수 있는 모형을 설정하여 정책 시뮬레이션을 할 수 있다는 점에서도 의미를 찾을 수 있다. 정책 시뮬레이션 결과, 현행의 근로장려세제의 도입은 전반적으로 취업률을 높이는 반면 풀타임 근로를 줄이고 파트타임 근로를 증가시키며, 시장노동, 가처분소득, 그리고 자산을 소폭 감소시키는 경향이 있다. 그러나 최저소득계층의 경우 취업률 상승과 더불어 풀타임 취업을 증가시킬 뿐 아니라 시장소득, 가처분소득, 그리고 자산을 증가시키는 효과가 있는 것으로 나타났다.

다음으로 저소득층의 취업률, 시장소득 및 가처분소득에 미치는 효과는 점증률 상향 조정에 비하여 최대급여 수준의 상향 조정이 더 크게 나타났다. 최대급여 수준을 고정시킨 상태에서 점증률을 상향 조정하더라도 취업률과 가처분소득에 미치는 효과는 크지 않는 것으로 나타났다. 특히, 점증률 상승의 효과는 주로 주소득자의 취업률 패턴 변화에 나타나고 보조소득자의 취업률 패턴에는 영향을 미치지 못하는 반면, 점증구간의 확장이 수반된 최대급여 수준의 상향 조정은 보조소득자의 취업 패턴의 변화도 유발하는 것으로 나타났다. 이러한 최대급여 수준의 상향 조정은 최저소득계층의 시장소득, 가처분소득, 자산의 증가를 유발하는 것으로 나타났다. 여타 소득계층의 가처분소득과 보유자산을 다소 줄이는 문제가 있기는 하지만, 최저소득계층에 대한 근로장려세제의 생계보조 기능이 점증구간의 확장이 수반된 최대급여 수준의 상향 조정으로 강화될 수 있다는 가능성을 확인한 점에서 의미가 있다고 하겠다.

정책 시뮬레이션을 통한 분석이 아닌 패널 자료를 통한 실증분석 연구는 박능후(2011)가 있다. 박능후(2011)는 「한국복지패널」 자료를 이용하여 사전사후검사설계(pretest-posttest design) 모형으로 근로장려세제 도입 전후인 2008년과 2009년의 잠재적 수급대상자의 행태 변화를 분석하였다.[4] 분석결과, 근로장려세제의 시행은 잠재적 수급가구의 근로소득을 증대시키는 효과를 가져왔으며, 근로시간 또한 증가하는 효과를 가져오는 것으로 나타났다. 그러나 대상자의 임금근로, 자영업 등의 근로유형을 구분하지 않고 가구원의 1년간 총근로일수를 기준으로 분석하여 근로장려세제가 가구의 근로유형 선택에 미치는 영향에 대하여 고려하지 않았다. 우리나라의 근로장려세제는 근로장려금이 부부의 총급여액을 기준으로 산정되도록 설계되었기 때문에 저소득가구의 총노동공급에는 변화가 없다고 하더라도 임금근로와 자영근로의 배분에 영향을 미칠 수 있다. 근로장려세제가 영세자영업에 종사하던 저소득가구를 임금노동 시장으로의 전환을 유도할 수 있다면, 소득의 안정성 측면에서 보다 바람직한 결과를 가져올 수 있기 때문에 근로유형을 구분한 분석이 필요하다. 또한 근로장려세제의 가구 임금소득 변화에 대한 실증분석에서도 설명 변수에 근로장려금 수급더미 변수와 임금근로 가구원 수를 모두 포함하였는데, 임금근로자 수는 근로장려세제에 영향을 받는 변수이기 때문에 이러한 추정식은 추정에 편의가 발생할 수 있다.[5] 가구의 총근로일수 변화에 대한 분석에서도 임금근로 가구원 수를 포함하여 동일한 문제가 있다. 추정방법으로는 추정식에 포함된 변수들을 통계적

4) 「한국복지패널」은 한국보건사회연구원과 서울대학교 사회복지연구소에서 공동으로 구축하고 있는 패널 자료로서 4차년도(2008년) 조사부터 근로장려세제에 대한 인식과 급여신청 여부, 수급액 등을 별도로 파악하는 부가조사를 행함으로써 근로장려세제의 성과평가에 필요한 부가정보를 담고 있다. 그러나 아직까지 5차년도(2009년) 자료가 일반에 공개되지 않은 상황이어서 일반 연구자들의 자료 접근에 한계가 있기 때문에 본 연구에서는 「복지패널」 자료를 활용한 연구를 할 수 없었음을 밝힌다.

5) 편의가 발생하지 않기 위해서는 임금근로소득 추정식의 오차항과 임금근로자 수 추정식의 오차항이 서로 독립적이라는 가정을 하여야 한다. 그러나 이 두 변수 간에는 양의 상관관계가 있을 개연성이 높기 때문에 이러한 가정이 성립하기 어렵다.

유의성 정도에 따라 진입과 탈락을 지정하는 stepwise 방식을 적용하였는데, 이는 종속변수의 변화에 대한 설명변수의 설명력을 측정하는 기법이므로 근로장려세제가 가구 임금소득 변화 혹은 가구 근로일수 변화에 미치는 영향인 인과관계를 분석하는 데 적합한 방법은 아니다.

송헌재 · 전영준(2011)의 연구는 일반균형모형을 이용한 정책 시뮬레이션뿐만 아니라 「재정패널」 자료를 활용하여 근로장려세제의 효과를 분석한 결과를 제시하였다. 이 연구에서는 「재정패널」 자료를 활용하여 분석하였는데, 자료의 한계로 인하여 노동공급을 측정하는 변수로 근로일수를 사용할 수는 없었으나 대신 근로 개월 정보를 이용하여 근로장려세제의 근로유인 효과를 분석하였다. 근로장려세제가 가구의 근로유형 선택에 미치는 영향을 명시적으로 고려하기 위하여 근로유형별로 근로 개월을 구분하여 분석을 시도하였다. 실증분석 결과, 근로장려금 수급가구 전체를 놓고 볼 때 근로장려세제의 도입이 근로유인 제고효과를 유발했다고 볼 수 없으나, 점증구간에 속한 가구에게는 임금노동 시장으로의 유입과 노동공급의 증가를 유도하였고, 근로장려금이 소득효과로 인하여 평탄구간과 점감구간에 속한 가구들은 임금노동 시장에서의 노동공급을 감소시킨 것으로 나타났다.

8.2.4 제도 개편 방향

우리나라는 근로장려세제의 도입이 저소득층 빈곤 탈출에 미친 영향을 분석하기에는 이르다고 할 수 있다. 근로장려세제 분석을 위한 데이터 축적이 충분하지 않으며, 제도 도입 이후 기간이 일천하여 이 제도에 대한 제도 수혜대상자의 인식이 충분한지에 대해서도 명확하지 않다. 보다 근본적인 문제는 「복지패널」, 「재정패널」 등을 미시데이터 자료의 조사 대상 가구 중 근로장려세제 수혜자 비중이 매우 낮다는 점이다. 수혜가구의 수가 전체 표본에서 100가구 내외 밖에 없는 상황에서 신뢰도 높은 분석이 이루어지기 어렵고, 이런 상황에서는 일반균형모형을 이용한 분석에 의존할 수밖에 없는 실정이다. 이러한 문제를 근본적으로 해결하기 위해서는 국세청 자료를 이용하여 분석하는 수밖에 없을 것이다.

이러한 제약하에서 제시할 수 있는 정책 개편 방향을 다음과 같이 요약할 수 있다. 근로장려세제가 그 제도의 성격상 기초생보제도와 같은 여타 저소득층 지원 정책에 비하여 시장친화 정책으로서 거시경제에 비교적 큰 영향을 미치지 않고 저소득가구의 빈곤 탈출에 도움을 줄 수 있는 제도라 사료된다. 근로장려세제에 대한 연구가 오랜 기간 동안 축적되어 있는 미국의 경우, 근로장려세제가 저소득근로자의 노동참여율을 높이는 효과가 있다는 연구결과는 국내의 연구에서도 나타나고 있다. 노동참여율을 높이는 반면 기존 근로자들의 노동시간을 줄이는 부작용이 나타나고 있으나, 이러한 문제점은 기초생보와 같은 여타 저소득가구 지원정책에 비해서는 그 심각성이 덜한 것으로 나타나고 있다. 더욱이 이 제도는 최저소득계층뿐만 아니라 차상위계층도 제도 수혜 대상으로 포함시킬 수 있다는 장점이 있다.

이러한 점들을 감안하건데, 이 제도의 확대를 적극적으로 고려할 필요가 있다. 근로장려세제가 도입된 이래 제도의 수혜범위가 확대되어 왔고 근로장려세제의 점증률의 상향 조정 및 최대급여 수준의 상향 조정이 이루어졌다. 향후에도 필요하다면 점증률의 상향 조정, 적용범위의 확대 그리고 최대급여 수준의 상향 조정을 적극 고려할 필요가 있다.

송헌재 · 전영준(2011)이 제시한 바와 같이 점증률 적용 소득범위 확대가 수반된 최대급여 수준의 상향 조정은 저소득층 근로자의 탈빈곤과 후생 증진에 도움이 될 것으로 보인다.

근로장려세제의 확대 적용을 위해서 선행되어야 하는 것은 저소득 근로자의 소득 파악률 제고이다. 윤희숙(2012)이 지적하였듯이, 근로장려세제의 수혜 대상이 되어야 하는 소득계층보다 소득이 높은 소득계층 가구가 근로장려세제의 수혜가구가 되는 경우가 다수 발생할 수 있는 위험이 상존하고 있는 점도 부인할 수 없다. 제도의 취지를 제대로 살리기 위해서는 제도가 지향하는 목표집단에 제도가 목표로 하는 급여가 지급되어야 할 것이다. 이러한 정책 목표가 달성되기 위해서는 저소득 근로자, 특히 소규모 사업장 종사자들의 소득 파악률을 제고할 필요가 있다. 또한 근로장려세제의 자영업가구 확대에 대비하여 소규모 자영업자의 세원관리와 소득 파악률 제고도 이루어져야 한다.

Chapter 9

빈곤 타파를 위한 교육 정책

9.1 서론

9.2 빈곤과 교육

9.3 빈곤 타파를 위한 교육 정책

9.4 소결

9.1 서론

이번 장에서는 빈곤 문제를 해결하는 유력한 수단으로서 교육에 주목해 보고자 한다. 빈곤과 교육은 여러 가지 측면에서 매우 밀접한 관련이 있다. 우선 빈곤은 교육을 받지 못한 사람들에게서 발생할 확률이 높다. 실제로 세계에서 가장 가난한 국가들은 국민들의 교육수준이 가장 낮은 나라들이기도 하다. 또한 한 나라 안에서도 교육수준이 낮은 사람들이 빈곤에 처할 가능성이 높다.

교육의 부족이 빈곤의 중요한 원인이라면 적절한 교육의 제공은 빈곤 문제 해결의 시발점이라고 볼 수 있을 것이다. 예컨대, 부모의 소득이 낮은 빈곤층의 자녀라도 좋은 교육을 받음으로써 인적자본을 축적하여 높은 소득을 올릴 수 있다면 적어도 빈곤이 대물림되는 현상을 막을 수는 있기 때문이다.

교육이 빈곤의 대물림을 막을 수단이 될 수 있는 반면 소득에 따라 교육에 대한 접근도가 다를 경우, 교육은 오히려 빈곤을 고착화시키는 기제로 작용할 수도 있다. 따라서 미래세대의 빈곤을 줄이기 위한 정책 중에서 교육은 매우 높은 우선순위를 가진다고 볼 수 있다.

빈곤 타파를 위한 교육 정책은 넓게 보아 교육격차 감소 정책이라고도 할 수 있다. 따라서 본 장에서도 학생의 사회 · 경제적 환경에 따른 교육격차 감소라는 측면에서 어떻게 우리 교육의 정책이 좀 더 나은 방향을 취할 수 있을지에 대해 생각해 보고자 한다.

다른 나라들과 비교를 해보면 우리나라는 교육격차 감소라는 측면에서 결코 실패한 나라는 아니라고 볼 수 있다. 교육격차 감소는 학생들에게 사회 · 경제적 환경에 관계없이 질 높은 교육이 제공될 때 이루어지는 것인데, 우리나라는 적어도 초중등 교육에 있어서는 세계가 부러워할만한 질 높은 교육이 고르게 제공되고 있다.

우선 양적인 측면을 보자. 초 · 중 · 고등학교 취학률은 2012년 현재 초등학교 98.6%, 중학교 96.1%, 고등학교 92.6%로 대부분의 학령기 청소년들이 학교를 다니고 있다. 즉, 부모의 소득 때문에 정규교육에서 배제되는 일은 거의 발생하지 않거나 매우 드물게 발생할 따름이다. 초중등 교육기회 제공이라는 면에서 보자면 우리나라는 매우 성공적인 국가라고 평가할 수 있다.

질적인 측면에서도 다른 나라들에 비해 높은 성과를 보이고 있다. 예컨대, 교육의 질을 간접적으로 반영한다고 볼 수 있는 여러 국제비교 평가시험에서 우리나라는 지속적으로 높은 성적을 거두고 있을 뿐 아니라 가정 배경에 따른 학력의 차이가 적은 나라로도 인정받고 있다(OECD, 2010).

하지만 이러한 성과에도 불구하고 교육을 통한 빈곤 문제 개선의 여지는 많이 있다고 생각된다. 특히, 우리나라의 교육격차를 정규교육 기회 제공이라는 면에서만 보는 것은 현실을 정확하게 진단하지 못할 가능성이 있다. 왜냐하면 실제로 우리나라에서 사회 · 경제적 배경에 따른 교육격차는 정규학교 교육에 대한 교육기회보다는 학교교육 이외에서 이루어지는 교육경험의 기회와 교육단계의 질적 차이에 의해 이루어지기 때문이다. 비록 정규교육의 기회가 고르게 제공된다고 하더라도 학생들이 자발적으로 선택하지 못하는 사회 · 경제적 배경이 교육기회에서의 불균등과 나아가 정규교육을 마친 후의 사회 · 경제적 지위에 큰 영향을 줄 가능성이 여전히 남는 것이다.

물론 학교교육 이외의 교육기회는 소득계층에 따라 다르게 제공되고, 특히 빈곤층의 자녀들에게 교육기회가 제한될 가능성이 높다. 따라서 세대 간 빈곤의 이전을 막을 수 있는 실질적인 정책은 학교 밖에서 발생할 수 있는 교육격차를 정규교육 시스템 내에서 줄일 수 있는 정책이 되어야 할 것이다. 즉, 빈곤층이 겪는 교육격차를 줄이려면 모든 학생에게 혜택이 돌아가는 정책에 추가하여 빈곤층 학생들에게 초점을 맞춰 그들에게 실질적인 혜택을 주는 정책이 실행되어야 할 것이다.

그러기 위해서는 빈곤층 학생들이 겪는 어려움에 대한 체계적인 이해가 필요하다. 본 장에서는 우리나라에서 빈곤계층의 학생들이 겪는 문제점에 대해서 실증적으로 추적해 본 후 빈곤층의 교육현황에 대한 간접적인 증거들을 바탕으로 빈곤 타파를 위한 교육 정책에 대해 학교급 별로 생각해 보고자 한다. “간접적인 증거”라고 언급한 이유는 아직까지 빈곤층의 교육현황에 대한 체계적이고 심층적인 자료 수집과 분석이 이루어진 바가 없기 때문이다. 여기서 제시하는 정보와 정책 제안들이 향후에 진전된 논의의 출발점이 될 수 있기를 기대한다.

9.2 빈곤과 교육

9.2.1 빈곤층의 교육현황 개요

앞서 언급한 바와 같이 빈곤층의 교육현황에 대한 별도의 자료는 공식적으로든 비공식적으로든 작성되지 않고 있다. 빈곤과 교육의 관계에 대한 본격적인 관심을 보여주는 자료로는 여러 자료로부터 취약계층과 교육 사이의 관계를 보여주는 내용을 취합하여 제시한 한국교육개발원(2012)의 통계집을 들 수 있다. 이 자료에서는 교육 취약계층을 경제적 취약계층, 장애학생, 다문화 학생, 탈북학생 등으로 분류하고 있다. 이 중 빈곤과 가장 직접적인 관련이 있다고 생각되는 경제적 취약계층과 관련한 몇 가지 통계 값들을 살펴보자.

우선 빈곤선 이하의 취학 연령아동들이 어느 정도인지를 살펴보자. 〈표 9-1〉은 연령별 · 지역별 빈곤율은 상대빈곤율과 절대빈곤율로 나누어 제시하고 있다. 18세 이하의 청소년과 아동으로 보았을 때 절대빈곤율 기준으로는 대략 7.8%, 상대빈곤율 기준으로는 약 11.5%가 빈곤 아동으로 분류됨을 알 수 있다. 절대빈곤이나 상대빈곤 모두 12~18세 연령에서 그 이하 연령보다는 높은 경향을 보이고 있는데 절대빈곤층과 차상위층을 합할 경우 대략 10%를 약간 넘는 수준임이 확인된다.

한편 상대적 빈곤율은 대략 빈곤층과 차상위층을 합한 정도로 볼 수 있는데, 상대빈곤율에서 특히 주목해야 할 부분은 빈곤아동의 지역별 분포이다. 전체를 기준으로 보자면 대도시 아동의 상대빈곤율이 8.8%인데 비하여 농어촌의 경우는 17.3%에 달한다. 또한 농어촌의 0~2세 빈곤율은 20%가 넘고 있다. 이러한 빈곤율의 지역 간 격차가 아동 및 청소년

표 9-1 연령별 · 지역별 빈곤율 현황

구분	소득수준별(절대빈곤율)			지역별(상대빈곤율)			
	빈곤층	차상위	차상위 이상	전체	대도시	중소도시	농어촌
전체	7.8	4.2	88.0	11.5	8.8	13.1	17.3
0~2세	5.9	4.6	89.5	10.1	8.4	9.8	20.3
3~5세	4.7	3.7	91.6	7.9	5.1	9.1	15.0
6~8세	6.3	4.3	89.5	10.0	8.5	11.2	10.3
9~11세	7.9	4.1	87.9	11.8	10.3	11.6	19.8
12~18세	9.1	4.5	86.5	13.5	9.5	16.6	18.9

자료: 보건복지가족부(2009), 『아동 청소년 백서』, 교육개발원(2012)에서 재인용.

표 9-2 교육비 지출 중 10분위 배율

구분		2006	2007	2008	2009	2010	2011
1분위	전체 교육비	81,740	64,875	97,769	90,847	77,616	89,392
	정규 교육비	38,046	28,459	50,467	45,183	42,049	46,964
	학원 교육비	37,387	30,910	38,960	37,346	27,910	31,364
	기타 교육비	6,307	5,506	8,341	8,318	7,657	11,064
10분위	전체 교육비	468,665	500,568	575,908	586,970	625,797	586,560
	정규 교육비	140,284	141,653	137,586	176,653	210,321	205,447
	학원 교육비	293,961	312,969	390,696	374,342	371,011	328,893
	기타 교육비	34,419	45,945	47,626	35,974	44,466	52,221
배율	전체 교육비	5.7	7.7	5.9	6.5	8.1	6.6
	정규 교육비	3.7	5.0	2.7	3.9	5.0	4.4
	학원 교육비	7.9	10.1	10.0	10.0	13.3	10.5
	기타 교육비	5.5	8.3	5.7	4.3	5.8	4.7

주: 1) 10분위 배율=10분위의 교육비 지출/1분위의 교육비 지출.
2) 근로자가구 소득 및 지출기준.
3) 기타 교육비는 성인학원 교육 및 기타 교육을 포함.
자료: 통계청(2012), 『가계동향조사』, 교육개발원(2012)에서 발췌, 인용.

기의 환경에 영향을 미쳐 이후 여러 가지 형태의 지역 간 격차로 이어질 가능성을 암시한다. 특히, 농어촌 지역 영유아의 높은 빈곤율은 빈곤 타파를 위한 정책의 출발점이 어디여야 하는지를 잘 보여주고 있다.

교육격차는 소득분위별 교육비 지출 자료를 통해서도 확인할 수 있다. 〈표 9-2〉는 소득 10분위 중 하위 1분위와 상위 10분위의 교육비 지출 자료를 보여주고 있다. 상위 10분위의 교육비 지출은 1분위에 비해 6~8배에 달하고 있다. 특히, 학원교육비만을 대상으로 할 경우 10분위의 지출액은 1분위의 10배를 넘는다. 이러한 교육비 투자의 차이는 학업성취도로 측정되는 교육성과 차이로 이어질 가능성이 높다.

9.2.2 유아교육

우리나라에서도 유아교육의 중요성에 대한 공감대는 광범위하게 이루어졌으며 이에 따라 최근 상당한 수준의 유아교육 지원이 이루어지고 있다. 하지만 우리나라에서 빈곤층이 유아교육 접근도에서 얼마나 어려운 입장에 취해 있는지에 대한 정보를 찾기는 어렵다. 다만, 유치원 교육비 부담과 소득을 비교함으로써 간접적으로 유아교육에 대한 접근 가능성을 평가해 볼 수 있을 것이다.

이러한 평가에 앞서 우선 빈곤층의 아동들이 매우 이른 단계에서 다른 아동들에 비해 인지 및 운동능력이 뒤처지는지부터 간단히 살펴보자. 이 정보는 아동패널 2차년도 자료로부터 얻을 수 있다. 2009년 조사된 아동패널 2차년도 자료에서는 만 11개월에서 만 18개월까지 아동들에 대한 자료를 담고 있다. 특히, 아동의 부모에 대한 설문과 아동 관찰을 통해 의사소통, 대근육운동, 소근육운동, 문제해결, 사회성 등의 영역에서 아동들에게 점수를 부여하고 있다. 각 영역에서 만점은 60점이다.

아동패널 자료에서는 빈곤에 대한 별도의 자료는 주어져 있지 않지만 월소득 분포를 통해 빈곤선 이하의 가구에 대한 유추가 가능하다. 이 자료에 속해 있는 약 1,800가구 중에서 월 소득 150만 원 이하의 가구 비중이 약 8% 가량 된다. 이 수치는 대략 절대빈곤선 이하 0~2세 아동과 과 상대빈곤선 이하 0~2세 아동의 중간쯤에 해당한다. 따라서 월소득 150만 원 이하의 가구를 빈곤가구로 간주하는 데 큰 문제가 없다고 판단된다.

〈표 9-3〉은 150만 원 이하 가구와 이상 가구의 아동들에 대해 각 영역 점수의 평균과 표준편차를 제시하고 있다. 이 표에서도 나타나듯이 이들 다섯 개의 영역에서 월소득 150만 원 이상 가구의 아동과 그 이하 가구에 속한 아동 사이에는 큰 차이가 발견되지 않는다. 이러한 자료는 유아교육 진입 이전 단계에서 차이는 크지 않으리라는 추론을 가능하게 한다. 유아교육 이후 교육기회의 차별이 없다면 빈곤층 아동에게도 충분히 가능성이 있다는 해석도 가능할 것이다.

표 9-3 소득 150만 원 이상과 이하 가구 아동의 발달 영역별 점수 차이

구분	월소득 150만 원 이하		월소득 150만 원 이상	
	평균	표준편차	평균	표준편차
의사소통	48.595	11.304	49.292	11.356
대근육운동	55.980	10.309	56.680	8.625
소근육운동	47.810	12.550	47.725	11.875
문제 해결	50.065	11.136	49.436	11.964
사회성	52.680	10.958	52.477	10.950

주: 각 영역은 0에서 60점까지 분포됨.
자료: 「아동패널」 2차년도.

한편, 빈곤층이 유아교육 접근도에서 큰 영향을 받으리라는 사실은 사립유치원의 평균 가격으로부터 쉽게 예상할 수 있다. 최근의 사립유치원 비용에 대한 자세한 정보는 없지만 2010년의 사립유치원 월평균 비용은 31만 2,000원으로 알려져 있다. 물가상승률에 해당하는 비용 상승이 이루어졌다면 2013년의 비용은 약 33만 원으로 상정할 수 있다. 이 월 33만 원의 부담이 소득계층별로 부담을 다르게 느낄 것이다.

최근 자료인 2012년 3/4분기의 통계청의 「가계동향조사」를 바탕으로 소득분위별 유아교육비 부담이 어떻게 다를지를 살펴보자. 통계청 조사에 따르면 낮은 소득분위의 월평균 소득이 약 85만 원인데 비해 가장 높은 소득분위의 소득은 월 970만 원에 이른다.

이러한 소득 격차는 사립유치원 비용이 월소득에서 차지하는 비중이라는 측면에서 그대로 드러난다. 〈그림 9-1〉은 사립유치원 비용이 월소득의 몇 %에 해당하는지를 제시하고 있다. 유아교육비 지원이 전혀 이루어지지 않는 경우를 가정할 경우, 유아 한 명을 사립유치원에 보내는 비용은 월평균 소득 1분위에 있어서는 월소득의 39%를 차지하며 가장 높은 소득인 10분위 소득의 3.4% 정도를 차지한다. 월소득이 1,000만 원 가까운 최상위 소득층에게 유아교육비용이 큰 부담으로 보기는 어렵겠지만 월소득이 100만 원에 못 미치는 1분위에게 있어서 소득의 40%에 가까운 유아교육비는 결코 낮은 비용이 아니다.

이러한 현실에서 빈곤 타파를 위해 유아교육 단계에서 할 수 있는 정책이라면 빈곤층 자녀가 비용이 저렴한 공립유치원에 우선적으로 다닐 수 있도록 해주거나 사립유치원비를 보조하는 방안을 생각해 볼 수 있을 것이다. 이는 형평성 제고와 빈곤 탈출만을 위한 정책만을 넘어서는 효력을 가질 것이다. 효율성 측면에서 볼 때 일부라도 우리나라의 아

그림 9-1 **소득분위별 월소득 대비 사립유치원 비용**

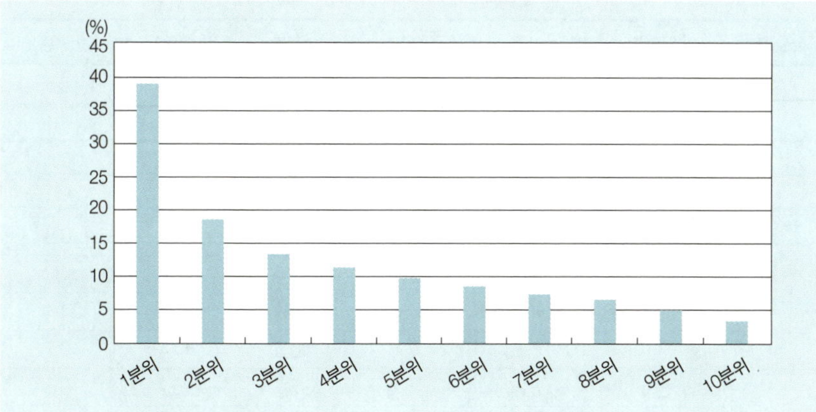

자료: 통계청, 「가계동향조사」(2012년 3/4분기).

동들이 자신의 잠재력을 발현할 기회를 제공받지 못한다면 이는 개인적으로나 국가적으로 큰 손실이라고 할 수 있다.

9.2.3 초중등 교육

초중등단계에서 빈곤과 교육격차 사이의 관계를 보여주는 자료들은 의외로 많지 않다. 다만, 많은 연구들을 통해 학생의 사회 · 경제적 배경에 따라 학생들의 성취도가 다르며, 소득이 높을수록 사교육 시간과 지출이 많다는 사실은 반복되어 확인되고 있다.

우선 소득에 따른 사교육비 격차에 대해 살펴보자. 〈표 9-4〉는 2007년도 이후 2010년까지 통계청 사교육비에서 조사된 월평균 사교육비를 소득범주별로 제시하고 있다. 통계청 사교육비에서 월소득은 100만 원 단위로 나누어져 있는데 월소득 100만 원 이하의 가구는 대략 5% 내외이

표 9-4 학교급별 · 소득별 월간 사교육비 지출

학교급	소득구간	비중	2007	2008	2009	2010
초등	100만 원 미만	4.82	6.2	6.1	6.9	6.5
	100~199만 원	13.1	12.3	11.9	11.9	11
	200~299만 원	23.74	19	18.3	17.6	16.4
	300~399만 원	23.51	24.4	23.7	22.9	22.1
	400~499만 원	15.18	29.7	28.7	27.8	26.8
	500~599만 원	8.48	32.3	32.4	32.8	32
	600~699만 원	4.62	35	36	36	34.4
	700만 원 이상	6.56	41.6	40.5	44.4	40.7
중등	100만 원 미만	6.24	5.4	5.7	5.7	6.3
	100~199만 원	14.8	11.3	11.1	10.7	9.6
	200~299만 원	21.57	18.7	17.5	18.1	16.9
	300~399만 원	21.79	26.1	24.9	25.1	23.5
	400~499만 원	15.31	32.5	30.5	31.1	29.1
	500~599만 원	9.13	38.3	35.8	37.1	34.7
	600~699만 원	4.39	41.5	40.9	41.9	39.4
	700만 원 이상	6.76	51.1	48.4	49.4	44.8
고등	100만 원 미만	4.43	5.5	4.7	6.2	6.2
	100~199만 원	13.31	9.4	9.5	10	10
	200~299만 원	20.36	16.6	15.4	16.2	14.9
	300~399만 원	21.83	23.9	22.7	22.9	21.9
	400~499만 원	16.1	31.8	30.5	29.9	27.3
	500~599만 원	10.15	37.2	36.8	36.9	33.9
	600~699만 원	5.1	47	42	43.4	39.2
	700만 원 이상	8.73	57	53	53.5	50.5

자료: 통계청, 「사교육비 조사」, 각 연도.

며 100만 원에서 200만 원 사이의 가구는 약 14% 내외이다. 빈곤선은 100만 원과 200만 원 사이에 있으며 100만 원 미만의 소득 가구는 확실히 빈곤선 아래에 있다고 볼 수 있다.

〈표 9-4〉에서는 소득에 따른 사교육비 지출수준 차이를 알아볼 수 있다. 초등학교를 예로 들면 소득 100만 원 이하 가구 학생의 사교육비는 6만 5,000원 정도이며 소득 300~400만 원 가구의 월평균 사교육비는 22만 원, 그리고 월소득 700만 원 이상의 고소득층 월평균 사교육비는 41만 원에 달한다. 소득의 격차는 그대로 사교육비 격차로 이어지고 있다. 중학교나 고등학교에서도 상황은 크게 다르지 않다. 최저소득계층과 최고소득계층의 사교육비 차이는 학교급이 높아질수록 증가하는 현상을 보이고 있다.

이러한 사교육비 지출액 차이의 부분적인 결과라고 할 수 있는 수학능력시험에서의 소득 간 격차도 살펴보자. 수능점수는 초중등교육의 중요한 최종 성과 중 하나이므로 빈곤층이 겪는 교육격차의 한 단면을 반영하는 좋은 지표가 될 수 있다.

소득과 수능점수 사이의 관계를 살펴볼 수 있는 자료 중 하나는 「교육고용 패널」 자료가 있다. 이 자료는 2004년에 중학교 3학년생이던 학생 2,000명, 일반고 3학년생 2,000명, 실업계고 2,000명을 대상으로 한 조사가 시작되었고 2007년에는 특목고 학생과 전문고 학생을 추가 표집하여 현재까지 추적 조사하고 있다.

〈표 9-5〉는 2007년도에 고등학교를 졸업하는 일반고 학생들을 대상으로 월소득 150만 원 이하 가구의 학생과 150만 원 초과 가구 학생의 주요 과목 수능점수 분포를 제시하고 있다. 「교육고용패널」 자료에 따르면, 수능 각 과목 성적 자료가 있는 학생들을 기준으로 대략 14~15% 학생들이 월소득 150만 원 이하의 가구에 속해 있는데 이 수치는 앞서 〈표 9-1〉에서 제시된 12~18세 청소년의 상대빈곤율과 크게 다르지 않다.

정확한 빈곤선 개념을 적용한 것은 아니나 상대빈곤선 이하나 부근

표 9-5 소득에 따른 수능등급 점수분포(일반고)

과목	등급	월소득 150만 원 이하			월소득 150만 원 이상		
		학생 수	백분율	누적	학생 수	백분율	누적
국어	1	0	0	0	22	2.66	2.66
	2	5	3.79	3.79	53	6.42	9.08
	3	12	9.09	12.88	94	11.38	20.46
	4	22	16.67	29.55	134	16.22	36.68
	5	35	26.52	56.06	209	25.3	61.99
	6	27	20.45	76.52	125	15.13	77.12
	7	17	12.88	89.39	107	12.95	90.07
	8	7	5.3	94.7	48	5.81	95.88
	9	7	5.3	100	34	4.12	100
	계	132			826		
수학	1	2	1.57	1.57	26	3.27	3.27
	2	4	3.15	4.72	34	4.28	7.56
	3	15	11.81	16.54	86	10.83	18.39
	4	17	13.39	29.92	133	16.75	35.14
	5	26	20.47	50.39	205	25.82	60.96
	6	29	22.83	73.23	130	16.37	77.33
	7	16	12.6	85.83	111	13.98	91.31
	8	9	7.09	92.91	39	4.91	96.22
	9	9	7.09	100	30	3.78	100
	계	127			794		
영어	1	1	0.77	0.77	20	2.44	2.44
	2	2	1.54	2.31	43	5.24	7.68
	3	12	9.23	11.54	91	11.1	18.78
	4	21	16.15	27.69	161	19.63	38.41
	5	27	20.77	48.46	172	20.98	59.39
	6	29	22.31	70.77	149	18.17	77.56
	7	21	16.15	86.92	114	13.9	91.46
	8	11	8.46	95.38	43	5.24	96.71
	9	6	4.62	100	27	3.29	100
	계	130			820		

자료: 「한국고용패널」(2007).

에 있다고 생각되는 가구의 학생들과 그렇지 않은 가구의 학생들 사이의 성적 차이를 살펴보자. 일반고의 경우 〈표 9-5〉에서도 나타나듯이 국어과목의 경우 전국 상위 4%에 해당하는 1등급 학생들이 소득 150만 원 이하의 가구에서는 한 명도 존재하지 않는다. 수학과 영어과목에서도 100명이 넘는 학생 중 1등급에 해당하는 학생은 1명 혹은 2명에 그치고 있다. 반면 하위 성적에 해당하는 8, 9등급에는 월소득 150만 원이 넘는 가구의 학생들보다 훨씬 높은 비중의 학생들이 포함되어 있다.

이러한 차이는 교내외에서 제공되는 교육환경의 차이에서 비롯될 가능성이 크다. 이러한 주장의 근거는 특목고에 진학한 학생들의 성적 분포에서 찾을 수 있다. 일반적으로 더 우수한 교육환경이 제공되리라 생각되는 특목고에서는 일반고와 같은 소득에 따른 성적차이를 발견하기 어렵기 때문이다.

〈표 9-6〉에서 나타나는 바와 같이 외국어고와 과학고를 포함하는 특목고의 경우에는 월소득 150만 원 미만 가구의 학생과 초과 가구 학생 사이의 점수분포에서 큰 차이가 나타나지 않는다. 점수분포도 유사하지만 특목고 학생 중 월소득 150만 원 이하 가구의 학생들이 차지하는 비중도 12.7%로 전체 분포와 큰 차이를 보이지 않는다. 빈곤선과 가까운 소득을 올리는 가구에 속한 학생들 중 특목고에 진학한 학생들은 상위 소득 가구의 학생들에 비해 특별히 열등한 모습을 보이지 않는다는 사실은 일정한 수준 이상의 교육의 질이 제공된다면 소득에 따른 교육격차를 막을 수 있으리라는 희망을 주고 있다.

다음으로는 학교 유형, 특히 과거 실업고로 불리던 전문계고의 현황을 통해 빈곤과 교육격차라는 주제를 접근해 보자. 소득에 따른 교육격차를 생각할 때 깊이 있게 고민해야 할 학교들은 과거 실업계고로 불리

표 9-6 소득에 따른 수능등급 점수분포(특목고)

과목	등급	월소득 150만 원 이하			월소득 150만 원 이상		
		학생 수	백분율	누적	학생 수	백분율	누적
국어	1	12	36.36	36.36	64	28.19	28.19
	2	6	18.18	54.55	53	23.35	51.54
	3	5	15.15	69.7	45	19.82	71.37
	4	5	15.15	84.85	23	10.13	81.5
	5	4	12.12	96.97	20	8.81	90.31
	6	1	3.03	100	17	7.49	97.8
	7	0			3	1.32	99.12
	8	0			2	0.88	100
수학	1	7	21.21	21.21	61	26.87	26.87
	2	9	27.27	48.48	54	23.79	50.66
	3	8	24.24	72.73	46	20.26	70.93
	4	3	9.09	81.82	29	12.78	83.7
	5	5	15.15	96.97	19	8.37	92.07
	6	1	3.03	100	14	6.17	98.24
	7				2	0.88	99.12
	8				2	0.88	100
영어	1	12	36.36	36.36	71	31.28	31.28
	2	10	30.3	66.67	73	32.16	63.44
	3	5	15.15	81.82	36	15.86	79.3
	4	3	9.09	90.91	23	10.13	89.43
	5	2	6.06	96.97	14	6.17	95.59
	7				6	2.64	98.24
	7	1	3.03	100	3	1.32	99.56
	8				1	0.44	100
계		33			227		

주: 세 과목 모두에서 9등급 학생들은 없음.
자료: 「한국고용패널」(2007).

던 전문계고 학생들이다.[1)] 2012년 현재 전체 고등학생의 약 22% 정도가

1) 2010년 전문계고는 특성화고로 이름이 바뀐다. 여기서는 특목고와의 혼돈을 피하기 위해 과거 분류인 전문계고라는 명칭을 그대로 사용한다.

전문계고에 재학하고 있다. 그러나 전문계고에 대한 학계나 사회적 관심이 그에 상응하는지에 대해서는 진지하게 자문해 보아야 할 것이다. 특히, 빈곤의 탈출이라는 면에서는 빈곤가구 학생들이 다수 재학하고 있는 전문계고에 대한 관심과 배려가 필요한 상황이다.

이하에서는 에듀데이터를 활용하여 전문계고의 교육여건과 성과를 개괄적으로 살펴보자. 〈표 9-7〉은 2010년을 기준으로 고등학교 유형별 급식비 지원자 비중을 보여주고 있다. 여기서 급식비 지원자 비중 자료를 활용하는 이유는 이 자료가 직접적인 빈곤 자료를 얻을 수 없는 상황에서 빈곤과 가장 근접한 변수로 생각되기 때문이다. 실제로 급식지원자 비중은 14.4%로 〈표 9-1〉에서 제시된 2009년 12~18세 청소년의 상대적 빈곤율(13.5%)과 큰 차이를 보이지 않는다.

〈표 9-7〉에서도 알 수 있듯이 학교유형별 급식비 지원자 비중은 학교유형별로 큰 차이를 보이고 있다. 일반고등학교의 경우 이 비중이 10.2% 수준이지만 과학고등학교와 외국어고 등에서는 이 비중이 3% 미만에 머무르고 있다. 반면 여러 유형의 전문계고에서는 이 비중이 대부분 25%를 넘고 있다. 빈곤층 학생 중에서도 적지 않은 학생들이 전문계고에 속해 있는 것이다. 물론 인원 수로 보면, 인문계 고등학교에 급식지원 학생들이 더 많이 있지만 학교 내의 밀집도로 보면 전문계고가 더 높은 것이다.

전문계 고등학교 학생들의 기초학습능력이 일반계 고등학생에 비해서 크게 낮지 않으며 가정요인의 영향이 크지 않다는 것을 보고한 일부 연구가 있기는 하지만, 이러한 연구들이 전문계와 일반계 사이에 나타나는 명확한 학업성취도 차이를 부인하는 결정적 증거를 제공한다고 보기는 어렵다고 판단된다. 그보다 이러한 연구들이 주장하는 바는 학교

표 9-7 고등학교 학교유형별 급식비 지원 학생 수

학교유형	총학생 수	급식비 지원자	급식비 지원자 비중(%)
일반고등학교	1,400,000	142,333	10.2
일반계 특성화고등학교	7,634	975	12.8
특수목적고등학교	26,572	6,197	23.3
과학고등학교	2,648	52	2.0
예술고등학교	16,126	908	5.6
외국어고등학교	21,496	633	2.9
체육고등학교	3,495	2,772	79.3
종합고등학교	92,034	23,620	25.7
공업고등학교	106,503	29,440	27.6
상업고등학교	82,032	24,022	29.3
수산고등학교	1,071	375	35.0
실업계 특성화고등학교	118,265	33,233	28.1
실업고등학교	34,997	9,913	28.3
농림업고등학교	8,114	1,835	22.6
가사고등학교	2,899	526	18.1
해양고등학교	1,276	382	29.9
합계	1,925,162	277,216	14.4

자료: 에듀데이터(2010).

의 노력을 통해 전문계고의 성과가 개선될 여지가 있다는 점이라고 보아야 할 것이다(박동열 외, 2010; 김경식 · 이현철, 2010).

요약하자면, 빈곤층 학생들은 더 나은 가정환경에 있는 학생들에 비해 사교육에 대한 접근성이 낮을 수밖에 없으며 일반고에 재학하는 학생들의 경우 수능점수도 낮은 편이다. 또한 빈곤층 학생들은 일반고보다는 전문계고에 더 많이 발견된다.

물론 전문계고를 일반고에 비해 결코 열등한 곳으로 인식해서는 안

될 것이다. 그러나 평균적으로 보자면, 분명 이전까지의 학업성취도가 일반고에 비해서는 떨어지는 것이 사실이며 상대적으로 가정환경과 지역의 제반 환경이 열악한 곳에 많이 있는 것도 사실이다. 형평성 제고라는 차원에서 보자면 가정 · 사회 환경이 열악한 곳이라면 공적투자를 더 늘려서라도 더 나은 교육환경을 제공할 필요가 있을 것이며 전문계고에 대한 관심과 지원이 더 필요한 것이 사실이다. 특히, 전문계고의 취업의 양과 질을 높이는 사회적 노력이 매우 중요하다. 그런 의미에서 2010년 이후 전문계고의 취업률이 다시 높아지는 현상은 바람직한 측면이 있으며 전문계고 정책이 성공을 거둘 수 있음을 보여주는 긍정적인 신호일 수 있다.

9.2.4 고등교육(대학교육)

대학교육에서 학자금 대출과 장학금의 확충은 실질적인 교육기회 균등제공이라는 데서 큰 의미를 갖는다. 〈표 9-8〉은 통계청에서 조사하는 가구원 수가 2인 이상인 가구의 소득분위별 소득과 대학생 수를 대비시키고 있다. 2010년 소득 1분위의 가구의 연평균 소득은 888만 원 수준인데 사립대학의 평균 등록금은 연 750만 원으로 알려져 있다. 즉, 등록금이 소득의 84%에 이른다. 이런 수준이라면 한 가구에서 한 명의 학생을 대학에 보내는 것조차도 어려울 수밖에 없다. 이러한 어려움은 가구의 소득분위별 대학생 수의 비중에서도 나타난다. 소득분위 1분위인 대학생 수 비중은 6.4%로 최고소득분위인 10분위의 13.5%의 절반에도 미치지 못한다. 고소득층이 많은 평균적인 가구원 수 차이를 고려하더라도 이는 실질적인 교육기회 균등이 훼손되고 있음을 보여준다. 물론 이

표 9-8 **가구 소득분위별 평균 소득과 대학생 수(2010년)**

(단위: 인, 만 원, 가구)

분위	평균 가구원 수	평균 소득		가구 수	대학생 수	비중
		월(A)	연(Ax12)			
1분위	2.42	74	888	1,329,500	12,770	6.4
2분위	2.76	150	1,801	1,329,500	149,650	7.5
3분위	3.11	207	2,488	1,329,500	199,530	10.0
4분위	3.33	257	3,086	1,328,171	177,590	8.9
5분위	3.39	297	3,568	1,330,830	161,620	8.1
6분위	3.48	339	4,061	1,329,500	169,600	8.5
7분위	3.62	391	4,690	1,328,171	209,510	10.5
8분위	3.62	454	5,452	1,330,830	237,450	11.9
9분위	3.64	544	6,532	1,325,512	293,320	14.7
10분위	3.73	775	9,301	1,333,489	269,370	13.5
평균/계	3.31	349	4,188	13,295,000	1,995,347	100.0

자료: 기획재정부, 교육과학기술과 교육통계(2012년 1월).

차이가 고등교육 단계의 정책적 지원에 의해 해소될 수 있을지는 논란의 여지가 있다. 이러한 차이는 고등교육 이전 단계의 교육기회 불균등을 반영하기 때문이다.

실제로 국가장학금 사업의 성과를 분석한 최근 이정미 외(2012)의 연구에서는 저소득층 학생의 비중이 적은 수도권 대학에 대한 지원은 줄어든 반면, 지방 부실대학은 저소득층 학생들의 수가 많은 만큼, 이들에 대한 지원으로 인하여 부실한 대학인데도 불구하고 대학을 유지하고 있는 실정이라는 사실이 지적된 바가 있다. 물론 이러한 발견은 부실대학의 구조조정에 있어 저소득층 지원 중심의 장학금 사업과 대학구조조정이라는 두 가지 목표 사이의 상충관계를 지적한 것이다. 하지만 저소득층이 부실대학에 들어갈 확률이 높다는 사실은 빈곤 탈출을 위한 교육

정책이라는 측면에서 매우 중요한 시사점을 갖는다. 실제로 고등교육 단계에서 교육격차를 줄이는 정책이 실현되기는 대단히 어렵다. 저소득층에 대한 장학금 확대를 통해 재정제약을 완화하여 대학교육에 있어 고른 기회를 제공하는 정책은 분명 의미가 있다. 하지만 현실적으로 더 절실한 정책은 저소득층 혹은 빈곤층의 학생들이 고등교육 단계에서 질 낮은 교육환경에 처하지 않도록 고등교육 이전의 단계에서 교육격차를 줄여줄 필요가 있는 것이다. 이러한 측면에서 앞서 언급한 바와 같이 유아교육에 대한 지원이야말로 미래의 빈곤을 줄이기 위한 가장 중요한 출발점이라고 할 수 있을 것이다.

9.3 빈곤 타파를 위한 교육 정책

앞서 빈곤과 교육격차의 관계에 대하여 생각해 보았다. 이를 바탕으로 교육을 통해 빈곤 문제를 극복해가기 위한 정책 방안에 대해 생애주기의 관점에서 생각해 보자.

9.3.1 유아교육: 생애 이른 단계의 개입

빈곤 타파를 위해서는 생애 이른 단계의 적극적인 개입이 필요하다는 사실은 많은 학자와 많은 학문분야에서 공통적으로 지적되고 있다. 이와 관련하여 Heckman et. al(2007)은 최근의 의학, 인지과학, 사회학, 경제학 등 관련 학문들의 축적된 연구결과들로부터 얻은 정형화된 사실들을 다음과 같이 9가지로 요약하고 있다.

첫째, 능력은 중요하다. 수많은 연구들을 통해 인지능력(cognitive ability)이 임금, 교육수준, 건강, 범죄행위 등 사회 · 경제적 성공과 관련된 여러 측면과 깊은 관계가 있음을 보이고 있다. 둘째, 능력이라는 것은 본질적으로 여러 측면을 가지고 있다. 인지능력뿐 아니라 비인지 능력, 즉 인내, 동기부여, 시간 선호, 위험 기피, 자존심, 자기 통제력 등도 임금과 교육수준, 10대 임신, 흡연, 학업성취도 범죄 행위 등 여러 측면에 영향을 주고 있다. 셋째, 흔히 말하는 본성 대 양육(nature vs nurture)의 구분이라는 것은 시대착오적인 것으로 양자 중 어느 하나를 택하는 문제가 아니며 양자 모두 능력 형성에 중요한 역할을 하고 있다. 넷째, 개인 간 혹은 계층 간 능력 격차는 인지능력이든 비인지 능력이든 건강에서의 격차와 같이 상당히 이른 시점에서 시작되고 있다. 또한 능력 격차는 가정환경에 크게 의존하고 그 격차는 생애 전반에 걸쳐 유지되는 경향이 있다. 다섯째, 발전 단계에는 매우 결정적이고 민감한 시기가 있다. 12세(혹은 그보다 더) 이전에 배운 외국어는 원어민과 거의 차이가 없다거나 IQ의 경우 10세 이후에는 변화가 거의 없다는 발견 등이 그 예가 될 것이다. 결정적인 시기 이후의 교정은 비용이 크게 들뿐더러 성공 확률도 낮다. 여섯째, 불리한 여건에 놓인 성인들에 대한 교정 프로그램의 성공 확률은 낮은 편이나 불리한 여건의 어린이들에 대한 교정적 투자의 수익률은 높다는 사실이 발견된다. 일곱째, 불리한 여건에 있는 아동들에 대한 초기 투자에 대응하는 지속적인 후기 투자가 이루어지지 않을 경우 초기 투자의 효과는 감소하게 된다. 여덟째, 대학 재학 시 재정제약보다는 아동기의 재정제약이 성인으로서의 사회 · 경제적 성취와 더 관계가 깊다. 대학 입학 무렵의 재정제약의 영향이 크지 않은 반면 초기의 재정제약은 상당히 오랜 기간 영향을 주고 있다. 달리 표현하자면, 대학 입학

당시의 재정제약을 완화하려는 정책들은 그 효과가 크지 않다. 아홉째, 비인지 능력, 혹은 정서적 안정은 인지능력의 형성을 촉진하며 성공적인 가정 혹은 성공적인 정책 개입의 결과이기도 하다.

이러한 사실들은 주로 미국의 연구에서 발견된 것이지만 우리나라에도 상당 부분 적용될 것으로 생각된다. 빈곤을 타파하고 빈곤의 대물림을 막기 위해서는 교육격차가 유아시기에서 시작되는 것을 막을 필요가 있다. 기본적으로 정부가 취할 수 있는 정책은 빈곤층에게 일정 수준의 교육이 제공될 수 있도록 하는 것이다. 이를 좀 더 구체적으로 생각해 보자.

우선 정부는 시장이 작동하지 않는 곳에서 필요한 서비스를 직접 제공해야 할 필요가 있다. 빈곤층의 유아교육 접근도를 높이는 방법은 교육비 지원과 공립시설의 제공이 있다. 물론 현재의 교육 정책의 큰 방향은 유아교육비 지원을 중심으로 이루어진다. 현실적으로 유아교육에서 사립의 역할이 큰 비중을 차지하는 우리 상황에서는 일부 유럽의 선진국과 같이 정부가 모든 해당 연령 아동들에게 유아교육을 직접 제공하는 것은 가능하지도 않다.

그렇지만 빈곤층을 위한 대책에서 사립 서비스를 이용 가능할 수 있게 하는 것과 공립의 직접 제공 중 어떤 것이 더 좋을지에 대해서는 다시 생각해 볼 여지가 있다. 우리나라에서는 공립에 대한 요구가 많다. 특히, 현재 우리나라와 같이 사립 서비스의 질이 공립보다 높지 않다고 인식되는 상황에서 공립 설립의 요구는 어느 지역에나 있을 수 있다. 그렇지만 실제로 공립 서비스가 제공되는 곳은 서비스가 진정으로 필요한 곳이라야 할 것이다.

좀 더 구체적으로 생각해 보면, 공립 서비스가 필요한 곳은 유아교육에 대한 수요가 많지만 공립의 공급이 활발하지 못한 곳이라 할 수 있다. 반면 정부의 개입 없이도 시장에서 서비스가 이루어지는 곳에서는 직접적인 제공보다는 학부모에 대한 간접 지원이 더 나은 방식일 수 있다.

지난 10여 년의 패턴을 보면 대체적으로 보아 특별시와 광역시 지역에서는 사립 비중이 줄어들고 있으며 도 지역에서는 사립 비중이 증가하고 있다. 이는 특별시 및 광역시 지역에서는 수요의 증가가 있지만 공립에 의해 흡수되는 비율이 더 높았으며 도 지역에서는 유치원 수요의 증가가 사립에 의해 더 높은 비율로 흡수되고 있다는 의미로 해석할 수 있다. 이런 상황이라면 도 지역에서 공립이 더 필요하다는 추론을 할 수 있다.

구체적인 지역의 사정에 따른 차이는 있겠지만 수요에 대응하여 민간시장이 발전되어 온 대도시 지역과 최근 들어 수요가 확대되고 있지만 시장에서 서비스의 공급이 충분히 이루어지지 못하는 지역 사이에는 정부의 접근방식도 차별적으로 이루어져야 할 필요가 있을 것이다.

이러한 정부지원 방식의 차이는 곧 유아교육 및 보육에서 형평성을 증진시키는 방안이 될 수도 있다. 그 동안 보육 및 교육 서비스 제공이 원활하지 않았던 지역을 중심으로 정부 서비스가 확대되면서 서비스 접근도에서 지역별 형평성을 제고할 수 있기 때문이다. 공립에 대한 우선 이용권을 빈곤층에게 두는 것도 형평성 제고를 위한 방안이라고 할 수 있다.

형평성을 증진시키는 또 다른 방식은 개인지원도 소득에 따라 차등으로 이루어지도록 하는 것이다. 이에 대해서 좀 더 자세히 생각해 보자. 만약 유아교육과 보육에 필요한 비용 전액을 공공재원으로 조달하는 것이 가능하다면 전체 유아에 대한 일정액 지원이 실질적인 형평성을 훼

그림 9-2 **교육비 지원 후 소득분위별 소득 대비 사립유치원 교육비 비중**

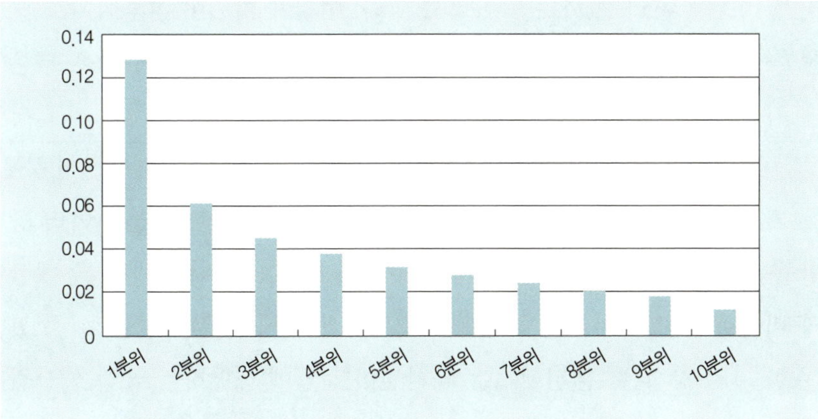

손하고 있다고 보기는 어렵다. 그러나 현재 현실적으로 국가 예산의 한계상 전면적인 무상교육이 이루어지지는 못하고 있는 상황이다. 현실적으로 제공되는 정부지원은 표준교육비나 실질 교육비 및 보육료에 크게 못 미치고 있으며, 따라서 교육 및 보육에 대한 접근도에 있어 소득계층별로 다른 영향을 줄 수 있다.

이하에서는 현재 정부의 계획대로 2013년 재정지원이 이루어질 경우를 상정하여 소득계층별 차이를 감안한 재정지원의 몇 가지 대안을 수치 예를 들어 제시해 본다. 2013년도의 지원계획에 의거하여 소득 전 분위에 월 22만 원의 지원이 이루어질 경우를 상정해 보자. 〈그림 9-2〉는 유아교육비 지원 후의 유치원 비용이 각 소득분위별로 소득의 몇 %를 차지하는지를 제시하고 있다. 현재 유아교육비 100% 지원이 이루어지고 있지 않기 때문에 불가피하게 모든 소득분위에서 추가적인 유아교육비 지출이 필요하다. 즉, 유아교육 지원이 이루어진 이후에도 소득 1분위의 가구부담 유아교육비가 소득의 12% 가량에 달한다. 반면 10분위의 경우는 동비중이 거의 1%까지 떨어지고 있다. 이렇게 지원이 이루어지고 난 이후에도 저소득층은 동일한 서비스를 받기 위해 소득의 더 많은 부분을 지출해야만 한다는 의미이다.

이렇게 “지원 받은 후의 유치원 교육비가 소득에서 차지하는 비중”을 기준으로 지원을 할 경우에 실질적 형평성을 제고할 수 있는 여러 방안들을 생각해 볼 수 있을 것이다. 예를 들어, 2013년 계획에 따른 예산과 비슷한 규모로 지출을 하면서 저소득층에게 더 많은 지원을 할 수 있는 한 가지 방법은 1분위에게는 유치원비 전액에 해당하는 금액을 지원하고 소득분위가 높아짐에 따라 지원 비중을 5%씩 차감해 가는 방안이다. 이렇게 7분위에게 사립유치원 비용의 70%까지 지원해 준 후 소득이 높은 8분위에게는 40%, 9분위에는 20%를 지원해 줄 수 있다.

또 다른 방식은 지원 후 소득분위별로 유아교육비 자기부담의 소득대비 비중을 정해놓고 지원액을 결정하는 방식이다. 예컨대, 〈표 9-9〉에서 보듯이 자기부담 비중을 소득 8분위 이하는 2%대, 소득 9, 10분위는 3%가 되도록 지원할 수 있다.

이러한 지원방식들은 모두 총지원액이 모든 계층에 22만 원씩 지원하는 방식과 비슷하거나 다소 낮은 수준으로 달성 가능한 방식들이다. 즉, 2013년에 실행되기로 계획된 방식보다는 형평성을 더 높이면서도 더 큰 예산을 수반하지 않을 수 있는 방법인 것이다.

이상 소개한 두 가지 방식은 여러 가지 가능한 방식 중 선택 가능한 대안이 될 수 있다. 동일한 예산으로 형평성에 더 큰 가중치를 준 방식들은 이외에도 찾을 수 있을 것이다. 물론 소득계층에 따른 차등지원 대 전체 유아에 대한 무상교육이라는 두 가지 대안 중 어느 쪽이 절대적으로

표 9-9 유아교육비 지원의 대안들

분위	소득	방식 1			방식 2		
		새방식1	자기 부담액	자부담 비중(%)	지원액	자기 부담액	자부담 비중(%)
1분위	847,855	330,000	0	0.0	310,000	20,000	2.36
2분위	1,791,770	313,500	16,500	0.9	290,000	40,000	2.23
3분위	2,432,566	297,000	33,000	1.4	280,000	50,000	2.06
4분위	2,965,336	280,500	49,500	1.7	270,000	60,000	2.02
5분위	3,454,112	264,000	66,000	1.9	260,000	70,000	2.03
6분위	3,969,988	247,500	82,500	2.1	230,000	100,000	2.52
7분위	4,551,098	231,000	99,000	2.2	210,000	120,000	2.64
8분위	5,247,842	132,000	198,000	3.8	190,000	140,000	2.67
9분위	6,378,892	66,000	264,000	4.1	100,000	230,000	3.61
10분위	9,770,625	0	330,000	3.4	0	330,000	3.38
합계		2,161,500			2,140,000		

우월한 방식이라고 주장할 확실한 근거는 없다. 그렇지만 무상이라는 단어에 집착하지 않는다면 빈곤계층에 상대적으로 더 큰 혜택이 돌아갈 수 있는 유연한 대안들을 생각해 볼 수 있을 것이다. 요컨대, 형식적 평등보다는 빈곤 타파를 감안한 실질적 평등 추구를 진지하게 고민할 필요가 있는 것이다.

9.3.2 초중등 교육

앞서 언급한 바와 같이 거의 모든 학령 아동과 청소년들이 정규교육을 받을 수 있는 상황에서 교육격차는 학교 밖의 조건에 따라 형성되는 것이 현실이다. 이런 현실 속에서 초중등 교육에서 빈곤층에 대한 고려는 넓게 보면 "교육복지"의 일환으로 정책화되고 있다.

교육복지는 그 개념이 모호한 측면이 있다. 최근 중기재정계획에서는 전통적으로 교육복지의 범위 속에 포함시켜 왔던 교육소외집단(저소득층 자녀, 장애학생, 다문화가정 · 조손가정 · 한부모가정 자녀, 새터민 자녀, 농산어촌 학생 등)과 교육결손집단(중도탈락자, 학습부진아)에 대한 교육 서비스 지원과 비교적 최근에 보편적 복지 논쟁을 통해서 교육복지의 범위 속에 포함된 무상급식, 고교무상교육, 무상유아교육 및 보육 등을 교육복지의 대상으로 규정하고 논의를 전개하고자 한 바 있다.

그러나 여기서는 이와 같은 광범위한 교육복지 개념에 따른 정책대안보다는 빈곤층 학생들에 대한 양질의 교육기회 제공이라는 측면으로 관심을 좁혀서 접근하고자 한다. 대부분의 무상교육 논의들은 전체 대상 학생들에게 균질의 서비스를 제공하는 것을 목표로 하고 있기 때문에 빈곤층을 중심 정책 대상으로 삼은 정책과는 거리가 멀기 때문이다.

이렇게 관심을 좁힌다면 초중등 단계에서 가장 유효한 빈곤층 대상 정책은 방과후학교라 할 수 있다. 방과후학교는 학생들에게 소질 · 적성의 계발을 위한 다양한 교육기회를 제공하고, 학교밖 사교육 욕구를 학교 내로 흡수하며 저소득층 및 농산어촌 학생의 보호와 교육을 통한 교육 안전망 구축 및 교육 양극화를 해소하기 위하여 2007년에 본격적으로 시작되었다.

방과후학교라는 큰 정책 틀에서 실시되는 여러 사업들 중에서도, 특히 빈곤층과 관련이 큰 사업은 저소득층 방과후학교 자유수강권 지원 사업이다. 이 사업에서는 저소득층 학생에게 무료 쿠폰을 지급하고, 학생은 지급받은 쿠폰으로 원하는 방과후학교 프로그램을 선택하여 수강하도록 지원함으로써 소득계층 간 교육격차를 해소를 도모하고 있다. 초등 방과 후 보육 프로그램 지원사업 역시 맞벌이 가정이나 저소득계층 자녀에 대한 방과 후 보살핌, 보호 · 선도 기능을 확대하려는 의도를 갖고 있다. 현재 수요가 있고 여건이 갖추어진 학교부터 저학년 위주로 보육교실을 운영하도록 학교의 유휴교실을 활용하여 지정교실(Home base) 설치비용(리모델링 비용)을 지원하고 있는 중이다.

그 밖의 농산어촌 방과후학교 지원사업도 농어촌 지역의 빈곤층에게 실질적인 혜택을 줄 수 있는 사업이다. 자생력을 갖춘 농산어촌 지역의 방과후학교 모델의 창출 · 확산을 지원함으로써 지역 간 교육격차를 해소하고, 국가 균형발전을 도모하며, 농산어촌 방과후학교 운영을 활성화하기 위하여 초등보육 시설비, 강사비, 프로그램 운영비, 이동수단비 등을 지원하고 있다.

이렇게 사업의 취지나 예산의 증가라는 측면에서는 이미 상당한 부분의 저소득층 지원이 이루어지고 있다고 평가할 수 있다. 실제로 이미 저소득층에 대한 교육비 지원은 고등학교 학비 및 교과서 지원, 급식비 지원, 방과후학교 자유수강권 지원, 교육정보화 지원(컴퓨터 구입비 및 인터넷 통신비) 등으로 항목으로 크게 증가해 왔다. 2008년 6,689억 원이던 저소득층 교육지원비가 2012년에는 1조 3,385억 원으로 2배로 증가하였다.

그렇지만 예산의 증가가 성과를 보장하는 것은 아니다. 이미 실시되는 정책들이 정착되고 실질적인 효과를 얻는지에 대해서는 지속적인 관찰이 필요할 것이다. 사업의 실행은 항상 계획보다 어려우며 예상하지 못한 문제점들이 발생하는 것이 일반적이다. 시행 사업의 개선이나 기존 사업을 대체할 새로운 사업의 설계를 위해서 사업의 성과에 대한 평가라는 기반이 요구된다는 점을 깊이 인식해야 할 것이다. 특히, 저소득

표 9-10 저소득층 교육비 지원 추이

(단위: 천 명, 억 원)

구분	2008		2009		2010		2011		2012	
	인원	금액	인원	금액	인원	금액	인원	금액	인원	금액
고교 학비	343	2,994	388	3,808	430	4,379	420	3,867	407	4,239
급식비	627	2,322	730	2,769	902	3,453	1,090	4,787	1,140	5,583
방과후학교	546	930	541	1,047	560	1,212	670	1,463	600	2,880
교육정보화	159	443	165	462	180	476	225	615	253	683
합계	1,675	6,689	1,824	8,086	2,072	9,520	2,405	10,732	2,400	13,385

주: 저소득층만을 대상으로 한 교육 지원이므로 보편적 복지 차원에서 투자한 학비 지원, 무상급식 등의 통계와 차이가 있음.
자료: 교육부 내부 자료.

층 학생들의 성과에 대한 추적이 체계적으로 이루어짐으로써 향후 저소득층 학생 대상 사업의 실효성을 높이는 데 기여해야 할 것이다.

9.3.3 고등교육(대학교육)

우리나라의 고등교육 기본 방향은 학생에 대한 직접 지원 중심으로 방향을 잡아가고 있다. 2013년만 하더라도 국가장학금 지원 예산은 2조 7,750억 원으로 2012년에 비해 1조 원 이상 증가한 상태이다. 국가장학금은 또한 주로 저소득층에게 지원됨으로써 재정제약으로 말미암아 대학교육을 받을 수 없는 현상을 막기 위한 수단이 되고 있다.

예컨대, 2013년에 기초생활수급자에게는 450만 원, 1분위 450만 원, 2분위 270만 원, 3분위 180만 원 등이 지급되고 있다. 여기에 학자금 대출까지 감안한다면 실질적으로 부모의 소득이 대학 진학 자체를 불가능하게 하는 요인으로 작용하는 경우는 상당히 드물 것으로 생각된다. 물론 이러한 고등교육 기회 확대는 매우 긍정적인 변화이고 빈곤 탈출에도 기여할 수 있을 것이다.

다만, 고등교육 기회가 실질적인 빈곤 탈피에 기여하기 위해서는 현재 우리 고등교육이 처해 있는 과잉 상태에 대한 장기적 해결방안에 대해서도 고민해 보아야 할 것이다. 고등교육에 대한 투자비용은 소득계층에 따라 다르게 작용하고 당연히 빈곤층에게 더 큰 부담으로 작용한다. 그런데 고등교육을 받고 나서 제대로 취업할 수 없는 상황이 된다면 실제로 빈곤 탈출에 크게 기여하지 못할 우려가 있다.

고등교육의 과잉 문제를 진단하기 위해 대학 진학률을 살펴보자. 대학 진학률은 2008년과 2009년에 가장 높은 수준을 보이다가 이후 약간 하락하는 추세이다. 2008년에는 우리나라 대학 진학률이 83.3%로 최고치를 기록하기도 했는데, 이 기록은 2월 말 기준 대학 합격자를 기준으로 도출한 수치로 2011년에 변경된 4월 기준 대학 등록자를 적용할 경우에는 동 수치가 77%로 떨어진다. 대학 진학률이 떨어지는 현상의 원인에 대해서는 더 많은 검토가 필요하겠지만 정책과 관련지어 보면 고졸 취업에 대한 장려가 그 원인으로 작용했을 수도 있다. 만약 고졸 취업이 활성화되면서 동시에 대학 진학률이 낮아질 수 있다면 이는 우리나라 교육이 최근 거둔 성과로 충분히 인정받을 수 있을 것이다. 하지만 한 가지 분명한 사실은 최근의 진학률 감소에도 불구하고 우리나라의 대학 진학률은 다른 어떤 나라들보다도 높다는 것이다.

이러한 높은 진학률은 졸업 후 취업의 성과에 영향을 미치게 된다. 간단히 말하자면, 대학 진학률이 높을수록 대졸자의 취업은 어려워지는 것이다. 대학과 고등교육의 존립목적이 취업률 제고에 있는 것은 아니겠지만 대학 졸업 이후 취업을 못하는 상황에 놓이는 것이 여러모로 바람직하지 못한 것이 사실이다. 따라서 취업률이 유일한 지표는 아닐지

표 9-11 대학 진학률 추이

2002	2003	2004	2005	2006	2007	2008	2009	2010	2011	2012
68.8 (74.2)	72.6 (79.7)	73.2 (81.3)	73.4 (82.1)	74.4 (82.1)	76.5 (82.8)	77.0 (83.8)	77.8 (81.9)	75.4 (79.0)	72.5 (–)	71.3 (–)

주: 1) 2011년부터 진학자 기준이 '4월 기준 대학 등록자'로 변경(종전: 2월 말 기준 합격자)됨.
2) 괄호 안은 대학 진학자의 종전 기준(2월 말 기준 대학 합격자)에 따라 산출한 진학률임.
3) 2011년과 2012년은 대학 진학자의 기준 변경으로, 대학 합격자 기준 진학률은 조사되지 않음.

라도 중요한 고등교육 성과지표로 간주되고 그 추이를 추적할 필요는 있다. 그런 측면에서 최근의 취업률 추이를 살펴보자.

최근의 대졸자 취업률은 경제위기의 영향과 취업률 조사방식의 변화에 따라 2010년 이후 크게 떨어졌다. 이후 약간 회복하고는 있지만 2012년 현재 취업률이 60%에 미치지 못하고 있다. 전문대학, 교육대학, 산업대학 등에 비해 4년제 대학교의 취업률이 특히 낮은 실정이다.[2] 4년제 대학의 2012년도 취업률은 56.2%로 건강보험 DB연계 조사방식이 도입된 2010년보다는 4.3%p 가량 높아졌기는 하지만 만족스러운 수준이라고 보기는 어렵다.

사실 취업률만큼 우려되는 것은 취업의 질과 미스매치이다. 대졸 취업자의 미스매치는 문제는 대학졸업자 직업이동 경로조사(이하 GOMS)를 통해 어느 정도 확인해 볼 수 있다. GOMS는 몇 개 연도의 대졸자 약 4%의 표본을 추출하여 이들에 대해 학교생활과 취업에 관한 정보를 파악하고 있다. GOMS 설문에서는 본인의 교육수준에 비해 업무수준이 어떻

2) 대졸자 취업통계조사는 2010년 이전까지 학교의 자체조사 결과에 의존하다가 2010년 고등교육기관 졸업자의 직장 건강보험 가입 여부를 조사하는 "건강보험 DB연계 취업자 조사방식"으로 변경되었다. 건강보험 DB연계 취업률은 문자 그대로 건강보험을 제공하는 곳에 취업한 것만을 취업률에 포함시킨다는 점에서 취업의 질을 반영한다는 측면도 있다.

표 9-12 연도별 대졸자 취업률

구분	총취업률					
	2007	2008	2009	2010*	2011	2012
전문대학	85.2	85.6	86.5	55.6	60.7	60.9
대학	68.0	68.9	68.2	51.9	54.5	56.2
교육대학	70.6	72.3	71.2	52.6	55.1	64.7
산업대학	77.8	79.8	77.5	62.4	65.3	65.3
전체	76.1	76.7	76.4	55.0	58.6	59.5
일반대학원	81.7	81.6	79.9	70.7	72.1	72.1

주: 1) (2012년) 취업자=조사 기준일 당시 직장건강보험 가입자 및 해외 취업자.
2) 2010년 취업통계조사는 고등교육기관 졸업자 중 '직장건강보험 가입자'를 조사하는 "건강보험 DB연계 취업자 조사방식"으로 변경.
3) 건강보험 DB연계 취업률=직장건강보험 가입자/졸업자−(진학자+입대자+취업불가능자+외국인유학생+제외인정자)×100.

다고 보느냐는 항목이 있어 교육수준과 현 직무 사이의 상응관계에 대한 대졸자들의 주관적 평가를 알아볼 수 있다.[3)]

이에 대한 응답은 2005년 졸업자들의 경우 2006년에는 24%가 교육수준에 비해 낮은 수준의 업무를 하고 있다고 답하였다. 추적 조사에서 2007년에는 2008년에는 그 비중이 22.7%와 18.7%로 다소 떨어지고 있다. 한편, 2007년도 졸업자들과 2008년도 졸업자들의 경우는 각각 23.8%, 24% 가량이 교육수준에 비해 낮은 수준의 업무를 하고 있다고 답하였다. 이런 결과는 최근 4년제 대학 졸업자들 중 약 1/4 가량이 졸업 후 1년이 지난 시점에서 자신의 교육수준에 못 미치는 업무를 하고 있다고 인식하고 있으며 이 수치는 졸업연도와 관계없이 일관된 것이라 할 수 있다.

이러한 학력과 직무 간 미스매치는 상당한 임금손실로 이어지고 있

3) 이하의 GOMS 자료 분석은 김세움 외(2011)와 김진영 · 최형재(2011)의 글을 바탕으로 작성된 것이다.

다. 김세움 외(2011)에 따르면 미스매치를 느끼는 2005년 졸업자들은 그렇지 않은 졸업자들에 비해 약 16% 정도 낮은 임금을 받고 있는데, 이 수치는 조사가 실시된 3개 연도에서 거의 차이를 보이지 않는다. 그런데 김진영 · 최형재(2011)에 따르면, 미스매치를 느끼는 2007년 졸업자들과 2008년 졸업자들은 2005년 졸업자들에 비해 더욱 큰 임금손실을 겪고 있다.

이런 하향 취업의 존재와 지속성, 그리고 하향 취업에 의한 상당 정도의 임금손실 등의 현상에 대한 한 가지 해석은 대졸자 공급이 일자리에 비해서는 상대적으로 과잉상태라는 것이다. 만약 이러한 해석이 맞다면 〈표 9-11〉에 나타나는 바와 같이 고등학교 졸업자들의 대학교 진학률이 올라가는 상황에서 대졸자의 과잉공급으로 인한 취업의 어려움과 하향 취업, 하향 취업에 따른 임금손실 등의 현상은 더 심화될 수밖에 없다.

이런 과잉공급 상황에서 대학에 대한 보조에 신중할 필요가 있다. 특히, 노동시장의 상황에 대한 고려 없이 재정지원 필요성만을 강조하는 것은 바람직하지 않을 것이다. 오히려 전문계고를 포함한 고졸자의 취업의 질을 높이려는 노력이 동시에 진행되어 졸업장만을 위한 대학진학이 줄어들고 대학교육의 질이 확보되어야 대학에 진학한 빈곤층에게 더 나은 기회가 제공될 것이다.

9.4 소결

지금까지 빈곤층이 겪는 교육격차와 그 격차를 줄이고 교육을 빈곤탈출의 원동력으로 기능할 수 있는 정책적 노력에 대해 생각해 보았다.

빈곤 타파를 위한 교육 정책의 모색에서 한 가지 문제점은 빈곤층이 겪는 교육격차에 대해 체계적으로 조사된 자료가 부재하다는 점이었다. 이러한 자료의 제약 속에서 찾아낸 빈곤층이 겪을 수 있는 교육격차는 다음과 같이 정리될 수 있다.

우선 유아교육 기회가 제한된다. 소득에 비해 높은 교육비에 의해 또는 가까운 곳에 보육시설이나 유치원이 없어서 적절한 유아교육을 받지 못하게 되면서 소득에 따른 교육격차가 시작된다. 초중등 학교 단계에서는 주로 사교육에 기인한 교육격차를 겪게 된다. 이러한 격차로 인해 다른 학생들에 비해 전문계고에 입학할 확률이 높아진다. 전문계고에 입학한 후 전문대학에 진학을 하거나 취업을 하게 된다. 이때 취업을 해도 높은 임금을 기대하기는 어렵다. 전문대 경우도 4년제 대학에 비교할 때 취업률은 다소 높지만 낮은 임금을 받을 수밖에 없다.

한편, 인문계고로 진학한 빈곤계층 학생들은 수능점수로 볼 때 다른 학생들에 비해 낮은 성취도를 보이고 있다. 이들이 진학하는 대학은 졸업 후 전망이 밝지 못하다. 평균적인 4년제 대졸자 취업률은 55% 가량인데, 이런 대학들의 취업률은 그보다 낮으며 취업을 한다고 해도 이른바 하향 취업 가능성이 높다. 이런 상황을 개선하자면 생애 단계별로 적절한 대책이 세워져 있어야 한다. 최우선적으로는 유아교육이 모든 해당 연령 아동들에게 제공될 수 있어야 하고 저소득층에 대한 추가적인 배려가 필요하다. 빈곤층의 아동들을 모아 가르칠 수 있는 시설과 교사를 정부가 직접 제공할 필요도 있다.

초등학교와 중학교에서는 충실한 정규교육 외에도 방과후학교 참여 기회가 제공되어야 할 것이다. 그렇지만 무엇보다도 정규교육이야말로 가장 핵심적인 교육 정책의 초점이 되어야 한다. 학교와 선생님들의 노력은 정규교육의 질 향상을 위해 집중될 필요가 있다. 방과후학교에 대한 무상 접근은 이미 시행되고 있으니만큼 앞으로는 그 효과에 대한 평가를 통해 개선 방안을 찾는 노력이 요구된다.

대학교육을 통해 유년기를 걸쳐 청소년기까지 형성된 교육격차를 해결하기는 어려운 것이 현실이다. 따라서 고등교육 단계에서 필요한 것은 부모의 소득에 따라 대학교육의 기회가 제한되는 일은 막는 것이다. 실제로 이러한 노력은 학자금대출이나 국가장학금 제도의 도입이라는 형태로 제도적 결실을 맺어가고 있다.

그러나 이러한 노력은 매우 중요한 대학교육의 질이라는 측면을 간과하고 있다. 저소득층에 대한 보조만으로는 대학교육의 질을 향상시킬 수는 없다. 대학교육의 질을 향상시키려면 초과공급 상태가 해소되어야 한다. 무엇보다 졸업장 자체를 위해 대학교육을 받는 경우는 사라져 가야 하고 학생들에게 부가가치를 제공할 수 없는 대학들 또한 사라져야 한다. 요약하자면, 단순한 고등교육 기회의 제공이 아니라 능력과 의사를 갖춘 학생에 대한 양질의 교육 제공이 되어야 할 것이다,

이 글을 통해 살펴본 바와 같이 학교급별로 여러 가지 대책이 있겠지만 기본적으로 정규교육의 질을 높이려는 노력이라는 바탕 위에서 빈곤층에게 실질적인 도움이 되는 배려가 더해져야 할 것이다. 그런 의미에서 최근 강조되는 "보편"과 "복지"가 교육의 질에는 어떤 영향을 줄 수 있을지, 또한 빈곤층에게 실질적 형평성을 제공할 수 있을지에 대해서는 다시 한 번 생각해 볼 필요가 있다.

Chapter 10

빈곤 타파를 위한 사회복지 정책

10.1 국민연금과 빈곤 완화

1988년 시행된 국민연금은 본래 1973년 제정된 「국민복지연금법」에 의해 시행될 예정이었다. 그러나 당시 유류파동으로 경제상황이 악화되면서 시행이 무기한 연기되었고, 13년이 지난 1986년 「국민복지연금법」을 전면 개정하여 국민연금법으로 재탄생되었다. 「국민연금법」을 기초로 1988년 10인 이상 사업장에 대하여 국민연금을 강제 적용하였다. 시행 4년 뒤인 1992년 5인 이상 사업장에 확대 · 적용되었고, 1995년 7월부터 농어촌 지역에 적용되었으며, 1999년 4월 도시 지역에 적용됨으로써 제도 도입 11년 만에 전 국민을 적용 대상으로 하게 되었다. 이로써 18~59세의 국민 중 소득활동을 하지 않는 무소득배우자, 특수직역연금 가입자와 수급자, 27세 미만의 학생과 군인 등을 제외하고는 모두 국민연금에 가입하게 되었다.

보험료율은 최초에 9%로 정했으나, 제도 도입 초기 3%를 적용하고 5년마다 3%p씩 올리도록 하여 1998년부터 사업장가입자에 대해서 9%가 적용되었다. 그러나 1995년에 시작한 농어촌 지역에 대해서는 3%를 1999년 도시 지역으로 확대할 때까지 적용하였고, 이후 농어촌과 도시 모두 지역가입자에 대해서 매년 1%p씩 올려 2004년부터 9%가 되었다. 1998년

표 10-1 **연도별 급여종별 급여지급 현황**

(단위: 건, 백만 원)

구분		계	연금			
			소계	노령	장애	유족
1988~1998	수급자	6,240,248	206,523	115,008	15,273	76,242
	금액	7,026,628	848,686	411,251	101,596	335,839
1999	수급자	1,249,257	282,407	175,572	16,906	89,929
	금액	3,871,969	477,350	299,592	45,740	132,018
2000	수급자	927,545	618,232	482,042	21,914	114,276
	금액	1,607,035	924,518	651,368	70,098	203,052
2001	수급자	948,164	770,568	602,197	27,456	140,915
	금액	1,569,257	1,301,142	973,630	83,583	243,929
2002	수급자	1,052,327	916,630	717,488	32,876	166,266
	금액	1,915,255	1,652,529	1,254,730	103,849	293,950
2003	수급자	1,169,441	1,052,414	819,800	39,727	192,887
	금액	2,328,449	2,017,911	1,533,339	131,921	352,651
2004	수급자	1,533,059	1,424,083	1,156,098	47,260	220,725
	금액	2,914,015	2,568,966	1,987,451	163,629	417,886
2005	수급자	1,757,674	1,651,681	1,349,626	54,467	247,588
	금액	3,584,901	3,210,044	2,531,536	193,931	484,577
2006	수급자	1,985,502	1,858,769	1,517,649	61,762	279,358
	금액	4,360,239	3,899,369	3,103,161	225,607	570,601
2007	수급자	2,244,477	2,110,519	1,731,560	67,091	311,868
	금액	5,182,611	4,748,988	3,857,709	245,878	645,401
2008	수급자	2,517,579	2,366,626	1,949,867	72,166	344,593
	금액	6,180,804	5,764,986	4,765,528	268,100	731,358
2009	수급자	2,770,344	2,602,630	2,149,168	74,535	378,927
	금액	7,471,934	6,946,490	5,814,825	287,016	844,649
2010	수급자	2,975,336	2,820,649	2,330,128	76,280	414,241
	금액	8,635,467	8,107,420	6,861,876	296,305	949,239
2011	수급자	3,166,983	3,015,244	2,489,614	75,895	449,735
	금액	9,819,296	9,273,039	7,905,180	305,547	1,062,312
2012	수급자	3,499,522	3,310,211	2,748,455	75,934	485,822
	금액	11,550,754	10,837,244	9,327,087	314,463	1,195,694
2013	수급자	3,414,617	3,357,877	2,795,782	70,567	491,528
	금액	3,216,241	3,012,350	2,615,146	79,627	317,577

표 10-1 계속

(단위: 건, 백만 원)

구분		일시금			
		소계	장애	반환	사망
1988~1998	수급자	6,033,725	11,567	6,015,169	6,989
	금액	6,177,942	30,276	6,138,606	9,060
1999	수급자	966,850	1,944	962,578	2,328
	금액	3,394,619	11,887	3,378,752	3,980
2000	수급자	309,313	2,170	304,127	3,016
	금액	682,517	15,799	662,420	4,298
2001	수급자	177,596	2,469	170,542	4,585
	금액	268,115	18,286	243,445	6,384
2002	수급자	135,697	2,194	129,239	4,264
	금액	262,726	16,419	238,685	7,622
2003	수급자	117,027	2,853	108,740	5,434
	금액	310,538	21,978	278,232	10,328
2004	수급자	108,976	3,609	99,750	5,617
	금액	345,049	29,297	303,194	12,558
2005	수급자	105,993	4,147	96,078	5,768
	금액	374,857	35,713	324,885	14,259
2006	수급자	126,733	4,898	115,394	6,441
	금액	460,870	44,239	400,674	15,957
2007	수급자	133,958	5,167	121,200	7,591
	금액	433,623	48,325	368,374	16,924
2008	수급자	150,953	4,902	137,654	8,397
	금액	415,818	47,921	348,026	19,871
2009	수급자	167,714	3,836	154,119	9,759
	금액	525,444	40,940	460,476	24,028
2010	수급자	154,687	3,447	141,347	9,893
	금액	528,047	37,299	465,123	25,625
2011	수급자	151,739	3,480	136,628	11,631
	금액	546,257	41,919	475,051	29,287
2012	수급자	189,311	2,862	175,716	10,733
	금액	713,510	34,654	648,045	30,811
2013	수급자	56,740	683	53,163	2,894
	금액	203,891	8,592	186,865	8,434

주: "총계"란의 수급자(노령 · 유족연금)의 수는 1988년~현재까지의 수급자이었던 자(소멸자)를 포함.

으로 연금 사각지대가 존재하지 않은 때와 비교하면 존재할 때보다 약 40% 정도의 빈곤 완화효과가 있음을 보였다. 급여수준을 50%로 인하하는 개정안이 노후빈곤에 미치는 효과를 측정한 결과, 충분한 가입기간을 확보할 경우 급여수준 인하가 노후빈곤에 영향을 주지 않는 것으로 확인되었다. 또한 감액노령연금 폐지는 가입기간이 20년 미만에 해당되는 수급자에게 어느 정도 추가급여의 혜택을 제공함으로써 이들의 노후빈곤을 탈피하는 데 도움을 주는 것으로 나타났다. 결국 국민연금이 노후빈곤을 완화시키고, 심지어 연금수급 수준을 낮추었음에도 노후빈곤에는 부정적인 영향을 주지 않는다고 볼 수 있다.

백화종 · 강성호(2011)는 「한국노동패널조사」(1~12차) 자료를 활용하여 생애소득, 보험료 납부 이력 및 연금수급 여부, 급여수준 등을 추정하고 이를 활용하여, 연금제도 성숙기(~2038년)에서의 노인빈곤율과 국민연금제도의 노인빈곤 개선효과를 살펴보았다. 동 연구는 생애기간 동안 개인의 평균 소득 관점에서 국민연금이 탈빈곤에 긍정적인 영향을 주는 것을 보였고, 여성일수록, 연령은 높아질수록 빈곤율 감소효과가 큰 것으로 나타났다. 또한 연금제도 성숙단계별 국민연금의 탈빈곤 효과를 분석한 결과, 연금제도가 성숙될수록 탈빈곤율이 꾸준히 증가함을 보였다. 성별로는 여성의 탈빈곤율이 높고, 특히 70세 이상 초고령자들의 탈빈곤 효과가 강하게 나타남을 보였다. 다만 65세 이상 노인인구에 대한 탈빈곤 효과 추정결과, 2008년 1.8%p, 2018년 3.3%p, 2028년 2.8%p, 2038년 2.2%p로 나타나 점차 국민연금제도가 성숙되어 감에 따라 탈빈곤 효과가 증가하다가 일정 시점 이후에는 정체되는 것으로 나타났다. 이 연구는 국민연금의 빈곤 개선효과가 지속될 것임을 보여주어 장기적으로 우리나라의 높은 노인빈곤율이 상당 부분 해소될 것임을 시사해 주고 있다.

강성호(2011)는 연금제도 성숙에 따른 노후빈곤 완화효과 외에 국민연금 사각지대의 규모를 추정하였다. 분석결과에 따르면, 연금수급자가 증가하면서 연금의 빈곤 완화효과가 50대 3.6%p, 40대 9.0%p, 30대 3.9%p로 나타났다. 특히, 추납에 따른 빈곤 완화효과가 추납 비율이 25%p씩 상향 조정될 때마다 빈곤율이 0.1~0.2% 정도 감소되는 것으로 나타나서 추납제도가 빈곤 완화에 적지 않게 기여할 수 있음을 보여주고 있다.[4] 이와 같은 결과에서 연금 사각지대를 감소시키려는 노력이 노인빈곤을 완화시킬 수 있으므로 이에 대한 정책적인 노력이 필요하다고 주장하였다. 참고로 동 연구에 따르면 국민연금 사각지대를 적용 사각지대와 연금 사각지대로 구분하여 각각 18~59세 인구 중 적용 사각지대는 56.7%, 연금 사각지대 규모는 25.9% 수준으로 추정하였다.

10.2 기초노령연금과 빈곤 완화

2008년부터 시행되고 있는 기초노령연금제도는 시행 당시에는 70세 이상의 노인들 가운데 소득인정액이 하위 60%인 자들을 대상으로 하였으나, 2008년 7월부터는 연령을 65세로 낮추었고, 2009년 1월부터는 하위 70%까지 확대하여 매월 연금을 지급하는 제도로 바뀌어 현재에 이르고 있다.

2012년 현재 기초노령연금 대상자 선정에 있어서 소득과 재산기준[5]

4) 추납제도란 군입대나 실직 등으로 납부 예외를 신청한 가입자가 추후에 소득이 있는 업무에 종사하게 되어 과거 납부예외기간 동안의 연금보험료 납부를 원할 경우에 납부할 수 있도록 하여 가입기간을 인정해 주는 제도이다.

표 10-2 기초노령연금 대상자 수 및 지출 규모 추이

연도	소득인정액 (월액, 만 원)	대상자 수 (만 명)	급여지출 규모 (조 원)	기초노령연금액 (월액, 만 원)
2010	70	375	3.7	9.0
2011	74	387	3.8	9.1
2012	78	402	4.0	9.4

자료: 보건복지위원회(2011), 『보건복지부 소관 일반회계 검토보고서』를 활용하여 재정리함.

은 노인단독가구 78만 원 이하, 노인부부가구는 118만 원 이하로서 모두 402만 명에게 기초노령연금을 지급하고 있다. 기초노령연금액 수준은 국민연금 전체 가입자 평균 소득[6)]의 5%로, 2011년에는 9만 1,200원을 매월 지급하였고 2012년 4월부터는 매월 9만 4,300원(부부의 경우 15만 1,000원), 2013년 4월부터는 매월 9만 6,800원(부부의 경우 15만 4,900원)을 지급하고 있다.

기초노령연금 지급총액은 2010년, 2011년 각각 3.7조 원, 3.8조 원이고, 2012년에는 예산기준으로 기초노령연금 수급대상자 402만 명에게 4조 원이 지급될 예정이다.

기초노령연금은 성격상 현재 노인세대의 빈곤을 다소 완화시켜 주는 역할을 한다. 이는 관련 연구인 강성호 · 최옥금(2010), 석상훈(2010), 석재은(2010) 등에서 확인된다.

강성호 · 최옥금(2010)은 제2차 「한국복지패널」 자료를 활용하여 기초노령연금의 탈빈곤 및 소득보장 효과에 대해 살펴보았다. 분석결과

5) 기초노령연금은 65세 이상인 자 중 소득하위 70%에 지급하도록 되어 있으므로 본인과 배우자의 근로소득과 자산 등을 반영하여 소득인정액을 산정하고 매년 소득 기준액 이하인 경우 연금을 지급하고 있다.
6) 국민연금 급여산식 'A값'의 5%로, 'A값'은 최근 3년간 전체 가입자 평균 소득을 물가지수로 재평가하여 매년 산정하고 있다.

기초노령연금 수급자는 탈빈곤 기회가 증가하는 반면 비수급자는 오히려 상대빈곤에 처할 가능성이 있는 것으로 나타났다. 특히, 차상위계층이 다른 소득계층에 비해 제도효과가 크게 작용하는 것으로 분석되었다. 둘째, 기초노령연금은 대부분의 소득계층에서 소득보장 효과가 존재하지만 그 효과가 저소득계층에 집중되어 빈곤계층이 차상위로 이동하는데 영향을 주는 것으로 나타났다. 결국 기초노령연금이 일정 수준의 탈빈곤 및 소득보장 효과가 존재한다는 점과 제도를 확대할수록 그 효과가 커질 수 있음을 보였다.

석상훈(2010)은 통계청의 「가계동향조사」와 국민연금연구원의 「국민노후보장패널」 원자료를 활용하여, 기초노령연금사업의 빈곤 감소효과 등을 분석하여 기초노령연금이 노인빈곤의 문제를 일정 부분 해소하는 데 기여함을 보였다.

석재은(2010)은 2009년 제1차 「서울복지패널조사」 자료를 활용하여 공적연금의 노인빈곤 완화효과를 분석한 결과, 노령연금 수급자 증가와 기초노령연금 도입으로 노인빈곤이 상당히 완화됨을 발견하였다.

10.3 국민기초생활보장제도와 빈곤 완화

「국민기초생활보장법」은 1997년 외환위기로 인하여 생계유지가 어려운 저소득층의 생활안정을 위하여 생활보호, 실업급여, 공공근로, 노숙자보호, 한시생활보호, 생업자금융자 등 사회안전망사업을 실시하였지만, 여전히 사회보장의 혜택을 전혀 받지 못하는 사각지대가 존재하여 국가가 모든 국민의 기본적인 생활을 제도적으로 보장해야 할 필요성이 대두된 것에서 비롯되었다.[7] 또한 단순 생계 지원이 아닌 수급자의 자립자활을 촉진하는 생산적 복지를 지향하는 종합적 빈곤 대책이 필요하다는 이유로 제정되었다. 기존의 생활보호사업은 근로 능력이 없는 생활보호대상자만을 대상으로 하고 근로 능력이 있으면 자활대상자로 분류하여 의료보호, 자녀 학자금 보조, 자활자금 융자 등을 제외한 현금 지원을 하지 않았다. 이런 이유로 국민기초생활보장제도의 도입은 지난 40년간의 시혜적 단순보호차원의 생활보호제도로부터 저소득층에 대한 국가 책임을 강화하는 종합적 빈곤 대책으로 전환하여, 수급권자의 권리를 부각하고 빈곤에 대한 사회적 책임을 강조하였다는 점에서 진일보한 제도라는 평가를 받고 있다. 즉, 보호를 필요로 하는 절대 빈곤층의 기초생활을 국가가 보장하되 종합적 자립자활서비스 제공을 통해 생산적인 복지를 구현하였다는 것이다.

한편, 국민기초생활보장제도는 '생산적 복지'를 구현하고자 자활 지원서비스를 체계적으로 지원하고자 하였다. 근로능력자에 대해서는 근로유인 장치를 두어 근로의욕 감퇴를 방지하기 위하여 수급자의 근로능력, 가구 여건, 자활 욕구 등을 고려한 가구별 자활 지원 계획을 수립하여 체계적인 자활 지원을 시도하였다는 것이다. 수혜대상자는 소득인정액이 가구별 최저생계비 이하인 자이거나 부양의무자가 없거나, 있어도 부양능력이 없거나 또는 부양을 받을 수 없는 경우이다.

이상에서 살펴본 국민기초생활보장제도를 기존의 생활보호법과 비교한 것이 〈표 10-3〉이다.

7) 이와 관련하여 이전의 공적부조제도에 대하여 간략하게 개괄하면 다음과 같다. 1961년 거택 및 시설보호대상자에 대한 생활보호와 국가보훈사업을 시작으로 1962년 재해보호제도가 도입되었는데, 동 제도는 동일 지역 내 동시 집단적으로 발생된 이재민을 대상으로 하였다. 1977년에는 의료보호제도가 도입되어 거택 및 시설보호자, 재해구호대상자, 국가유공자 등에 혜택을 부여하였다. 1983년에는 생활보호사업을 자활 생활보호대상자로 확대하여 노동 능력이 있는 보호대상자도 혜택을 주었다.

표 10-3 「국민기초생활보장법」과 「생활보호법」의 비교

구분	「생활보호법」	「국민기초생활보장법」
성격 (법적 용어)	국가에 의한 보호적 성격 (보호대상자, 보호기관 등)	저소득층의 권리적 성격(수급권자, 보장기관, 생계급여 등)
대상자 구분	인구학적 기준에 의한 대상자 구분 - 거택보호자: 18세 미만 아동, 65세 이상 노인 등 근로무능력자 - 자활보호자: 경제활동이 가능한 근로능력자	대상자 구분 폐지 - 근로 능력이 있는 조건부 생계급여대상자는 구분(연령기준 외에 신체·정신적 능력, 부양, 간병, 양육 등 가구 여건을 감안)
대상자 선정기준	보건복지부 장관이 정하는 소득과 재산기준 이하인 자	소득인정액이 최저생계비 이하인 자(2003년부터 실시)
급여수준	생계보호 - 거택보호자에게만 지급, 의료보호 - 거택보호: 의료비 전액 지원 - 자활보호: 의료비의 80% 장제보호, 해산보호 등	생계급여 - 모든 대상자에게 지급하되 근로능력자는 자활 관련 사업과 연계하는 조건부로 지급 주거급여 - 임대료, 유지수선비 등 주거안정을 위한 수급품 긴급 급여 - 긴급 필요 시에 우선 급여 실시. 의료, 교육, 해산, 장제보호 등
자활 지원 계획	〈신설〉	근로능력자 가구별 자활 지원 계획 수립 - 근로 능력, 가구 특성, 자활 욕구 등을 토대로 자활 방향 제시 - 자활에 필요한 서비스를 체계적으로 제공하여 궁극적인 자활을 촉진

자료: http://team.mw.go.kr

한편, 국민기초생활보장제도는 여러 유형의 급여(「국민기초생활보장법」 7조 참조)를 통합하여 지급하고 있다. 즉, 생계급여, 주거급여, 의료급여, 교육급여, 해산급여(解産給與), 장제급여(葬祭給與), 자활급여 등으로 구성된다. 생계급여는 수급자에게 의복, 음식물 및 연료비와 그 밖의 일상생활에 기본적으로 필요한 금품을 지급하는 것을 의미한다. 주거급여는 수급자에게 주거안정에 필요한 임차료, 유지·수선비, 그 밖에 대통령령으로 정하는 수급품을 지급하는 것이다. 교육급여는 수급자에게 입학금, 수업료, 학용품비, 그 밖의 수급품을 지급하는 것이다. 해산급여는 수급자에게 조산(助産), 분만 전과 분만 후에 필요한 조치와 보호 등을 실시하는 것이다. 장제급여는 수급자가 사망한 경우 사체의 검안(檢案)·운반·화장 또는 매장, 그 밖의 장제조치를 하는 것을 말한다. 자활급여는 수급자의 자활을 돕기 위하여 자활에 필요한 금품의 지급 또는 대여, 자활에 필요한 근로 능력의 향상 및 기능습득의 지원, 취업알선 등 정보의 제공, 자활을 위한 근로기회의 제공, 자활에 필요한 시설 및 장비의 대여, 창업교육, 기능훈련 및 기술·경영지도 등 창업 지원, 자활에 필요한 자산형성 지원 등을 말한다.

국민기초생활보장제도의 최대 관건은 최저생계비이다. 최저생계비는 일반적으로 건강하고 문화적인 생활을 유지하기 위하여 소요되는 최소한의 비용을 의미한다. 절대빈곤은 최저생계비를 기준으로 하기 때문에 정부의 예산과도 직결되고, 수급자 입장에서는 최저생계비를 가지고 말 그대로 최저생계를 유지할 수 있기 때문에 최저생계비 자체에 대한 불만이 있을 수 있다.

우리나라는 최저생계비를 전물량 방식(Market Basket 방식, Rowntree 방식)으로 산출하고 있다. 전물량 방식은 인간생활에 필요한 필수적인 모든 품목에 대한 최저한의 수준을 정하고 이를 화폐가치로 환산(=가격×최저소비량)한 총합으로 최저생계비를 구하는 방식이다(본서 2장 참조).

정부가 발표한 연도별 최저생계비 추이는 〈표 10-4〉와 같다. 〈표 10-4〉에서 보듯이 가구원 수에 비례하여 최저생계비가 증가하는 것은 아니

표 10-4 최저생계비 추이

(단위: 원, %)

연도	1인 가구	2인 가구	3인 가구	4인 가구	5인 가구	6인 가구	인상률
2000	324,011	536,614	738,076	928,398	1,055,588	1,191,134	3.0
2001	333,731	552,712	760,218	956,250	1,087,256	1,226,868	3.0
2002	345,412	572,058	786,827	989,719	1,125,311	1,269,809	3.5
2003	355,774	589,219	810,431	1,019,411	1,159,070	1,307,904	3.0
2004	368,226	609,842	838,797	1,055,090	1,199,637	1,353,680	3.5
2005	401,466	668,504	907,929	1,136,332	1,302,918	1,477,800	7.15
2006	418,309	700,489	939,314	1,170,422	1,353,242	1,542,382	3.0
2007	435,921	734,412	972,866	1,205,535	1,405,412	1,609,630	3.0
2008	463,047	784,319	1,026,603	1,265,848	1,487,878	1,712,186	5.0
2009	490,845	835,763	1,081,186	1,326,609	1,572,031	1,817,454	4.8
2010	504,344	858,747	1,110,919	1,363,091	1,615,263	1,867,435	2.75
2011	532,583	906,830	1,173,121	1,439,413	1,705,704	1,971,995	5.6
2012	553,354	942,197	1,218,873	1,495,550	1,772,227	2,048,904	3.9
2013	527,168	974,231	1,260,315	1,546,399	1,832,482	2,118,566	3.4

주: 인상률은 4인 가구 기준임.

다. 이는 가계활동의 기초 단위인 가구에서는 가구원 수가 공동으로 사용하는 다양한 집기 및 가구 등이 있어 규모의 경제가 작용하기 때문이다. 또한 4인 가구 기준으로 인상률을 보면, 일부 연도를 제외하면 대부분이 3% 수준이어서 소비자 물가상승률을 크게 벗어나지 못하고 있음을 알 수 있다. 눈에 띄는 것은 우리 경제에 큰 영향을 준 2003~2004년의 신용카드 대란과 2008년 하반기에 촉발된 미국발 금융위기 때에도 이전 연도보다 높기는 하지만, 인상률이 크게 높지 않았다는 것이다. 중요한 것은 여전히 최저생계비 수준이 적정한 수준인가에 관해서는 다양한 의견이 엇갈리고 있다는 것이다.

기초생활보장제도와 관련하여 유의해야 할 것은 차상위계층이다. 이는 최저생계비 기준과 관련하여 자칫 수혜 대상에서 배제될 수 있는 계층을 별도로 법에 규정하여 나름대로 보장하겠다는 것이다. 차상위계층은 「국민기초생활보장법」에서 수급권자(제5조 제2항에 따라 수급권자로 보는 사람은 제외한다)에 해당하지 아니하고, 소득인정액이 대통령이 정하는 기준(최저생계비의 120% 이하) 이하인 계층을 말한다. 중요한 점은 차상위계층을 구분하는 최저생계비 120%에 대한 설정 근거가 미흡하다는 문제점을 지적받고 있는 것이 현실이다.

이제 최저생계비와 관련한 예산집행 내역에 대하여 살펴본다. 2000년 148만여 명으로 출발해 2001년 141만여 명, 2002년 135만여 명, 2003년 137만여 명, 2004년 142만여 명을 거쳐 2010년 12월 말 기준으로 약 155만 명에 이른다. 이를 전 인구 대비로 계산하면 수급률은 3.1%이고, 이 중 일반수급자가 94.1%이며, 시설수급자는 5.9%에 이른다.

한편, 이채정(2013)에 따르면 기초생활보장급여 수급자 수는 2007년부터 2010년까지는 153만~157만 명대를 유지하였으나, 2011년 147만 명, 2012년 139만 명으로 감소하고 있다(〈그림 10-1〉 참조). 기초생활보장급여 수급자 수는 생계급여 및 주거급여를 지급받는 인구의 수이며, 기타 급여(의료급여, 교육급여, 자활급여, 해산급여, 장제급여)는 수급자의 건강 상태, 학생인 자녀 유무, 근로 능력 유무 등에 따라 지급되고 있다.

예산 규모를 보면, 2001년 3조 1,499억 원에서 2002년 3조 2,344억 원, 2003년 3조 3,554억 원, 2004년 3조 6,192억 원으로 증가했고, 2005년에는 차상위 의료급여 확대 등으로 4조 1,205억 원에 이르렀다. 이채정(2013)에 따르면, 기초생활보장사업의 예산은 2007년 6조 6,158억 원에서 2013년 8조 7,689억 원으로 7년 동안 연평균 4.8% 증가하였다(〈그림 10-2〉 참조).

그림 10-1 기초생활보장급여 수급자 추이

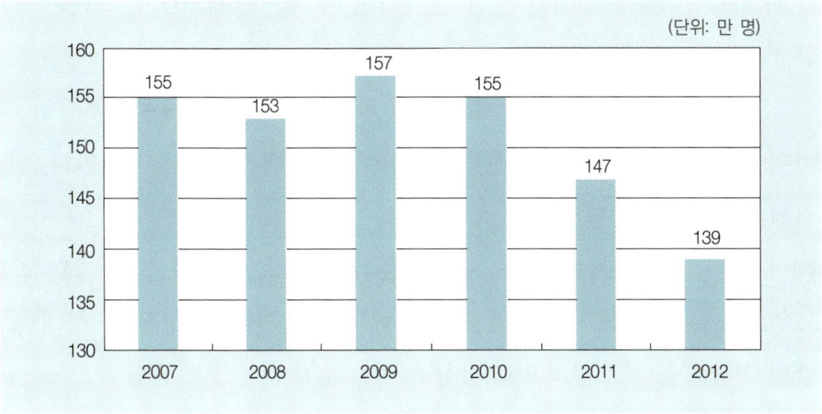

자료: 국회예산정책처 보도자료(2013.6.5), p. 3.

그림 10-2 2007~2013년 기초생활보장사업의 예산 추이

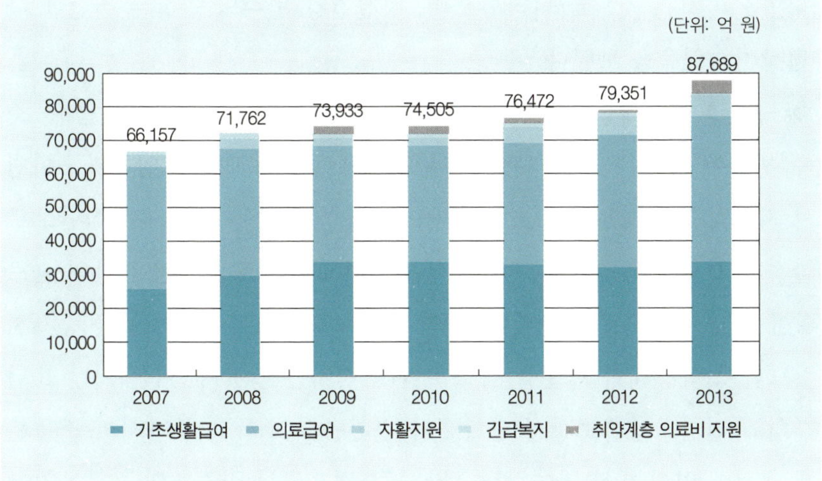

자료: 국회예산정책처 보도자료(2013.6.5), p. 2.

또한 취약계층 의료비 지원 예산 중에서 차상위계층에 대한 지원예산도 2008년 689억 원에서 매년 증가하여 2013년 현재는 2,107억 원으로 약 3.1배 증가하였다(〈표 10-5〉 참조).

한편, 국민기초생활보장제도의 빈곤 완화효과는 안서연 · 구인회 · 이원진(2011), 구인회 · 임세희 · 문혜진(2010) 등에서 확인할 수 있다. 안서연 · 구인회 · 이원진(2011)은 「한국복지패널」 1~4차년도 자료를 이용하여 국민기초생활보장제도 수급탈출의 결정요인을 이산시간 해저드 모형(discrete-time hazard model)을 이용하여 추정하였다. 분석결과, 첫째 집단별 수급탈출에 보편적으로 영향을 주는 변수는 근로활동인 것으로 밝혀졌다. 둘째, 근로능력자가 있는 수급가구에서 수급기간이 길어질수록 수급탈출 확률이 낮아지는 현상이 관찰되었다. 셋째, 수급자의 심리 · 정서적 요인 중 자존감과 주관적 수급탈피 전망이 수급탈출에 일정한 영향을 미치는 것으로 나타났으며, 정신건강 변수의 영향은 집단에 따라 상이하였음을 보였다.

구인회 · 임세희 · 문혜진(2010)은 국민기초생활보장제도가 근로, 소득, 빈곤에 미치는 영향을 이중차분기법으로 분석하였다. 임차가구이면서 저학력층인 경우를 기초보장제도의 영향을 받는 프로그램 집단으로 설정하고 분석한 결과, 국민기초생활보장제도는 프로그램 집단의 근로확률을 낮춘 것으로 나타났다. 또한 기초보장제도는 가구소득을 증가시켰으나 소득증대가 빈곤율 감소로 이어지지는 않았다. 이는 지난 10년간의 국민기초생활보장제도 확대가 빈곤층의 소득을 증가시켜 소득분배 개선에 일정 부분 기여하였으나, 부분적으로는 빈곤층의 근로동기를 감소시켰을 가능성이 있음을 시사한다.

한편, 국민기초생활보장제도가 전술한 바와 같이 계속 많은 예산을

표 10-5 기초생활보장사업의 예산 현황

(단위: 억 원, %)

단위 사업	세부 사업	2007	2008	2009	2010	2011	2012	2013	연평균 증가율
기초 생활 급여	생계급여(A)	23,086	22,564	24,460	24,492	24,460	23,618	26,091	2.1
	주거급여(B)	2,455	5,869	6,500	6,106	5,807	5,660	5,692	15.0
	교육급여(C)	802	852	1,105	1,204	1,299	1,356	1,295	8.3
	해산장제급여(D)	131	132	135	154	154	152	220	9.0
	양곡할인		65	163	1,108	997	924		94.2
	기타	29	27	693	60	54	62	39	5.1
	소계	26,503	29,509	33,056	33,124	32,771	31,772	33,337	3.9
의료 급여	의료급여 관리	5	7	7	7	6	6	5	0.0
	의료급여 경상보조(E)	36,051	37,901	35,099	34,995	36,718	39,812	43,934	3.4
	소계	36,056	37,908	35,106	35,002	36,724	39,818	43,939	3.4
자활 지원	자활사업(F)	2,873	2,882	3,359	3,984	4,203	4,430	4,723	8.6
	자활장려금(G)	223	223	206	210	211	374	389	9.7
	근로능력 있는 수급자의 탈수급 지원(H)				249	296	374	435	20.4
	양곡할인							1,014	–
	기타	24	43	49	53	53	155	324	54.3
	소계	3,120	3,148	3,614	4,496	4,763	5,333	6,885	14.1
긴급 복지	긴급복지	341	378	515	579	589	589	971	19.1
취약계층 의료비 지원	차상위계층 지원		689	1,479	1,139	1,335	1,546	2,107	25.1
	기타	138	131	162	166	291	293	450	21.8
	소계	138	820	1,641	1,305	1,626	1,839	2,557	62.7
기초생활보장급여 (A+B+C+D+E+F+G+H)		65,621	70,423	70,864	71,394	73,148	75,776	82,779	3.9
합계		66,158	71,763	73,932	74,506	76,473	79,351	87,689	4.8

주: 1) 양곡할인사업은 2008년부터 2012년까지 단위사업 기초생활급여의 세부 사업으로 수행됨.
2) 단위사업 기초생활급여의 기타 세부 사업에는 생계비 융자 이차 및 손실보전금, 기초생활보장 관리, 복지급여 사후관리가 포함됨.
3) 단위사업 자활 지원의 기타 세부 사업에는 자활지원센터 운영 지원, 자활사업 관리, 생업자금 이차 및 손실보전금 근로 능력 심사 및 평가 운영이 포함됨.
4) 단위사업 취업계층 의료비 지원의 기타 세부 사업에는 장애인 의료비 지원과 외국인근로자 등 의료 지원이 포함됨.
자료: 이채정(2013), 「기초생활보장사업 평가」, 국회예산정책처.

투입하고 있음에도 여전히 사각지대가 있다는 비판도 있다. 대부분의 기존연구에서는 기초보장 수급가구를 제외한 비수급 빈곤층과 법정 차상위계층를 사각지대로 정의하고 있다(최현수, 2012).[8] 최현수(2012)에서는 한국보건사회연구원에서 2011년 실시한 빈곤실태조사 결과를 기준으로 기초보장 사각지대 규모를 다음과 같이 계산하고 있다. 비수급 빈곤층 66만 가구(3.8%), 117만 명(2.4%), 소득인정액 100~120% 집단인 법정 차상위계층 36만 가구(2.1%), 68만 명(1.4%) 등을 합한 총 102만 가구, 185만 명을 사각지대로 정의하고 있다. 이는 현재 기초보장 수급가구의 규모를 넘어서고 있다. 이러한 기초보장 사각지대 중에서 소득인정액이 최저생계비 100% 이하이면서도 수급가구로 선정되지 못한 비수급 빈곤층(66만 가구, 117만 명)은 지난 2006년 말 기준으로 추정된 61만 가구, 103만 명에 비해 오히려 증가한 수준이며 대부분의 비수급 빈곤층은 부양의무자 기준으로 발생한다고 할 수 있다. 그리고 소득인정액 최저생계비 100~120% 이하에 해당하는 법정 차상위계층(36만 가구, 68만 명)의 경우, 부양비 부과 등 엄격한 부양의무자 기준뿐만 아니라 지나치게 높은 수준의 환산율 등 재산의 소득환산제 등 제도적 요인을 개선할 경우 수급가구로 선정될 가능성이 높아진다고 할 수 있다.

8) 이와 함께 OECD 상대빈곤선인 중위소득 50% 이하의 저소득층, 즉 실질적인 소득수준은 낮지만 차상위계층 기준을 상회하여 일부 차상위 지원 또는 보육료 지원이나 기초노령연금 등 일부 준보편적 지원제도 이외에는 지원을 거의 받지 못하는 잠재적 빈곤위험계층도 사각지대에 포함시키기도 한다.

10.4 장애인 복지제도와 빈곤 완화[9)]

장애인 소득보장제도가 빈곤 타파에 중요한 이유는 장애인은 비장애인에 비해 노동시장에 참여하기 어려우며 노동시장에 참여하더라도 소득수준이 낮기 때문이다. 「2010년 장애인 경제활동 실태조사」 결과, 장애인의 경제활동참가율은 38.5%, 실업률 6.6%, 고용률 36%로 전체 인구(경제활동참가율 61.9%, 실업률 3.2%, 고용률 60%)에 비해 노동시장 참여가 현저히 낮은 것으로 나타났다. 또한 「2011년 장애인 실태조사」에 따르면, 월평균 소득은 198만 원으로 전국 월평균 가구소득(2011년 기준 337만원)의 54% 수준이었다. 여기에 더해 중증장애인은 경증장애인에 비해 노동시장 조건 및 소득수준이 더 열악하였다. 「2010년 장애인 경제활동 실태조사」에서 중증장애인은 경제활동참가율 20.2%, 실업률 11.8%, 고용률 17.8%로 경증장애인의 경제활동참가율 47.8%, 실업률 5.4%, 고용률 45.2%에 비해 더욱 열악하다. 「2011년 장애인 실태조사」에 따르면, 월평균 가구소득 역시 193만 7,000원으로 경증장애인 200만 2,000원에 비해 낮게 나타났다.[10)]

이상에서 정부가 장애인 예산을 어느 정도 편성하여 지원해 왔는지를 살펴볼 필요가 있다. 먼저 정부 예산과 보건복지부 예산에서 장애인 관련 예산이 차지하는 비중을 논의해 본다. 〈표 10-6〉에서 보듯이 장애인 관련 예산은 2000년에야 전체 예산의 0.1% 수준을 넘어선 후(보건복지부 예산 대비 비중은 2.7%), 2004년까지는 전체 예산 대비 비중이 계속 증가하다가, 2005년과 2006년에 0.1% 수준으로 하락하였다. 장애인 관련 예

9) 이하 내용은 『장애인백서』(장애인개발원 발간)에서 발췌, 인용하였다.
10) 김성희 외(2012), 「2011년 장애인 실태조사」, 보건복지부 · 한국보건사회연구원.

표 10-6 장애인 복지 예산 추이

(단위: 백만 원, %)

구분	정부 예산 규모 (A)	보건복지부 예산 규모 (B)	장애인 복지 예산 (C)	C/A	C/B
1990	27,455,733	1,151,823	266	0.0010	0.0231
1991	31,382,261	1,462,885	298	0.0009	0.0204
1992	33,501,729	1,546,233	329	0.0010	0.0213
1993	38,050,000	1,655,177	379	0.0010	0.0229
1994	43,250,000	1,771,859	486	0.0011	0.0274
1995	51,881,113	1,983,896	579	0.0011	0.0292
1996	58,822,835	2,370,744	674	0.0011	0.0284
1997	67,578,600	2,851,166	939	0.0014	0.0329
1998	75,582,900	3,112,726	978	0.0013	0.0314
1999	83,685,123	4,161,109	1,024	0.0012	0.0246
2000	88,736,307	5,310,021	143,790	0.1620	2.7079
2001	99,180,065	7,458,139	178,618	0.1801	2.3949
2002	109,629,790	7,749,477	232,667	0.2122	3.0024
2003	118,132,320	8,502,212	255,484	0.2163	3.0049
2004	120,139,400	9,232,154	305,701	0.2545	3.3113
2005	135,215,587	8,906,745	149,328	0.1104	1.6766
2006	146,962,504	9,706,335	194,525	0.1324	2.0041
2007	156,517,719	11,529,241	443,530	0.2834	3.8470
2008	179,553,739	16,022,285	523,123	0.2913	3.2650
2009	203,549,740	19,451,111	546,341	0.2684	2.8088

산은 다시 2007년부터 0.2%를 넘어서 그 비중을 유지하고 있다. 이 같은 추세는 보건복지부 예산 대비 비중에서도 유사하다.

장애인소득보장제도로는 크게 저소득층 장애인을 대상으로 하는 장애인연금, 장애수당, 장애아동수당과 국민연금 가입자를 대상으로 하는 장애연금을 들 수 있다. 또한 국민기초생활보장제도는 빈곤층을 대상으로 하는 제도이지만 대상자 중에 장애인이 많이 포함되어 있어서 장애인에게 중요한 소득보장제도이다. 이하에서는 장애인연금과 장애수당을 중심으로 간략하게 살펴본다.

장애인연금은 수급대상자가 '중증장애인에게 근로능력의 상실 또는 현저한 감소로 인하여 줄어드는 소득과 장애로 인하여 추가로 드는 비용을 보전하기 위하여 매월 일정액의 연금을 지급하는 사회보장제도'이다. 이는 18세 이상 등록 중증장애인 중 본인과 배우자의 소득인정액이 선정기준액 이하인 자를 대상자로 한다. 따라서 장애인연금의 수급자격 요건을 장애기준과 소득기준의 두 가지로 나누어 볼 수 있다. 장애기준에 따르면 장애등급 1급, 2급 및 3급 중복장애인 중증장애인만이 장애인연금의 수급자격이 있다. 소득기준은 소득인정액이 선정기준액(2012년 단독가구 55만 1,000원, 부부가구 88만 1,600원) 이하이어야 한다.

장애인연금의 급여에는 근로능력의 상실 또는 현저한 감소로 인하여 줄어드는 소득을 보전해 주기 위하여 지급하는 급여인 기초급여와, 장애로 인하여 추가로 드는 비용의 전부 또는 일부를 보전해 주기 위하여 지급하는 급여인 부가급여로 구성된다. 기초급여의 급여액은 국민연금 가입자의 최근 3년간 월평균 소득의 5%인데, 2010년 9만 원, 2011년 9만 1,200원이었다. 부가급여는 국민기초생활보장 수급자와 차상위계층 장애인을 대상자로 한다. 다만, 65세 이상의 경우 차상위 초과자도 지급대상이다. 부가급여의 지급액은 국민기초생활보장 수급자(일반 재가)인 경우 6만 원, 차상위계층인 경우 5만 원이다. 장애인연금의 수급자는 2011년 말 기준으로 30만 9,000명이고, 이들 중 기존대상자였던 기초생활보장 수급자와 차상위계층을 제외한 8만 명의 중증장애인이 신규로 장애인연금을 수급하고 있다.

PART 05

결론 및 정책 제언

Chapter 11

결론 및 정책 제언

우리나라의 역동성을 제고시키기 위해서는 소득이동성을 제고시켜야 하는데 이를 위해서는 저소득층의 상향 이동이 필요하다. 저소득층의 상향 이동을 위해서는 빈곤을 타파하여야 한다. 이에 대해서 논의한 본서의 연구결과를 요약하면 다음과 같다.

I편에서는 본 연구의 배경과 연구목적에 대하여 설명하고, 빈곤의 개념에 대하여 다양한 빈곤의 함정에 대한 이론적 배경을 미시적인 자산기반 빈곤 함정 모형과 함께 거시적인 빈곤 함정 이론에 대하여 설명하였다.

II편에서는 우리나라의 빈곤 실태를 분석하고, 우리나라 빈곤 실태를 외국과 비교하였다. 2장에서는 우리나라의 빈곤 실태를 절대빈곤율과 상대빈곤율을 중심으로 살펴보았다. 절대빈곤율은 전체 가구 대비 빈곤선 이하 소득의 가구 비율로 정의된다. 한편, 특정 연도의 상대빈곤율은 해당 연도 중위소득의 50% 이하의 가구 비율을 의미한다. 정부 발표 최저생계비 기준의 절대빈곤율은 1999년부터 최저생계비 기준을 발표한 시점이 외환위기 직후이기 때문에 당시 기준으로 시장소득 기준 6.4%에서 이후 점차 하락 추세를 보여주고 있다. 이후 2006년부터 2009년까지 증가 추세를 보이다가 이후 약간 하락하여 2011년 현재 4.8% 수준에 머무르고 있다.

한국보건사회연구원 발표 도시가구 기준의 상대빈곤율은 시장소득 기준으로 1990년부터 1995년까지는 6% 수준에서 등락을 거듭하다가 1996년 들어 처음으로 7%를 넘어선 뒤, 외환위기를 맞이한 1998년에 10%에 가까운 9.9%에 이르렀으나, 이후 다시 하락하여 2002년에는 7.8%인 것으로 나타났다. 이렇게 상대빈곤율은 낮아졌음에도 불구하고 1996년 이전 수준으로 회복되지는 못하고 있다. 상대빈곤율은 2003년에 9.9%를 시현했는데, 당시 카드 대란이 촉발된 시기였다. 상대빈곤율은 2004년에 처음으로 10%를 넘어선 이후 2009년 11.9%에 이를 때까지 계속 증가하다가 이후 미미한 하락세로 돌아서 2011년 현재 10.7%이다.

우리나라의 빈곤 문제는 정량적인 측면의 절대빈곤의 관점에서는 큰 문제가 되지 않는 것으로 보이나, 정성적인 측면에서는 매우 다차원적이다. 무엇보다도 노인가구와 모자가구의 빈곤 문제가 심각하며, 직업에 따른 빈곤 문제도 심각한 것으로 나타났다. 가구원 수로 보면 1인 가구의 빈곤 문제가 심각한 것으로 나타났다. 즉, 빈곤 문제를 해결하기 위해서는 취약계층을 중심으로 빈곤의 문제에 따른 빈곤 정책 대안을 마련하여야 된다는 것을 시사한다.

우리나라 빈곤의 결정요인을 실증분석을 통하여 살펴본 결과는 이론과 부합되는 것으로 나타나, 여타 조건이 동일한 경우 근로자가구일수록, 취업 상태일수록, 취업가구원 수가 많을수록, 빈곤층에 떨어질 확률이 낮아지는 것으로 추정되었다. 단지 연령이 빈곤층 진입 확률에 미치는 영향은 1997년 경제위기를 전후하여 그 양상이 다르게 나타났는데, 이는 경제위기 이후 중장년층의 실업률이 급상승한 것에 기인하는 것으로 풀이된다.

우리나라의 빈곤 문제는 외국과의 비교를 통해 살펴보면 별 문제가 되지 않는다. 3장의 분석결과가 보여주듯이 우리나라는 극빈국가들이 겪는 절대빈곤과는 거리가 멀다. 그러나 다른 선진국들과 비교할 때 상대빈곤은 미래에 큰 문제가 될 위험요인을 갖고 있다. 무엇보다 고령화가 가장 큰 위험요인이 될 것이다. 우리나라는 정부 개입 이전의 빈곤율이 OECD 국가 중에서 가장 낮으며 개입 이후의 빈곤율은 상대적으로 상당히 높은 편에 속한다. 정부 개입 이전의 빈곤율이 낮은 이유는 고령화가 아직 덜 진행되었기 때문이고, 정부 개입 이후 빈곤율이 높은 이유는 정부의 빈곤 타파 정책이 적절히 실행되지 않기 때문이다. 2장에서 우리나라 빈곤 문제 중에서 노인가구의 빈곤 문제가 심각하다는 것이 밝혀지고 있어, 노인가구의 빈곤 문제 해결이 중요한 과제가 되고 있다.

Ⅲ편에서는 우리나라 빈곤 실태를 빈곤의 발생 단계부터 시작하여 근로빈곤과 소득빈곤 문제를 분석한 다음, 소득수준이 일정 수준에 못 미쳐 발생하는 지출빈곤 문제를 교육빈곤과 의료빈곤 및 에너지빈곤 측면에서 분석하였다.

Ⅳ편에서는 빈곤의 발생과 파급을 순차적으로 볼 때 빈곤 타파를 위한 정책도 같은 순서로 수립하여 대응하는 것이 바람직하다는 것을 제시하였다. 즉, 근로빈곤을 막기 위하여 근로빈곤 대책을 세우고, 만약 그 대책이 제대로 작동하지 않아 소득빈곤이 발생하면 소득빈곤을 방지할 수 있는 대책을 수립하고, 마지막으로 소득빈곤 대책이 제대로 작동하지 않아 지출빈곤이 발생하면 지출빈곤 문제를 해결하기 위한 대책을 세워서 추진해야 될 것이다.

이상의 논의에 근거하여 정책 제언을 제시해 본다. 빈곤 타파를 위해서는 근본적인 교육정책의 개혁이 필요한데 다음과 같이 추진되어야 한다. 기본 방향은 빈곤층이 겪을 수 있는 교육격차를 생애주기의 단계에 맞추어 해소하는 것이다. 유아교육 단계에서는 소득에 비해 높은 교육비에 의해 또는 가까운 곳에 보육시설이나 유치원이 없어서 적절한 유아교육을 받지 못하게 되면서 소득에 따른 교육격차가 시작되기 때문이다. 즉, 유아교육이 모든 해당 연령 아동들에게 제공될 수 있어야 하고 저소득층에 대한 특별한 배려가 더 필요하다는 것이다. 빈곤층의 아동들을 모아 가르칠 수 있는 시설과 교사를 정부가 직접 공립으로 제공하는 것도 방법이다.

초중등학교 단계에서는 주로 사교육에 기인한 교육격차를 겪게 된다. 이러한 격차로 인해 다른 학생들에 비해 일반고보다는 전문계고에 입학할 확률이 높아지고, 전문계고에 입학한 후 전문대학에 진학하거나 취업을 하게 되나 상대적으로 성과는 낮아진다. 그러므로 초등학교와 중학교에서는 우선 정규교육이 가장 핵심적인 교육 정책의 초점이 되어야 하고 그 외에도 방과후학교 참여기회가 제공되는 것이 필요하다.

대학교육에서 교육격차를 해결하기 위해서는 부모의 소득에 따라 대학교육의 기회가 제한되는 일이 없도록 해야 된다. 대학교육의 핵심은 대학교육의 질 향상에 있는데, 이는 초과 공급 상태 해소에 달려 있다. 따라서 대학의 구조조정은 불가피하다.

교육대책의 핵심은 교육의 질이고 정규교육의 질을 높이려는 노력이 가장 유력한 빈곤 대책이다. 그 위에 빈곤층에게 실질적인 도움이 되는 배려가 더해지는 것이 최상이다. 그런 의미에서 최근 교육계에서 지나치게 '보편'과 '복지'가 강조되는 것이 빈곤층에 대한 실질적 형평성을 훼손할 우려가 있음에 유의해야 한다.

다음으로 근로빈곤 타파를 위한 정책으로 실업급여제도와 근로장려세제 정책에 대하여 제언해 본다. 먼저 실업급여에 의한 빈곤 탈출효과는 낮은 것으로 실증되었으므로 실업급여 수준을 현재 수준보다 높이고 실업급여 수급기간을 연장하는 방안을 수립하여 시행해야 할 것이다. 그러나 이러한 조치가 취해지기 위한 전제조건이 있음도 명심하여야 할 것이다. 즉, 저소득근로자의 도덕적 해이를 막기 위해 실업급여제도의 운영관리의 효율성 제고와 기초생보제도 등 저소득가구의 지원 정책이 시장친화적인 방향으로 개편되어야 한다.

또한 현 시점에서 근로장려세제의 도입이 저소득층 빈곤 탈출에 미친 영향에 대하여 분석하기에 이르다고 할 수 있지만, 일반균형모형을 이용한 각종 시뮬레이션 결과에 근거할 때, 근로장려세제를 적극적으로 확대해야 한다. 이를 위해 점증률의 상향 조정 및 최대급여 수준의 상향 조정이 이루어져 왔는데, 향후에도 필요하다면 점증률의 상향 조정, 적용범위의 확대 그리고 최대급여 수준의 상향 조정을 적극 고려할 필요가 있다는 것이다.

마지막으로 빈곤 타파를 위한 사회복지 정책에 대한 정책 제언을 해본다.

국민연금제도의 사각지대를 감소시키려는 노력이 노인빈곤을 완화시킬 수 있으므로 이에 대한 정책적인 노력이 필요하다. 또한 국민연금제도 재정의 지속 가능성을 유지하는 것이 제도의 존립과 역할을 수행할 수 있는 것이 되므로 향후 지속적으로 급여율을 낮추고 보험료율을 올리는 방향으로 제도를 개선해야 할 것이다.

기초노령연금제도가 일정 수준의 탈빈곤 및 소득보장 효과가 있고, 또한 제도를 확대할수록 그 효과가 커지는 것으로 밝혀졌으므로 기초노령연금제도와 국민연금제도를 통합하여 운영하는 것이 재원배분의 효율성 측면에서나 소득분배의 형평성 측면에서 바람직할 것으로 보인다.

국민기초생활보장제도는 제도의 수혜자가 되어야 함에도 불구하고 수혜 대상에서 제외되는 사각지대에 있는 가구들을 최대한 감소시키는 정책이 되어야 한다.

우리나라는 1960년대 초반부터 정부주도형, 대외지향형 성장전략을 나름대로 성공적으로 수행하여 선진국들이 200여 년에 걸쳐 성장할 것을 불과 40년에 성장하였다. 이러한 한국 경제의 고속 · 압축성장의 대가로 소득계층의 양극화 현상과 함께 풍요 속의 빈곤을 경험하는 빈곤층이 양산되었다. 21세기 한국 경제가 저성장의 함정에 빠지는 것을 예방하고 선진국으로 도약하기 위해서는 빈곤 타파가 우선적으로 해결되어야 할 것이다. 본서의 분석결과 빈곤 타파 문제를 근본적으로 해결하기 위해서는 1단계에서 빈곤의 대물림을 막기 위하여 교육제도부터 개선해야 된다는 것을 제시하였다.

그럼에도 불구하고 교육기회를 제대로 얻지 못하여 근로기회가 줄어들고 그 결과 소득이 충분하지 않아 발생하는 근로빈곤 문제가 발생하는 경우, 2단계 빈곤 타파 정책으로서 근로장려세제나 실업급여제도 등을 최대한 활용해야 될 것이다.

2단계의 빈곤 타파 정책이 작동하지 않아 빈곤가구들이 의료혜택을 받지 못하거나, 에너지빈곤과 같은 지출빈곤 문제가 발생하는 경우, 정부는 최종 단계에서 제반 사회복지 정책을 작동하여 모든 국민이 인간으로서 최소한의 생활을 영위할 수 있는 권리를 보장해야 될 것이다.

참고문헌

강성민 · 유태균, "자산빈곤이행 가능성에 영향을 미치는 요인에 관한 연구," 『사회복지연구』 제40권 제1호, 2009, pp. 115~138.

강성호, "국민연금 사각지대 규모추정과 연금제도 성숙에 따른 노후빈곤 완화 효과," 『재정학연구』 제4권 제2호, 한국재정학회(구 한국재정공공경제학회), 2011, pp. 89~121.

강성호 · 최옥금, "기초노령연금의 탈 빈곤 효과 및 계층별 소득보장 효과 분석," 『한국사회정책』 제17권 제2호, 한국사회정책학회, 2010, pp. 43~71.

구인회 · 임세희 · 문혜진, "국민기초생활보장제도가 근로, 소득, 빈곤에 미친 영향: 이중차이 방법을 이용한 추정," 『한국사회학』 제44권 제1호, 한국사회학회, 2010, pp. 123~148.

국세청, 『국세통계연보』, 각 연도.

김경식 · 이현철, "부모관계가 전문계 고등학생의 교과흥미도에 미치는 영향: 인문계 고등학생과의 비교," 제5회 한국교육고용패널 학술대회 논문집, 한국직업능력개발원, 2010.

김교성 · 최영, "근로계층의 빈곤 결정요인에 관한 다층 분석," 『한국사회복지학』 58(2), 2006, pp. 119~141.

김대철 · 권혁진, "국민연금제도의 노후빈곤 완화 효과분석 -국민연금 직장가입자(임금근로자)를 중심으로-," 『사회보장연구』 제23권 제3호, 한국사회보장학회, 2007, pp. 251~275.
김문길 · 김태완 · 우선희 · 이서현, 『2012년 빈곤통계연보』, 한국보건사회연구원, 2012.
김미곤 · 여유진 외, 『2010년 최저생계비 계측조사 연구』, 한국보건사회연구원, 정책보고서 2010-77, 2010.
김성희 · 변용찬 · 손창균 · 이연희 · 이민경 · 이송희 · 강동욱 · 권선진 · 오혜경 · 윤상용 · 이선우, 『2011년 장애인 실태조사』, 보건복지부 · 한국보건사회연구원, 2012.
김승래, "우리나라의 친환경 에너지세제 정책 과제와 개선방향," 『에너지경제연구』 제10권 제2호, 한국자원경제학회 · 에너지경제연구원, 2011, pp. 143~167.
김승래 외, 「기후변화협약 대비 환경친화적 에너지세제 개편방안 연구」, 기획재정부 · 한국조세연구원, 2008.
김승래 · 전영준 · 임병인, "소득계층별 교육 · 복지지출의 행태 및 정책효과 분석," 『한국경제연구』 제30권 제4호, 한국경제연구학회, 2012.
김안나, "한국 근로빈곤층의 특성과 결정요인 분석," 『사회복지정책』 제29집, 2007, pp. 145~168.
김주섭, "청년층의 고학력화에 따른 학력과잉 실태분석," 『노동정책연구』 5(2), 한국노동연구원, 2005.
김주환, 『빈곤통계의 작성과 활용』, 아산재단 연구총서 제242집, 아산사회복지재단, 2007.
김진영, 『통계청 사교육비 조사 결과 비교 연구』, 한국교육개발원, 2011.
______, "대학서열과 노동시장: 학벌 프리미엄의 시대별 · 경력별 변

화," 2012년 하계학술대회, 한국노동경제학회, 2012a.
______, "성적향상도로 본 방과후학교와 사교육의 상대적 효율성," 2012b.
김진영 · 최형재, 『고학력 실업과 구인난 공존현상 분석 및 해소 방안』, 한국고용정보원, 2011.
김홍원, "방과후학교의 사교육비 경감 효과와 과제," 『KEDI Position Paper』 제9권 제20-10호(통권 제178호), 한국교육개발원, 2012.
남기동, "한국 노인의 빈곤과 기초노령연금의 빈곤 완화 방안," 『복지행정연구』 제26권, 안양대학교 복지행정연구소, 2010, pp. 235~260.
남상호, "우리나라 가구의 자산분포현황과 시사점," 2007년 경제학회 공동학술대회 발표논문, 2007.
______, "저소득층의 자산실태 분석," 한국보건사회연구원, 2009.
______, "우리나라 빈곤의 다차원적 분석," 한국재정학회 춘계학술대회, 2013.
남상호 · 권순현, "우리나라 중 · 고령자 가구의 자산분포 현황과 빈곤 분석: 국민노후보장패널(KReIS) 자료를 중심으로," 『보건사회연구』 제28권 제2호, 2008, pp. 3~32.
남상호 · 임병인, "소득 · 소비 분배구조 추이 및 양극화 분석," 『경제학연구』 제56권 제1호, 한국경제학회, 2008, pp. 219~247.
노대명 · 홍진명 · 최승아 · 전지현 · 박은영, 『근로빈곤층 지원정책 개편방안』, 연구보고서 2009-26-3, 한국보건사회연구원, 2009.
문외솔, "실업급여 지급기간 변화의 효과분석," 『한국개발연구』 제28권 제2호, 한국개발연구원, 2010.
박능후, "근로장려세제 시행초기 효과 실증분석," 『사회복지정책』 제38

유경준, 『빈곤 감소적 성장(pro-poor growth): 정의와 한국에의 적용』, KDI 정책연구시리즈 2008-03, 한국개발연구원, 2008.

______, "우리나라 빈곤변화 추이와 요인 분석," 『KDI 정책포럼』 제215호(2009-08), 한국개발연구원, 2009.

윤정향 · 이시균, "실업급여가 고용성과에 미치는 효과," 『사회보장연구』 제26권 제2호, 한국사회보장학회, 2010, pp. 145~171.

윤홍식, "결혼해체를 경험한 여성의 소득수준 및 빈곤실태와 공, 사적 소득이전의 역할," 『한국사회복지학』 56(2), 한국사회복지학회, 2004, pp. 5~28.

윤희숙, "근로장려세제로 본 복지정책 결정과정의 문제점," 『KDI FOCUS』, 2012년 12월 4일(통권 24호), 한국개발연구원, 2012.

이경진, "2005~2009년 주요 집단별 소득수준의 변화와 빈곤율 변화," 『보건복지포럼』 통권 제81호, 한국보건사회연구원, 2011.

이병희, "근로빈곤의 추이와 동태적 변화," 『보건복지포럼』 통권 제181호, 한국보건사회연구원, 2011.

이선우, "장애급여의 빈곤 완화 효과: 장애수당과 장애연금의 비교," 『한국사회정책』 제17권 제2호, 한국사회정책학회, 2010, pp. 135~162.

이용하 · 김원섭 · 신경혜, "국민연금 장애연금 급여의 개선방안에 관한 연구: 보편성, 적정성, 형평성을 중심으로," 『한국사회정책』 제19권 제3호, 한국사회정책학회, 2012, pp. 247~281.

이정미 외, "국가장학금사업의 성과 분석," 한국교육개발원, 2013.

이준영, "사회적 안전망으로서 건강보험의 역할," 『건강보험포럼』 제4권 제3호, 국민건강보험공단, 2005.

이채정, 『기초생활보장사업 평가』, 국회예산정책처, 2013.
이태진 · 신영석 · 김미곤 · 노대명, “저소득층 자산형성지원프로그램 시행방안,” 한국보건사회연구원, 2005.
이현주 · 강신욱 · 김안나 · 김태완 · 노대명 · 박세경 · 이태진 · 정경희 · 신현웅 · 손창균 · 최현수 · 박능후 · 이선우 · 홍경준 · 유진영 · 전지현 · 유정예 · 윤필경, 『2006년 차상위계층 실태분석 및 정책제안』, 한국보건사회연구원, 2008.
임미화 · 양수정 · 김호진 · 김언아, 『2010년 장애인 경제활동 실태조사』, 한국장애인고용공단 고용개발원, 2010.
임병인, “글로벌 경제위기 극복을 위한 빈곤복지정책 현황과 역할,” 델코경영연구원, *International Trade Business Institute Review* 제15권 제1호, 1, 국제무역경영연구원, 2009, pp. 59~91.
장애인개발원, 『2012 장애인 백서』, 2012.
전병목 · 이상은, “우리 현실에 맞는 EITC 실시방안,” EITC 정책토론회 발표자료, 한국조세연구원, 2006. 6. 22.
전승훈 · 임병인 · 강성호, “개인연금 가입 결정 및 가입상태 변화 분석,” 『보험개발연구』 제17권 제1호, 보험개발원, 2006년 3월, pp. 137~168.
전영준, “비자발적 실업위험 존재시 근로촉진 복지정책의 경제적 효과 분석: 한국의 공적부조제도 개편 효과를 중심으로,” 『공공경제』 제12권 제1호, 한국공공경제학회, 2007, pp. 1~38.
______, “근로장려세제의 근로의욕 증진효과: 일반균형모형을 이용한 접근,” 노동연구원 용역보고서, 한국노동연구원, 2008.
______, “실업보험급여의 적정 구조에 대한 연구: 일반균형모형을 이용

한 접근,” 『한국경제의 분석』 제15권 제1호, 한국금융연구원, 2009, pp. 197~263.

______, “11. 4. 근로장려세제의 도입,” 『한국세제사, 제2편 주제별 역사와 평가』, 제2권: 『조세체계 · 소득과제』, 한국조세연구원, 2012.

전영준 · 남재량, “저소득 근로자 지원정책의 실효성 분석 -실업보험, EITC, 최저임금제, 기초생활보장제도 상호비교-,” 『재정학연구』 제4권 제2호, 한국재정학회, 2011, pp. 1~46.

정의용, “에너지빈곤의 현안과 향후과제,” 『에너지포커스』 봄호(제8권 제1호), 에너지경제연구원, 2011.

정진호 · 황덕순 · 이병희 · 최강식, 『소득불평등 및 빈곤의 실태와 정책과제』, 한국노동연구원, 2002.

정찬미 · 이상은, “아동소득보장 대안들의 빈곤 및 소득불평등 감소 효과,” 『사회복지정책』 제36권 제1호, 한국사회복지정책학회, 2009, pp. 307~327.

정형선, “의료보장성 및 의료보장의 실효급여율에 관한 연구,” 『보건경제와 정책연구』 10(1), 한국보건경제정책학회, 2004.

지은정, “선진자본주의국가 공적연금의 노인 빈곤 완화효과: 이중차분 접근,” 『사회복지연구』 제42권 제4호, 한국사회복지연구회, 2011, pp. 263~293.

채재은 · 임천순 · 우명숙, “방과후학교와 수능강의가 사교육비 및 학업성취도에 미치는 효과 분석,” 『교육재정경제연구』 18(3), 한국교육재정경제학회, 2009, pp. 37~62.

채창균, “EBS 수능강의 참여 실태와 효과 분석,” 『직업능력개발연구』, 제10권 제3호, 한국직업능력개발원, 2007, pp. 25~44.

최현수, “기초생활보장 사각지대 개선 및 맞춤형 급여체계 구축방안,” 2012년 재정 네트워크 working paper, 한국조세재정연구원, 2012.

최현수 · 이서현, 『근로장려세제 확대 개편방안의 효과성 분석 및 소득보장체계 연계방안 연구』, 한국보건사회연구원, 2010.

통계청, 『가계동향조사』, 각 연도.

______, 『사교육비 조사』, 각 연도.

한국고용정보원, 『고용보험통계연보』, 2011.

______, 『2013년 3월 고용보험통계현황』, 2013.

한국교육개발원, 『통계로 본 한국과 세계교육(11) 취약계층과 교육』, 2012.

한국노동연구원, “통계프리즘: 실업급여의 임금대체율 국제비교,” 『월간노동리뷰』 2010년 4월호, 한국노동연구원, 2010.

현대경제연구원, “국내 가구의 교육비 지출 구조 분석,” 『경제주평』 통권 제502호, 2012.

홍경준, “공적 소득이전의 분배효과분석: 근로빈곤층을 중심으로,” 『사회복지정책』 제38권 제2호, 한국사회복지정책학회, 2011, pp. 65~88.

홍민기, “구조적 모형을 이용한 실업급여제도의 효과분석,” 『응용경제』 제12권 제1호, 한국응용경제학회, 2010, pp. 97~121.

Aassve, Iacouvou, and Mencarinin, “Youth Poverty and Transition to Adulthood in Europe,” *Demographic Research*, 15(2), 2006, pp. 21~50.

Abel, Andrew B. and Ben S. Bernanke, *Macreconomics second edition*, Addison-Wesley Publishing Company, 1995.

Abramovitz, Moses, “Catching-up Forging Ahead and Falling Behind,” *Journal of Economic History*, 1986.

Acemoglu, Daron, Simon Thonson, and James A. Robinson, "The Colonial Origins of Comparative Development: An Empirical Investigation," *American Economic Review*, 91, 2001, pp. 1369~1401.

Adato, M., M.R. Carter, and J. May, "Exploring poverty traps and social exclusion in South Africa using qualitative and quantitative data," *Journal of Development Studies*, 42(2), 2006, pp. 226~247.

Aghion, P. and G. Saint-Paul, "Uncovering Some Causal Relationships between Productivity Growth and the Structure of Economic Fluctuation: A Tentative Survey," NBER working paper No. 4603, 1993.

Alkire, Sabina, "The Missing Dimensions of Poverty Data: Introduction," OPHI Working Paper Series, University of Oxford, 2007.

Atkinson, A.B., "On the Measurement of Inequality," *Journal of Economic Theory*, 2, 1970, pp. 244~263.

______, *The Economics of Inequality*, Cambridge: Oxford University Press, 1975.

Azariadis, Costas, "The Theory of Poverty Traps What Have We Learned," *Poverty Traps*, Chapter 2, edited by Bowles, Durlauf, and Hoff, Princeton University Press, Princeton and Oxford, 2006.

Baulch, B. and J. Hoddinott, *Economic Mobility and Poverty Dynamics in Developing Countries*, London: Frank Cass, 2000.

Beveridge, William, *Report of the Inter-Departmental Committee on Social Insurance and Allied Services*, 1942.

Bourguignon, François, *The Poverty-Growth-Inequality Triangle*, 2004.

Bourguignon, François and Gary Gields, "Poverty Measures and Anti-Poverty Policy," *Recherches Economiques de Louvain*, 56(3-4), 1990.

Brady and Kall, "Nearly Universal, But Somewhat Distinct: The Feminization of Poverty in Affluent Western Democracies, 1969-2000," *Social Science Research*, 37, 2008, pp. 976~1007.

Brandolini, A., S. Magri, and T. M. Smeeding, "Asset-Based Measurement of Poverty," *Journal of Policy Analysis and Management Winter*, 29(2), 2010, pp. 267~284.

Burkhauser, R.V., K.A. Couch, and A.J. Glenn, "Public Policies for the Working Poor: The Earned Income Tax Credit versus Minimum Wage Legislation," *Institute for Research on Poverty Discussion Paper*, no. 1074-95, 1995.

Caner, N.A. and E.N. Wolff, "Asset Poverty in the United States, 1984-1999: Evidence from the Panel Study of Income Dynamics," *Review of Income and Wealth*, Vol. 50, No.4, 2004, pp. 493~518.

Carter, Michael R. and Christopher B. Barrett, "The Economics Poverty Traps and Persistent Poverty: An Asset Based Approach," *Journal of Development Studies*, 42, 2006, pp. 178~199.

Carter, Michael R. and J. May, "One Kind of Freedom: The Dynamics of Poverty in Post-Apartheid South Africa," *World Development*, 29, 2001, pp. 1987~2006.

Council of Economic Advisers(CEA), "Economic Expansion, Welfare Reform, and Decline in Welfare Caseloads: An Update: Technical Report,"

Washington, D.C.: Executive Office of the President of the United States, 1999.

Daron, Acemoglu, Simon Johnson, and James A. Robinson, "The Colonial Origins of Comparative Development: An Empirical Investigation," *The American Economic Review*, Vol. 91, No. 5, Dec. 2001, pp. 1369~1401.

de Vos, Klaas and Thesia I. Garner, "An Evaluation of Subjective Poverty Definitions: Comparing Results from the U.S. and the Netherlands," *Review of Income and Wealth*, International Association for Research in Income and Wealth, vol. 37(3), September 1991, pp. 267~285.

Dickert, Stacy, Scott Houser, and John Karl Scholz, "The Earned Income Tax Credit and Transfer Programs: A Study of Labor Market and Program Participation," James M. Poterba (ed.), *Tax Policy and the Economy*, National Bureau of Economic Research and the MIT Press, Vol. 9, 1995, pp. 1~50.

Durlauf, S.N. and D.T. Quah, "The New Empirics of Economic Growth," J. Taylor and M. Woodford (eds.), In *Handbook of Macroeconomics*, Armsden: Elsevier, 1999, pp. 235~308.

Eissa, Nada and Hilary Williamson Hoynes, "The Earned Income Tax Credit and the Labor Supply of Married Couples," NBER Working Paper, No. 6856, 1998.

Eissa, Nada and Jeffrey B. Liebman, "Labor Supply Response to the Earned Income Tax Credit," *Quarterly Journal of Economics*, Vol. 111, No. 2, 1996, pp. 605~637.

Eller, T..J., *Dynamics of Economic Well-being: Poverty, 1992-1993: Who Stays Poor? Who Doesn't,* U.S. Dept of Commerce, Economics and Statistics Administration, 1996.

Esping-Andersen, G., *Social Foundations of Postindustrial Economies*, Oxford: Oxford University Press, 1999.

Gornick, Janet C., Eva Sierminska, and Timothy M. Smeeding, "The Income and Wealth Packages of Older Women in Cross-National Perspective," *Journal of Gerontology: Social Sciences*, 64B(3), 2009, pp. 402~414.

Grootart, C. and R. Kanbur, "The Lucky Few Amidst Economic Decline: Distributional Change in Cote d'Ivoire As Seen through Panel Data sets, 1985-1988," *Journal of Development Studies*, 31, 1995, pp. 603~619.

Haveman and Wolff, *Who Are the Asset Poor?: Levels, Trends, and Composition, 1983-1998*, Institute for Research on Poverty, Discussion Paper no. 1227-01, 2001.

Haveman, R. and E.N. Wolff, "The Concepts and Measurement of Asset Poverty: Levels, Trends and Composition 1983-2001," *Journal of Economic Inequality*, Vol. 2, No.2, 2004.

Heckman, James J., "The Economics, Technology and Neuroscience of Human Capability Formation," *Proceedings of the National Academy of Sciences*, 104(33), 2007, pp. 13250~13255.

Hoddinott, J., "Pathways from Poverty in Sub-Saharan Africa," paper presented to the Pre-workshop meeting of the BASIS CRSP Policy

Conference on Combating Persistent Poverty inAfrica, Cornell University, November 2003.

Hoffman, Saul D. and Laurence S. Seidman, *The Earned Income Tax Credit: Antipoverty Effectiveness and Labor Market Effects*, W.E. Upjohn Institute for Employment Research, 1990.

Hotz, V. Joseph and John Karl Scholz, "The Earned Income Tax Credit," *NBER working paper*, No. 8078, 2001.

Iceland, "Urban Labor Markets and Individual Transitions Out of Poverty," *Demography*, 34(3), 1997, pp. 429~441.
id=5149.

Jalan and Ravallion, "Estimating Benefit Incidence for an Anti-poverty Program using Propensity Score Matching," *Journal of Business and Economic Statistics*, 21(1), 2003, pp. 19~30.

Jenkins, S.P. and P.J. Lambert, "Three 'I's of Poverty Curves, with and analysis of UK Poverty Trends," *Oxford Economic Papers* 49, 1997, pp. 317~327.

Kakwani, Nanak, "Statistical Inference in the Measurement of Poverty," *The Review of Economics and Statistics*, Vol. 75, No. 4, Nov. 1993, pp. 632~639.

Keane, Michael P., "A New Idea for Welfare Reform," *Federal Reserve Bank of Minneapolis Quarterly Review*, Vol. 19, No. 2, 1995, pp. 2~28.

Keane, Michael and Robert Moffitt, "A Structural Model of Multiple Welfare Program Participation and Labor Supply," *International Economic Review*, Vol. 39, No.3, 1998, pp. 553~589.

Klasen, Stephan, "Economic Growth and Poverty Reduction: Measurement and Policy Issues," OECD Development Center Working Paper No. 246, 2005.

Kraay, Aart and Claudio Raddatz, "Poverty traps, aid, and growth," *Journal of Development Economics*, 82, 2006, pp. 315~347.

Lee, L-F., G.S. Maddala, and R.P. Trost, "Asymptotic covariance matrices of two-stage probit and two-stage tobit methods for simultaneous equations models with selectivity," *Econometrica*, Vol. 48, No. 2, 1980, pp. 491~503.

Lee, Myungheon and Young Jun Chun, "The Effects of EITC on Labor Supply of Low Income Workers in Korea," Presented at 61th Congress of the International Institute of Public Finance, Jeju Island, Korea, August 2005.

Levine, R. and D. Renelt, "A Sensitivity Analysis of Cross-Country Growth Regressions," *American Economic Review*, 82, 1992, pp. 942~963.

Loprest, Pamela, "Families Who Left Welfare: Who Are They and How Are They Doing?" *Discussion Paper* 99-02, Washington, D.C.: Urban Institute, 1999.

Mack, J. and S. Lansley, "How poor is too poor? Defining poverty," in J. Mack and S. Lansley (ed.), *Poor Britain*, London, George Allen & Unwin, 1985.

McCulloch, "*Local Labour Markets and Transitions Into and Out of Poverty: Evidence from the British Household Panel Study Waves 1 to 8,*" Environment and Planning, 35, 2003, pp. 551~568.

McKernan and Ratcliffe, "Events that Trigger Poverty Entries and Exits," *Social Science Quarterly*, 86, 2005, pp. 1146~1169.

McLaughlin and Jensen, "Becoming Poor: The Experience of Elders," *Rural Sociology*, 60(2), 1995, pp. 202~223.

Meyer, Bruce D. and Dan T. Rosenbaum, "Welfare, the Earned Income Tax Credit, and the Labor Supply of Single Mothers," NBER Working Paper, No. 7363, 1999.

Neumark, David and William Wascher, "Using the EITC to Help Poor Families: New Evidence and A Comparison with the Minimum Wage," NBER Working Paper 7599, 2000.

OECD, *PISA 2009 Results: Overcoming Social Background(Equity in Learning Oppertunities and Outcomes*, Volume Ⅱ), OECD Publishing, 2010.

Oliver, Melvin L. and Thomas M. Shapiro, "Wealth of a Nation: At Least One Third of Households are Asset-Poor," *The American Journal of Economics and Sociology*, 49(2), 1990, pp. 129~150.

O'Neill, June, "Testimony Before the House Committee on Ways and Means," July 19, http://waysandmeans.hous.gov/hearings. asp?formmode =view&, 2006.

Orshansky, M., *Children of the Poor*, Soc. Secur. Bull. 26, July 1963, pp. 3~13.

______, *Counting the Poor: Another Look at the Poverty Profile*, Soc. Secur. Bull. 28, January 1965, pp. 3~29.

Pena-Casas, R. and M. Latta, *Working poor in the European Union*, Luxembourg: European Foundation for the Improvement of Living and Working Conditions, 2004.

Pinch, S., "Social polarization: a comparison of evidence from Britain and the United States," *Environment and Planning* A, 25, 1993, pp. 779~795.

Rainwater, Lee, *What Money Bays: Inequality and the Social Meanings of Income*, New York: Basic Book, 1974.

Ramey, G. and V.A. Ramey, "Cross-Country Evidence on the Link between Volatility and Growth," *American Economic Review*, 85(5), 1995, pp. 1138~1151.

Rank and Hirschl, "The occurrence of poverty across the life cycle: Evidence from the PSID," *Journal of Policy Analysis and Management*, 20, 2001, pp. 737~755.

______, "*Estimating the Life Course Dynamics of Asset Poverty*," Center for Social Development Working Papers, No, 10-25, 2010.

Roemer, Michael and Mary Kay Gugerty, "Does Economic Growth Reduce Poverty?" Technical Paper Harvard Institute for International Development, 1997.

Rolsten, Howard, *Testimony Before the House of Representatives Committee on Ways and Means, subcommittee on Human Resources*, May 27, 1999.

Rowntree, B.S., *Poverty: A study of town life*, London: Macmillan, 1901.

Ruggles, P., *Drawing the Line: Alternative Poverty Measures and their Implications for Public Policy*, The Urban Institute Press, Wasington D.C., 1990.

Schoeni, Robert F. and Rebecca M. Blank, "What Has Welfare Reform Accomplished? Impacts on Welfare Participation, Employment,

Income, Poverty, and Family Structure," NBER working paper No. 7627, 2000.

Sen, Amartya K., *On Economic Inequality*, Oxford, Clarendon Press, and New York, Norton, 1973.

______, "Informational Bases of Alternative Welfare Approaches: Aggregation and Income Distribution," *Journal of Public Economics*, 4, 1974, pp. 387~403.

______, "Poverty: An Ordinal Approach to Measurement," *Econometrica*, Vol. 44, 1976, pp. 219~231.

______, *Inequality Reexamined*, Harvard U.P. and Oxford U.P., 1992.

Sherman, Arloc and Sharon Parrott, "TANF AT 10: Program Results are More Mixed Than Often Understood," Center on Budget and Policy Priorities, Washington D.C., August, 2006, http://www.cbpp.org/8-17-06tanf.htm.

Sherraden, M.W., *Assets and the poor: A new American welfare policy*, Armonk, NY: M. E. Sharpe, 1991.

Short, Kathleen, and Patricia Ruggles, *Experimental Measures of Poverty and Net Worth: 1996*, Paper presented at Eastern Economic Association meeting, Washington, D.C., 2004.

Smeeding, *Income Maintenance in Old Age: What Can be Learned from Cross-National Comparisons*, Center for Retirement Research Working Papers 2001-11, 2001.

______, "Public Policy, Economic Inequality, and Poverty: The United States in Comparative Perspective," *Social Science Quarterly*, 86(s), 2005, pp.

955~984.

Stevens, "Climbing Out of Poverty, Falling Back In: Measuring the Persistence of Poverty Over Multiple Spells," *The Journal of Human Resources*, 34(3), 1999, pp. 567~588.

Takayama, Noriyuki, "Poverty, Income Inequality, and their measures: Professor Sen's Axiomatic Approach Reconsidered," *Econometrica*, Vol. 47, No. 3, 1979, pp. 747~759.

The City of Liverpool, *Fuel Poverty & Warm Homes: A Strategy for Liverpool*, 2007.

Townsend, P., *Poverty in the United Kingdom*, London, Allen Lane and Penguin Books', 1979.

United States Department of Health and Human Services, "Temporary Assistance to Needy Families Program Second Annual Report to Congress, August 1999.

U.S. General Accounting Office, "Financial Audit: IRS' Fiscal Year 1999 Financial Statements," GAO/AIMD-00-76, Washington, D.C., 2000.

Vaughan, D.R., "Exploring the use of the public's views to set income poverty thresholds and adjust them over time," *Social Security Bulletin*, vol. 56(2), 1993, pp. 3~25.

Weinberg, D.H. and E. J. Lamas, "Some experimental results on alternate poverty measures," *Proceedings of the Social Statistics Section*, 549-555, Alexandria, VA: American Statistical Association, 1993.

Whitehead, Margret, Goran Dahlgren, and Timothy Evans, *Equity and Health Sector Reforms*, Lancet, 2001.

찾아보기

[ㅎ]